bóthar
go Santiago

Mícheál de Barra

2.

Cois Life Teoranta, Baile Átha Cliath

Tá Cois Life buíoch de Bhord na Leabhar Gaeilge agus den
Chomhairle Ealaíon as a gcúnamh.
An chéad chló 2007 © Mícheál de Barra
ISBN 978-1-901176-72-8
Clúdach agus dearadh: Alan Keogh
Grianghraif: Mícheál de Barra
Clódóirí: Betaprint
www.coislife.ie

Clár

Réamhrá

Brionglóid agus mian chroí le blianta fada agam ba ea cosán na n-oilithreach meánaoiseach go Santiago de Compostela a shiúl ó Saint-Jean-Pied-de-Port san Fhrainc go Finisterre ar chósta thiar na Spáinne, aistear atá thart ar 900 ciliméadar. Go gairid tar éis m'fhuascailte ó laincisí an chórais oideachais den chéad uair ó bhí mé ceithre bliana d'aois, phacáil mé na bunriachtanais i mo mhála droma agus thug mé m'aghaidh ar *Pays Basque* na Fraince ar 1 Meán Fómhair, 2004. Ar feadh aon lá déag agus scór shiúil me, ar an meán, sé chiliméadar is fiche in aghaidh an lae gur bhain mé Cathair San Séamus amach. Tar éis dhá oíche a chaitheamh san Ionad Oidhreachta Domhanda sin, thug me m'aghaidh siar arís ar láthair atá níos ársa fós, Finisterre (Deireadh an Domhain).

Le breithlá trí scór bliain ag bagairt orm, bhí mé ar tí dul amach ar pinsean ó phost gnóthach, cruógach. Bhí fonn orm sos fada machnaimh a thógáil sula dtabharfainn faoi ré nua saoil. Ar an láimh eile bhí an *Camino* ag tabhairt mo dhúshláin ar feadh na mblianta. Ós rud é go raibh dúil thar cuimse agam sa choisíocht, luigh sé le réasún an tréimhse mhachnaimh agus Slí San Séamus a chur le chéile san aon bheart coisíochta amháin.

Na blianta fada ó shin, tháinig mé ar shaothar de chuid Søren Kierkegaard, an fealsamh Danmhargach, ina ndúirt sé nach raibh fadhb ar bith ann nach bhféadfaí a réiteach agus duine ag siúl. Bhí sé féin tugtha don choisíocht mar leigheas ar na smaointe gruama a bhíodh ag gabháil de ó am go chéile. Mhúin ciall cheannaigh na beatha le himeacht na mblianta dom go raibh an ceart aige. Oibríonn rithim na coisíochta mar chineál *mantra* agus mothaím soilíos agus faoiseamh ionam féin ar na siúlóidí fada faoin tuath nó ar na sléibhte, nach mbraithim uair ar bith eile. Tá claonadh ionam ó dhúchas i dtreo an duaircis. Cloisim glór forránta go domhain ionam ag éileamh saoirse agus neamhspleáchais go rialta. Ar an ábhar sin, thuig mé go bhfeilfeadh saol an fhir siúil ar an *gCamino* dom dá bhféadfainn spriocanna dochta, daingne a chur i leataobh.

Séard a thuigim féin le hoilithreacht sa lá atá inniu ann ná idirlinn nó achar gearr d'am saor a thógtar as saol gnóthach, broidiúil an ghnáthdhuine. Spás coisricthe é ar an domhan seo ina bhfuil adhradh dhia an airgid mar phríomhchultas ann. Ní mór don oilithreach é féin a shracadh as a chlúid chompordach agus tabhairt faoi thuras go 'scrín' éigin dá dheoin agus dá rogha féin. Is gnách go ndéantar an t-aistear i gcomhluadar daoine eile a mbíonn an meon agus na cuspóirí céanna acu. Comhlíontar gnásanna áirithe ar an mbealach nó ag ceann scríbe. Bíonn an t-aistear chomh tábhachtach, nó b'fhéidir níos tábhachtaí, ná an ceann scríbe a bhaint amach. Is meafar den bheatha é an turas siombalach ina mbíonn an t-oilithreach ag leanúint 'cosáin'. Samhlaítear cosán na hoilithreachta le cosán na beatha. Ar bhóthar na hoilithreachta tagann léargais a réitíonn an t-anam le haghaidh athruithe inmheánacha agus móimintí grásta agus físe. Is gnách go spreagann an turas borradh agus bláthú spioradálta. Is tabhartais iad seo, áfach, a bhronntar nó nach mbronntar ar an oilithreach.

Bhí cruatan corpartha mar bhunghné den oilithreacht san am atá thart agus tá go fóill. Tugtar cúl le sócúlacht agus ní bheireann an t-oilithreach leis ach na riachtanais bhunúsacha. Chaitheadh oilithrigh na meánaoise tréimhsí fada ar an mbóthar agus iad i mbaol ó chontúirtí den uile chineál. Spuaiceanna ar chosa nó athlasadh sna teannáin is mó a ghoilleann ar oilithrigh an lae inniu. Is de shiúl na gcos a dhéanann a bhformhór an t-aistear go Santiago go fóill, iad ag iompar a bhfuil acu ar a ndroim. Rinneadh siombail de mo mhála droma, a raibh meáchan dhá chileagram déag ann, siombail de na hualaí iomarcacha a leag mé ar dhaoine eile anuas tríd na blianta. Go deimhin féin, bhraith mé ó am go chéile go raibh an diabhal féin ina shuí in airde air.

Tugtar tús áite sna brúnna do na siúlóirí a mbíonn pasanna oilithreachta acu. Ní mór dóibh siúd a thagann ar muin capaill nó ar rothair fanacht go mbíonn leapacha ag na siúlóirí ar fad. Tig le hoilithrigh an lae inniu tosú ag siúl áit ar bith ar an *gCamino*. Roghnaíonn cuid mhaith acu, áfach, cur chun bóthair i Saint-Jean-Pied-de-Port. Casadh Ollannaigh, Beilgigh agus Gearmánaigh orm, áfach, a shiúil an bealach ar fad óna mbailte dúchais féin. Eisceachtaí ab ea iadsan.

Níorbh fhada ar an *gCamino* mé nuair a tháinig cuspóir nua chun cinn. Theastaigh uaim go mbeadh gach aon chéim dá dtógfainn ina gníomh buíochais do Dhia as ucht saol sona séanmhar a bhronnadh orm. Nár mhinic san am atá thart, agus mé ag cuimhneamh orm féin, gur beag suntas a thug mé don drochshláinte agus do na tubaistí a bhí le fulaingt ag daoine eile thart orm.

Nuair a chuaigh mé i mbun taighde mar ullmhú don turas chuir litríocht fhairsing na hoilithreachta go Santiago de Compostela, ag dul siar chomh fada le 1140, ionadh orm. Tríd an léitheoireacht thosaigh tnúthán ag borradh istigh ionam rian choiscéimeanna na meánaoiseach a leanúint. Le deich mbliana anuas foilsíodh cuid mhaith alt seandálaíochta agus staire a léiríonn an dlúthcheangal idir ár dtír féin agus scrín San Séamus in Galicia. Is léir go raibh Gaeil ag taisteal go Compostela ón 12ú céad ar a laghad anuas go dtí an tOllamh Walter Starkie a rinne trí thuras sa chéad leath den aois seo caite.

An stair léite agus an taighde déanta, bhí mé dóthanach den obair intleachtúil, theoiriciúil, choincheapúil. Níl mórán céille le hoilithreacht a dhéantar ar chathaoir uilleach. Theastaigh uaim beart a dhéanamh, cur chun bóthair ag leanúint rian na meánaoiseach agus ligean do na céadfaí dul i mbun oibre. Bheinn dírithe feasta ar an gcoisíocht lá i ndiaidh lae ar feadh míosa agus breis. Mo chuid 'earraí agus airnéise' ar mo dhroim agam. Mé ag iarraidh codladh na hoíche a fháil in ainneoin shrannfach na n-oilithreach i mbrúnna plódaithe. Bheinn i gcompás feasta le luascadh na mothúchán. D'éisteoinn le tonnchreathanna na cruinne agus le cogarnaíl na nglórtha inmheánacha ar an mbóthar go Santiago. *Ultreia!*

Nóta don Léitheoir

Mar áis do shiúlóirí chun teacht ar eolas sa leabhar seo faoi na háiteanna a mbíonn siad ag gabháil tríothu ar an aistear go Santiago de Compostela agus Finisterre, tá na logainmneacha agus ainmneacha ionad eile a bhfuil tábhacht faoi leith ag roinnt leo léirithe i gcló trom. Ní dhéantar é seo, áfach, ach ar an gcéad ócáid a luaitear iad sa leabhar.

An tAistear

Faoiseamh. Bainim mo chuid giúirléidí den bhord. Tugaim sracfhéachaint thart. Scuabann tonn cumha tharam. Sciar de mo shaol fágtha agam anseo. Bainim croitheadh asam féin. Cuirim an céad méadar idir m'oifig agus an príomhdhoras díom. Grian an fhómhair ag soilsiú na gcrann lasmuigh. Buaileann fonn mé babhta rince a dhéanamh ar thairseach na scoile, pocléim a thabhairt, mo dhoirne a ghreadadh san aer mar a dhéanann imreoir peile tar éis cúl a fháil, a fhógairt don saol mór go bhfuil laincisí na hoibre caite díom ar deireadh thiar. Mé ar adhastar ag an oideachas ó chuaigh mé ar scoil den chéad uair sa bhliain 1949. Bhí mé sona sásta san áit seo. Gan ligean don ghalar dubhach mé a bhualadh anois. Tá aistear saoil romham go fóill. 'But I have promises to keep, and miles to go before I sleep,' mar a deir Robert Frost. Nach bhfuilim ar tí brionglóid a chomhlíonadh? Gealltanas tugtha agam coiscéimeanna na n-oilithreach meánaoiseach a leanúint ar *el Camino de Santiago.* Bealach na Bó Finne a shiúl go Deireach an Domhain, b'fhéidir. Níl le déanamh anois agam ach an 900 ciliméadar idir Saint-Jean-Pied-de-Port agus Finisterre a chur díom.

Bogann an traein go mall leadránach isteach i stáisiún Bayonne. Cuireann sí Iarnród Iarthar an Chláir le linn m'óige i gcuimhne dom, gan puinn den nua-aimsearthacht ag roinnt léi. Téimid – seachtar Éireannach, beirt Mheiriceánach agus dhá rothar – isteach sa charráiste *première classe* gan ach ticéid den dara grád againn. An áit fúinn féin againn. An traein anois ag gluaiseacht go mall in aghaidh an aird trí spoir shliabhraon na bPiréiní. Tírdhreach fíorálainn. Grian lonrach ag tús an aistir ach cuireann stoirm fhíochmhar thoirní fáilte romhainn go **Saint-Jean-Pied-de-Port** (Naomh Eoin ag Bun an Mháma).

An baile ag féachaint go hálainn in ainneoin na drochaimsire. Ollmhéid na bPiréiní mar chúlra, a mbeanna go hard os cionn múrtha an dúnfoirt (**la Citadelle**) a tógadh ar orduithe an Chairdinéal Richelieu sa bhliain 1626. Méadaithe agus daingnithe ag Louis XIV i 1650. Ón dún seo a thug fórsaí Napoleon aghaidh ar an Spáinn sa bhliain 1808. Beidh an cosán a thóg siad á leanúint agam amárach má thagann feabhas ar an aimsir. Coimeádadh príosúnaigh agus suas le 500 páiste ó Thír na mBascach taobh istigh dá bhallaí le linn Chogadh Cathartha na Spáinne (1936-39). Aiféala orm nach bhfuil níos mó ama agam chun iniúchadh a dhéanamh ar an mbaile seanda seo a bhí taobh istigh de theorainneacha Ríocht Navarra go dtí 1512. Príomhbhaile Basse Navarre anois é.

Déanaim caol díreach ar Accueil Saint Jacques, an t-ionad fáilte agus eolais. An áit plódaithe le hoilithrigh ar thóir lóistín na hoíche. Scuainí fada ag boird na Fraincise, na Gearmáinise agus an Bhéarla. Tá bord na Spáinnise díomhaoin. Leaba agus *sello* faighte agam taobh istigh de chúpla nóiméad. Bainim an teach amach. Seanbhean chríonaosta chaite i mbun an tí atá ar aon dul léi féin. Tugann sí suas staighre guagach mé go seomra ina bhfuil leathdhosaen leapacha. Daoine iontu. Gan fonn ar bith orm an oíche a chaitheamh ag éisteacht le srannfartach Ghearmánach, Fhrancach nó Ollannach. Ní bheadh seomra aonair agat, a bhean chóir? Cúig euro is fiche? Is cuma liom, a bhean a' tí. Is fiú oíche shíochánta an méid sin.

Fillim ar mo sheomra tar éis ceatha. Sínim siar ar an leaba. Feicim saol gruama tríd an bhfuinneog. Cúinge na sráide ag brú isteach orm ó na meánaoiseanna. Dorchadas na hoíche. Gáitéir na dtithe ag cur thar maoil. An t-uisce ag sceitheadh. Táim domheanmnach, dubhach. Mothaím an drochmhisneach agus an beaguchtach ag sá a gcuid ingne ionam. Ní theastaíonn uaim bheith i mo dhuarcán ar an turas seo. Ní mór dom aghaidh a thabhairt ar anró agus ar chruatan aistear an oilithrigh. Dul i dtaithí, más gá, ar angar an choisí mheánaoisigh. Táim éirithe róbhog de dheasca stíl mhaireachtála ár linne. Ní mór feidhm a bhaint as iniúchadh na mothúchán chun turas inmheánach, oilithreacht anama, a dhéanamh ar an aistear fada atá romham. Caithim an oíche go corrathónach, seal i mo chodladh, seal i mo dhúiseacht. Gan le cloisteáil ach síorchlagarnach bháistí, bloscarnach na toirní agus steallóga uisce ag titim de phleist ar chlocha dúirlinge Rue de la Citadelle ó na gáitéir ag cur thar maoil.

Lá 1

2 Meán Fómhair
Saint-Jean-de-Port –
Roncesvalles

Cathair / Baile / Sráidbhaile	Fad (Ciliméadar)	Airde (Méadar)
Saint-Jean-Pied-de-Port	0	180
Honto	5	540
Vierge d'Orisson	11	1095
Col de Bentarte	16	1330
Col de Lepoeder	20.5	1440
Roncesvalles	25	925

A seacht a chlog ar maidin agus é fós ag stealladh báistí. Ithim bricfeasta le cuntasóir Ostarach agus le Gearmánach tostach. Béarla ar a dtoil acu beirt. Déanann bean a' tí iarracht chalma comhrá a choinneáil liom i bhFraincis. Gach dealramh ar an scéal go

Rue de la Citadelle, Saint-Jean-Pied-de-Port

gcónaíonn sí ina haonar sa teach. Grianghraif dá clann mac anseo is ansiúd. Éadaí agus stíl ghruaige na seachtóidí orthu. Ólaimid caifé as cuacha nó babhlaí gan chluasa sa traidisiún Francach.

Thart ar leathuair tar éis a hocht tagann maolú ar an bhfearthainn. Déanaim cinneadh bóthar a bhualadh. Tá barr na sléibhte faoi bhrat scamall. Beartaím mar sin an bealach íseal trí Valcarlos a leanúint. Gan lón ná uisce agam agus gan siopa ar bith ar oscailt go fóill. Is cuma liom. Beidh fáil orthu in Valcarlos. Caithim mo mhála in airde ar mo dhroim agus síos liom Rue de la

Pont sur la Nive

Citadelle thar Eaglais Notre-Dame-du-bout-du-Pont (14ú céad). Tá sliogáin an mhuirín ar an bhfuarán ar a haghaidh amach. Gabhaim amach trí Porte Notre Dame agus seasaim ar an Pont sur la Nive.

Tá uisce na habhann ar nós scátháin i solas fann na maidine. Tithe seanda de ghaineamhchloch bhándearg agus ballaí aoldaite lena mbalcóiní adhmaid ag gobadh amach os cionn an uisce. Radharc chárta poist.

Leanaim na línte comhthreomhara bána agus dearga atá mar chomharthaí bealaigh an *Camino* ar thaobh na Fraince de na sléibhte. Imíonn leathuair an chloig thart agus mé fós ag siúl in aghaidh an aird ar shleas chomh rite sin go bhfuil amhras orm go bhfuilim ar an mbóthar ceart. Ní fhéadfadh claonadh chomh géar sin a bheith ar an mbóthar go Valcarlos. Castar lánúin Ollannach orm a dheimhníonn dom go bhfuilim ar *Route Napoléon* – an bealach ard – gan bia ná deoch i mo phaca. Botún amaideach, contúirteach déanta agam.

Cuireann na treoirleabhair fainic ar shiúlóirí gan tabhairt faoin mbealach seo gan na soláthairtí riachtanacha a bheith acu mar nach bhfuil a leithéidí ar fáil ar an slí. Seasaim tamall ag iarraidh m'aigne a dhéanamh suas. An siúlfaidh mé an bealach ar fad ar ais go Saint Jean nó an dtabhfarfaidh mé faoi aistear lae thar na sléibhte gan rud ar bith le hithe ná le hól agam? Tá go leor de shléibhte na hÉireann siúlta agam agus tuigim go maith céard a déarfadh na saineolaithe sléibhteoireachta. Mo cheann ag rá liom filleadh. Gealtachas a bheadh ann leanúint ar aghaidh, a deirim liom féin. Mar sin féin, tá mar a bheadh cumhacht éigin lasmuigh díom, neach neamhshaolta éigin, ag cur cosc orm casadh ar ais. Tá gráig breis agus ciliméadar suas an bóthar. **Honto** atá mar ainm uirthi. Deirim liom féin go mb'fhéidir go mbeadh uisce ar a laghad le fáil ansin. Buailim bóthar arís ag dul in airde. Gan siopa ar bith sa ghráig. De réir mo threoirleabhair, tá aistear scór ciliméadar romham. Aghaidh rite sléibhe go dtí 1,400 méadar os cionn leibhéal na farraige. Riail docht, daingean sléibhteoireachta á briseadh agam. Ábhar imní é ach leanaim orm.

Buailim leis an lánúin Ollannach, Lex Wedemeijer agus a bhean, arís. Béarla ar nós cainteoirí dúchais acu beirt. Ní fada go mbíonn comhrá bríomhar ar siúl eadrainn. Tá siad tar éis cúpla lá a chaitheamh in Zaragoza, áit a raibh Lex ag tabhairt léachta uaidh ar ghné éigin den ríomhaireacht nó den teicneolaíocht faisnéise. Níl ach saoire choicíse acu agus tá beartaithe acu siúl chomh fada le Burgos. Nuair a insím dóibh nach bhfuil uisce agam, leanann siad ag tathant orm ceann dá mbuidéil féin a thógáil. Faoi dheireadh glacaim leis. Daoine fiala, flaithiúla iad.

An t-údar ag tús an aistir

Leathuair tar éis a deich. Tagaimid go dtí **Auberge d'Orisson**, *albergue* agus caifé nua-oscailte nach bhfuil luaite sna treoir-leabhair, rud a chuir ár sá iontais orainn. Rónua is dócha. An t-ádh ag rith liom faoi dheireadh. Ceannaím buidéal mór uisce - i bhfad rómhór. Táim ar nós duine a bheadh tar éis teacht slán, ar éigean, ó bheith ar fán sa ghaineamhlach agus atá ag déanamh cinnte nach mbeidh sé gan uisce go deo arís. Fiafraím den úinéir an bhféadfadh sé ceapairí nó rollóg a dhéanamh dom. 'Dhéanfainn agus fáilte,' ar seisean, 'ach go bhfuil an t-arán ar fad ídithe.' Nochtann aingeal eile le mo thaobh. Cailín álainn, dúshúileach, dúchraicneach nach bhfeictear ach ar thrá in aeráid níos grianmhaire ná mar atá againn in Éirinn. 'Tabharfaidh mise ceapaire duit agus fáilte,' ar sise. 'Tá barraíocht agamsa.' Osclaíonn sí a mála agus síneann sí ceapaire breá tiubh chugam. Gabhaim buíochas ó chroí léi. Siúlaimid píosa den bhóthar le chéile agus dreas comhrá againn. Ó Recife i dtuaisceart na Brasaíle í. Tá sí ag staidéar le bheith ina cócaire in Lyon na Fraince. An deis á tapú aici chun an *Camino de Santiago* a dhéanamh. Míníonn sí dom go bhfuil cáil ar Bhealach San Séamus ina tír féin i ngeall ar *An Oilithreacht*, fabhalscéal a scríobh an t-údar Brasaíleach, Paulo Coelho, scríbhneoir a bhfuil clú idirnáisiúnta air. Tarlaíonn go bhfuil an leabhar sin léite agam féin. D'fhill Coelho ar an Eaglais Chaitliceach tar éis dó an *Camino* a shiúl.

Tógaim sos. Mé ag útamáil i mo mhála ar chúis éigin. Iontas na n-iontas, ach aimsím leathdhosaen *Bounty Bars* a bhí ligthe i ndearmad agam, iad curtha i dtaisce sa mhála sular fhág mé Éire. Feabhas tagtha ar chúrsaí – gan Dia a mhallachtú. Raidhse bia agus dí agam. Ceobhrán agus scamaill na maidine scuabtha chun siúil. Mé ag siúl faoi spalpadh gréine agus leoithne fhionnuar ghaoithe ag séideadh anuas ó bheanna na bPiréiní. Ní fhéadfadh siúlóir cúinsí níos feiliúnaí a iarraidh. Seasaim ó am go chéile ag breathnú siar ar an ngleann ina bhfuil Saint-Jean-Pied-de-Port suite. Is álainn an radharc é. Tírdhreach lán d'ardáin agus d'ísleáin. Cruth cruinn ar na

Ceantar Saint Jean thíos fúm

cnocáin agus ar na tulacha glasa. Anseo is ansiúd tá coillte, garráin, fálta agus crainn aonair. Miondifríochtaí i nglaise an duilliúir. Cliathán an tsléibhe thart orm chomh mín, cothrom le faiche gailf. Gan air ach féar glas agus é bearrtha go talamh ag na caoirigh. Ailtireacht na mBascach le sonrú sna tithe – na bunsileáin ag síneadh amach thar na ballaí, balcóiní adhmaid agus comhlaí foscaidh ar na fuinneoga. Nach ámharach an botún a thug ar *Route Napoléon* mé? Táim ag baint taitnimh thar cuimse as bheith ar na sléibhte ar lá chomh foirfe. Radharcanna ollásacha, neamhaí thart orm.

Os cionn scór oilithreach scaipthe amach os mo chomhair agus i mo dhiaidh. Tagaimid ar fhoinse uisce ag ionad ina bhfuil léarscáil mhór greanta ar leac ag taispeáint na n-áiteanna atá le haithint thíos fúinn i mBasse Navarre. Ólaim mo sháith uisce agus athlíonaim na buidéil. Tagann Aleixo, fear óg fadfholtach ó Ghalicia, chun cainte liom. I Spáinnis a labhraíonn sé. Tá sé tar éis taisteal go Saint-Jean-Pied-de Port chun siúl ar ais go dtí a áit dhúchais féin. Tuigim anois cén fáth go raibh bord Spáinnise in Accueil Saint Jacques aréir. Deirim leis go bhfuil an-tóir ar cheol an phíobaire Carlos Nuñez, a chomhthíreach féin, in Éirinn. Mionáibhéil é sin, Ar ndóigh. 'Ní fheadar mé,' ar seisean tar éis machnaimh air ar feadh tamaillín, 'an bhféadfadh cáil chomh mór a bheith air is atá ar Paddy Moloney y los Chieftains i measc mo mhuintire féin'.

Baicle oilithreach ar an gCamino

Ag druidim le meán lae, tógaim sos eile faoi bhun an **Vierge d'Orisson**, dealbh na Maighdine Muire a thug aoirí an cheantair ansin ó Lourdes. Chuir siad suas í ar charraigeacha atá ag gobadh aníos as taobh an tsléibhe. Greim á ithe ag leathdhosaen siúlóirí ann. Suím leo ag baint lán na súl as

Vierge d'Orisson

na radharcanna mórthaibhseacha inár dtimpeall. Táimid go hard ar thaobh sléibhe atá tirim agus féarmhar. Tréada caorach ar féarach go suaimhneach, cling tholl na gclog ar a muineál le clos ó am go ham. Is beag caint a dhéanann mo chomhshiúlóirí, iad buailte amach cheana féin.

Cuirim chun bóthair arís, de shíor in aghaidh an aird. Os mo chionn in airde, tá ceithre cinn d'éin mhóra – iolair, badhbha, nó b'fhéidir clamháin – ar foluain gan stró ar shruthanna teo an aeir. Mheasfá go raibh siad ag faire ar an mbaicle bheag oilithreach thíos fúthu. 'Ag fanacht go dtitfidh an t-anam as duine againn,' a deir Klaus, Gearmánach meánaosta. Déanaimid gáire in ainneoin gur ráiteas inchreidte é. Sinn ar fad spíonta. Tá déshúiligh istigh sa mhála agam. Mé chomh tuirseach tnáite, áfach, nach bhféadfainn an mála a bhaint díom chun dul ag útamáil ann. Féachaim siar ar ais an treo ar tháinig mé. Ábhar iontais dom go raibh fórsaí Napoléon ábalta a gcuid trealamh cogaidh agus na gunnaí móra a tharraingt aníos anseo in aghaidh an aird.

Tagaim chomh fada le cros a bhfuil ráillí ísle iarainn thart uirthi. Ceirteacha ceangailte de na ráillí. Cuireann sé i gcuimhne dom na sceacha nó na toir a d'fheicfeá in Éirinn ag tobar beannaithe nó in áiteanna eile, agus ceirteacha ceangailte díobh.

Cros na gCeirteacha

Gach dealramh ar an scéal go bhfuil oilithrigh chomh piseogach le duine ar bith eile. Tugtha faoi deara cheana féin agam nach féidir le hoilithrigh áirithe dul thar charnán cloch gan a gcloch féin a leagan anuas air.

Fágaim an bóthar anseo agus leanaim cosán ar thaobh na láimhe deise. Dreapadh an-ghéar cé nach bhfuil sé chomh rite agus a bhí níos luaithe ar maidin. Meáchan an mhála droma ag cur isteach go mór orm. Dhá chileagram déag á iompar agam. An meáchan ar fad ag titim ar strapaí na nguaillí. Matáin na nguaillí agus an mhuiníl á sracadh agus iad ag éirí nimhneach, tinn. Caithfidh mé fáil réidh le cuid de na hearraí nach bhfuil géarghá leo. Níl tada is féidir liom a dhéanamh faoi láthair ach leanúint orm.

Fiche tar éis a dó. Breis is sé huaire an chloig caite agam ar an *gCamino* cheana féin. De shíor ag tiaráil liom in aghaidh chliathán rite an tsléibhe. I gcónaí in airde, in airde, in airde. Brat allais orm. Droim mo T-léine ar maos, stuáil nó cuiltiú an mhála droma báite. Mothaím goimh fhuacht na gaoithe nuair a éiríonn léi a lann a shá idir an mála agus mo dhroim. Troime na mbuataisí ag méadú le gach coiscéim. Is beag fonn comhrá atá ormsa ná ar mo chomhshiúlóirí. Toisc fionnuaire na gaoithe agus an t-allas ní thugaim faoi deara go bhfuil gathanna na géine do mo dhó go gcuireann Klaus ar m'fhaichill mé. Ródhéanach, áfach. Tá an díobháil déanta. Cuirim mo hata orm.

Maolú éigin ar an ngéire rite faoi dheireadh. Táim ar thalamh cothrom anois. Nach mór an faoiseamh é! Siúlaim trí gharrán agus tagaim ar leac mhór chloiche a bhfuil sliogán an mhuirín i rilíf íseal agus na focail *Saint Jacques de Compostelle 765 km* greanta uirthi. Chun ardú meanman a thabhairt d'oilithrigh is dócha a thugtar fad an aistir dóibh. Tamall gairid ina dhiaidh sin tagaimid ar fhoinse uisce. Deis againn na buidéil a athlíonadh. Beocht ag teacht sna siúlóirí arís. Iad ag comhrá. Déanaim deifir mar go bhfeicim scamaill ag bailiú. Gabhaim thar leacht eile. Comhartha teorann idir an Fhrainc agus an Spáinn, measaim. Más ea, táim ag **Col de Bentarte**, mám ar an mbealach atá 1,236 méadar os cionn na farraige.

Níl tú ach ag tús an aistir, a oilithrigh

Teorainn na Spáinne

Is é is dóichí gur bealach Valcarlos a thóg Aymeric Picaud, seansailéir an Phápa Calixtus II. Deir sé linn go mbíodh sé de nós ag na Navarraigh agus na Bascaigh aindiaganta na hoilithrigh a robáil ar na sléibhte seo. Théidís ag marcaíocht orthu, a deir sé, amhail is dá mba asail iad agus uaireanta mharaídís iad. Is furasta ropairí agus gadaithe bóthair a shamhlú san áit uaigneach seo.

Braithim braonta móra báistí ar mo cheann. Tógaim amach an cába fearthainne. Tá sé róbheag. Cén fáth nár bhain mé triail as sular fhág mé an baile? Dá mbeinn ag casadh agus ag lúbarnaíl go Lá Philib a' Chleite ní éireodh liom an diabhal rud a tharraingt anuas os cionn an mhála taobh thiar. Gan oilithreach i ngiorracht scread asail díom. Ar ámharaí an tsaoil, ní mhaireann an cith rófhada.

Leanaim orm trí mhóinteán nach bhfuil ródheas. Mé ag siúl agus mo shúile dírithe ar an talamh. Tagann críoch gan choinne le loime an tsléibhe. Go tobann baintear stad asam. Táim ar ais an an mbóthar. Faighim mo chéad spléachadh ar Roncesvalles, é neadaithe i lár foraoise thíos fúm. Ní raibh coinne ar bith agam go dtiocfadh deireadh chomh tobann le haistear an lae. Táim anois ar **Col de Lepoeder** atá 1,440m os cionn na farraige. Suím ansin ag sú isteach áilleacht an radhairc agus ag baint pléisúir as an tírdhreach úrnua os mo chomhair amach. Taobh na Spáinne den sliabhraon éagsúil go maith ó Basse Navarre na Fraince. Coillte agus foraoiseacha i ngach áit. Tig liom cúige Navarra ar fad, geall leis, a fheiceáil amach romham. Aithním Burguete, baile beag lastall de Roncesvalles. Críochnaím na *Bounty Bars* agus cibé uisce atá fágtha agam.

Roncesvalles thíos fúm

Mé chomh gafa le háilleacht na tíre nach dtugaim faoi deara néalta dubha bagracha ag bailiú thart orm ná tormáil na toirní i bhfad uaim go mbíonn sé beagnach ródhéanach. Ceithre chiliméadar go leith le fána síos idir mé agus ceann scríbe. Tugaim suntas do na díonta liatha slinne atá ar fhoirgnimh mhóra cloiche na heaglaise agus na seanmhainistreach. Go deimhin, níl mórán eile sa sráidbhaile seo. Ardaím mo mhála ar mo dhroim agus bogaim chun siúil. Tá dhá bhealach síos, agus roghnaím an bóthar seachas an cosán níos rite tríd an gcoill. Níor mhaith liom bheith sa choill dá dtiocfadh stoirm thoirní orm. Radharc níos fearr ar an gceantar máguaird ón mbóthar. Tamall chun tosaigh orm feicim beirt oilithreach Ghearmánacha ag breathnú in airde ar rud éigin sa spéir. Iolar géarshúileach atá ann ag gabháil timpeall os ár gcionn gan corraí dá laghad as na sciatháin. D'fhanfainn ag baint aoibhnis as an éan maorga ach go bhfuil néalta doininne mórthimpeall orm faoin am seo agus splancacha tintrí ag lasadh na spéire go rialta.

Is aisteach neamhshaolta an rud é ach tá stuabhealach de spéir ghlan idir mé agus Roncesvalles. An chuid eile den fhirmimint dubh, bagrach agus díle bháistí ag titim i ngach áit ach ar an mbealach osnádúrtha idir mé agus mo cheann scríbe. Tá loinnir dhraíochta ar dhíon slinne na mainistreach, fiú. Smaoiním ar Mhaois ina sheasamh ar imeall na Mara Rua, a bhachall sínte amach roimhe. Ballaí uisce ar dheis agus ar chlé. Cosán tirim faoi chosa na nIosraelíteach. Lámh chumhachtach ag coinneáil na stoirme siar go mbainfidh mé amach an bruach eile? Níl an creideamh chomh diongbháilte agamsa is a bhí acu siúd. Brostaím ar eagla go dtiocfadh athrú intinne ar Dhia.

Achar gearr taobh amuigh den sráidbhaile sroichim **Puerto de Ibañeta** ina bhfuil leacht ag comóradh an Ridire Roland nó Roldán, mar a thugtar air sa Spáinnis. San áit seo a seoladh é ar shlí na fírinne os cionn 1,220 bliain ó shin, más fíor.

Tá cáil ar **Roncesvalles**, thar aon ní eile, mar gheall ar an gceangal leis an Impire Séarlas Mór. Sa bhliain 778AD, thug sé ruathar trasna na bPiréiní

Anseo a thit Roldán (Roland)

isteach sa Spáinn. D'éirigh leis dul chomh fada le Zaragoza ach theip air an chathair a thógáil. Tar éis Pamplona a scrios agus slad a dhéanamh ar chuid mhaith bailte ar an taobh theas den sliabhraon, bheartaigh sé cúlú abhaile trí Roncesvalles. Bhí an oiread sin eascairdis múscailte ag a chuid saighdiúirí i measc ciníocha an réigiúin go raibh siad ag feitheamh leis san fhoraois cóngarach don bhaile chun díoltas a agairt air. Nuair a bhí Séarlas Mór agus tromlach an airm imithe tharstu, thug siad fogha faoin gcúlgharda san áit ar a dtugtar Puerto de Ibañeta anois. Bhí Roldán i gceannas ar an gcúlgharda agus tharla go raibh roinnt de na ridirí ba thábhachtaí in éineacht leis. Rinneadh ár agus eirleach orthu. Tugtar Cath Roncesvalles ar an gcomhrac seo agus tá leacht cuimhneacháin á chomóradh i lár an bhaile.

Chum Turold, file Normannach, dán eipiciúil, *La Chanson de Roland,* ina ndéantar cur síos ar ghníomhartha gaile agus gaisce Roláin. Nia leis an Impire ab ea é. Bhí claíomh móréachtach aige a raibh Durandel mar ainm air agus adharc chlúiteach ar thug sé Olifant uirthi. De réir an dáin, ba é arm na Múrach a d'ionsaigh é ar an lá cinniúnach úd. Tá na staraithe cinnte, áfach, gur Bhascaigh, Navarraigh agus Aragónaigh fhíochmhara a rinne an sléacht. Bhí sé de dhualgas ar Rolán an adharc a shéideadh dá mbeadh sé i gcruachás, rud nach ndearna sé go raibh sé ródhéanach. A chonách sin air.

Deifrím liom. Gabhaim thar *ermita*, tearmann bheag in áit a raibh mainistir agus ospidéal oilithreachta anallód. Ar éigean atá an *albergue* bainte amach agam nuair a islíonn Maois a bhachall. A leithéid de chlagarnach bháistí agus de thormáil toirní ní fhaca mé ná níor chuala mé riamh cheana. A oilithrigh atá ar bheagán creidimh! A ceathair a chlog agus mé i mo sheasamh i scuaine fhada ag doras an *albergue*. Ní osclóidh sé go ceann leathuaire. Níl na hoilithrigh atá tar éis cúig chiliméadar is fiche a shiúl thar sliabhraon na bPiréiní, mé féin ina measc, róshásta leis an moill fhada ach níl aon dul as againn. Osclaítear an oifig faoi dheireadh. Cuirtear stampa *(sello)* ar mo phas oilithreachta *(Credencial)*. Íocaim an táille. Trasna liom ansin go dtí an suanlios agus cuirim mo mhála ar leaba mar chomhartha go bhfuil an leaba tógtha. Maolú tagtha ar neart na stoirme agus an spéir ag glanadh. Locháin uisce i ngach áit.

Roncesvalles

Is beag atá in **Roncesvalles** (Gleann na nDealg) taobh amuigh de na foirgnimh thaibhseacha mhaorga eaglasta - Eaglais La Real Colegiata, la Iglesia de Santiago (Eaglais San Séamus), el Silo de Carlo Magno (Cnámhlann

El Silo de Carlomagno

Shéarlais Mhóir). Bunaíodh an mhainistir agus an t-ospidéal sa dara céad déag. Suas le 20,000 oilithreach ag gabháil tríd an áit in aghaidh na bliana nuair a bhí an oilithreacht faoi lánseol sna méanaoiseanna.

Tá Sancho el Fuerte (Tréan), Rí Navarra, a ghlac páirt sa chath cáiliúil i gcoinne na Múrach in Las Navas de Tolosa sa bhliain 1212, agus a bhean curtha anseo.

Ó thaobh lóistín de, tá rogha ag an siúlóir idir Hotel La Posada, Hostal Casa Sabina agus an *albergue de peregrinos* (brú na n-oilithreach). Bheadh sé níos cirte a rá go mbeadh rogha aige dá mbeadh sé ann níos luaithe sa lá. Ar leathuair tar éis a ceathair tá an dá cheann tosaigh lán go doras. Tagann an-chuid turasóirí anseo ina gcuid gluaisteán agus cuireann cuid de na hoilithrigh tús leis an *gCamino* anseo.

Táim róthraochta le cuairt a thabhairt ar an iarsmalann. I mo shuí ar bhinse taobh amuigh de bhialann Casa Sabina ag baint súimíní as lítear beorach órga a bhí ar fheabhas an domhain tar éis eachtraí an lae. Mé ag teacht chugam féin nuair a fheicim Córa agus Richaela chugam ar na rothair. Cuma spíonta, chloíte orthu. Is í a mbarúil go bhfuil an bealach trí Valcarlos an-dian ar fad. Ní fada go dtagann an ceathrar Éireannach eile. Bealach Valcarlos a thóg an bheirt bhan mheánaosta. Áit éigin ar an mbóthar thuig siad go raibh siad i gcruachás agus chuir siad fios ar thacsaí. An ceart acu, ar ndóigh. *Route Napoléon* a thóg an lánúin. Bogaim i dtreo Eaglais La Real Colegiata. Tosaíonn Aifreann na nOilithreach ag a hocht. An áit lán. Triúr seansagart ag comhcheiliúradh. Eaglais álainn mhaorga. Liotúirge leadránach, marbhánta. Mo smaointe ar seachrán go minic. Tugaim faoi deara forscáth airgid os cionn dealbh Mhaighdean Roncesvalles, Banéarlamh Navarra. Bíonn *romería* (oilithreacht áitiúil nó lá pátrúin) ann ar an 8 Meán Fómhair gach bliain. Nach iontach mar a bheireann Lá an Phátrúin greim ar shamhlaíocht na ndaoine i gcónaí! (Fiú iad siúd nach mbaineann leis an eaglais oifigiúil). Tar éis an Aifrinn tugtar cuireadh do na hoilithrigh go léir dul suas go céimeanna na haltóra agus tugtar beannacht speisialta dúinn. Braithim beocht éigin sa searmanas faoi dheireadh.

Fágaim slán ag Córa agus Richaela atá ag dul ar aghaidh go Burguete, baile beag trí chiliméadar suas an bóthar. Ní dóigh liom go bhfeicfidh mé arís iad. Mé stiúgtha leis an ocras. Castar triúr Éireannach eile orm ar an mbealach go dtí an bhialann. Mná meánaosta den uasaicme atá iontu. An chuma orthu nár chuir siad mórán stró orthu féin i rith an lae – gan bun cleite isteach ná barr cleite amach, mar a déarfá. Fiafraím díobh cén bealach a thóg siad ó Saint Jean. *'Route Napoléon,'* arsa siad d'aon ghuth. Cuireann sin mo sháith iontais orm ach ní luaim sin leo. Tar éis na ceiste sin, sílim go n-éiríonn siad rud beag doicheallach agus fágaim slán acu. Faighim amach ina dhiaidh sin go raibh siad ag insint na fírinne. Ní inseodh oilithreach bréag riamh. Thángadar bealach Napoléon - i dtacsaí. Ar ndóigh, de réir rialacha na n-*albergues,* ní thugtar dídean do dhaoine a bhíonn ag taisteal i bhfeithicil de chineál ar bith, seachas rothar agus bíonn ar na rothaithe agus ar oilithrigh ar muin capaill fanacht go nbíonn leapacha ag na siúlóirí ar fad.

Leacht ag comóradh Cath Roncesvalles

Béile breá caidreamhach agam i gcuideachta roinnt oilithreach eile i mbialann Hostal Casa Sabina. Ina measc tá Klaus, pleanálaí baile Gearmánach ar scor, Marisa, easpórtálaí bia Bhrasaíligh agus fear ó Cheanada a bhfuil dreach an oirthir air. Daoine taitneamhacha, cairdiúla, croíúla iad ar fad. *El menú del peregrino* atá againn go léir. Seacht euro an duine atá air. Gan ocras tar éis altaithe orainn ach oiread. Dreas comhrá agam le Klaus a bhfuil Béarla ar a thoil aige. Toisc gur pleanálaí baile é, tosaím ag cur síos ar an gcaimiléireacht i gcúrsaí pleanála i mBaile Átha Cliath. Mothaím go bhfuil sé ag éirí rud beag míchompordach. Deir sé liom, faoi mar a bheadh sé á chosaint féin, nár ghlac sé breab riamh ina shaol proifisiúnta. Ní foláir nó síleann sé go bhfuilim ag caitheamh anuas ar a ghairm. Bogaim go hábhar comhrá eile. Ná luaigh an cogadh, mar a deir Basil Fawlty.

Fillim ar an suanlios. Dul a chodladh luath agus éirí roimh bhreacadh an lae. Os cionn trí scór oilithreach istigh in aon seomra mór amháin. Téim síos staighre go dtí an áit a bhfuil na háiseanna ar fad. Scuaine ag an meaisín níocháin. Scuaine eile ag feitheamh chun cith a thógáil. Tá sé ródhéanach anois éadaí a ní agus a thriomú. Ceannaím cába nua báistí ó dhuine de na *hospitaleros.* Dath flanndearg air. Malartaím féin agus an tAthair Tadhg seoltaí ríomhphoist agus uimhreacha teileafóin. Tá na leapacha ar dhá leibhéal, iad an-chóngarach dá chéile. Dá mbogfá troigh nó dhó bheadh an baol ann go gcríochnófá sa leaba le duine eile. Fir agus mná measctha ar a chéile. Is léir nach bhfuil cuid mhaith de na siúlóirí cleachtach ar a leithéid. Beirt chailíní sna leapacha taobh liom, duine acu in uachtar, duine in íochtar. Tá siad beirt sna trithí gáire, iad ag tabhairt na gcor istigh sna málaí codlata ag iarraidh a gcuid éadaí a bhaint díobh. I bhfad níos mó aird á tarraingt acu orthu féin ar an gcaoi sin, ar ndóigh. Téim a luí.

Lá 2

3 Meán Fómhair

Roncesvalles –

Larrasoaña

Cathair / Baile / Sráidbhaile	Fad (Ciliméadar)	Airde (Méadar)
Burguete	3	893
Espinal	6.8	871
Viscarret	11.5	780
Lintzoain	13.5	740
Alto de Erro	18	815
Zubiri	21.8	526
Larrasoaña	27.5	555

Mé i mo shuí roimh éirí na gréine. Ní cuimhin liom tada ó leag mé mo cheann ar an adhairt aréir. Gan bricfeasta le fáil sa sráidbhaile ag an am seo den mhaidin. É dorcha go fóill agus mé ag bualadh bóthair thart ar a seacht a chlog. Siúlóid an-taitneamhach ar chosán faoi chrainn le taobh an bhóthair. Spoir choillteacha sléibhe ina meallta dubha thart orm. Is léir go bhfuilim á bhfágáil i mo dhiaidh agam. Níl ach corrshiúlóir feicthe agam go fóill. Bainim **Burguete** amach ar fiche chun a hocht. An lá ag breacadh taobh thiar díom os cionn na bPiréiní.

Burguete go luath ar maidin

Baile beag deas lán de thithe ón naoú céad déag atá ann. Tá cáil ar Burguete toisc go bhfuil *The Sun Also Rises* (*Fiesta,* sa Spáinnis), úrscéal le Ernest Hemingway a foilsíodh sa bhliain 1926, suite i gcomharsanacht an bhaile. Ba é an chéad úrscéal aige a raibh rath air. Scéal faoi ghrúpa Meiriceánach ag cur fúthu san Eoraip sna 1920idí agus an t-éadochas a lean an Chéad Chogadh Domhanda. An-taitneamh bainte agam féin as an gcur síos san úrscéal ar an *encierro* nó sciuird reatha na dtarbh in Pamplona le linn Féile San Fermín. Nach trua nach bhfuil *For Whom the Bell Tolls* athléite agam roimh an turas freisin?

Buailim isteach sa chéad chaifé ar tháinig mé trasna air. An áit lán go doras le hoilithrigh, a gcuid pacaí ina luí i gcoinne na mballaí lasmuigh agus laistigh. Bricfeasta breá blasta agam d'arán bán úr, uibheagán agus caifé mór dubh. Súil agam ar an teilifíseán agus réamhaisnéis na haimsire ar siúl. Ní dea-aimsir atá á tuar ach oiread, faraor, ach báisteach ar fud thuaisceart na Spáinne. Báisteach, báisteach agus tuilleadh báistí amhail Chorca Dorcha in *An Béal Bocht.* Amach liom arís faoi aer úr na maidine. Breathnaím thart. I ngile na maidine tugaim suntas do na tithe breátha cloiche, na comhlaí foscaidh ar na fuinneoga agus na balcóiní ornáideacha ag gobadh amach os cionn na sráide. Tionchar na mBascach le feiceáil i ngach áit. Comharthaí bóthair dátheangacha cé go bhfuilimid i bproibhinse Navarra. An Bhascais (nó canúint den Bhascais) á labhairt anseo ar feadh na mílte bliain cé go bhfuil úsáid na teanga ag dul in éag le fada. 'Bascachas' le mothú anseo go fóill, áfach. Ar ndóigh, ríocht neamhspleách Bascach ab ea Navarra go dtí 1515 nó mar sin. Is mar sin a bhí an scéal nuair a thaistil Aymeric (Aymery) Picaud, tríd an gceantar ar a bhealach go Santiago de Compostela. Toisc go bhfuil a chonair á leanúint agam agus mé ag iarraidh atmaisféar na meánaoise a shamhlú dom féin, tá an-suim curtha agam sa leabhar taistil, an chéad cheann dá leithéid, a chuir sé i dtoll a chéile ag deireadh an aistir.

Ní róshásta a bhí Aymeric Picaud le muintir Navarra nuair a ghabh sé tríd an ríocht sa 12ú haois. Amhail tiománaithe feithiclí sa lá atá inniu ann chuir sé go mór i gcoinne cánacha bealaigh nó dolaí a íoc. Seo giota as an gcuntas a scríobh sé mar gheall ar cheantar Navarra:

> Sa réigiún seo is olc an dream iad roinnt de na bailitheoirí dolaí. Is léir gur chóir na daoine seo a sheoladh chuig an diabhal. Téann siad amach os comhair na n-oilithreach le péire cleith ailpín nó trí cinn chun táillí éagóracha a bhaint díobh le foréigean, agus má dhiúltaíonn taistealaí ar bith dá n-éilimh, gabhann siad de bhataí orthu agus baineann siad na cánacha díobh; agus fiú tosaíonn siad ag ransáil ina mbrístí agus iad ag mallachtú go huafásach.

Ba chóir dúinn a bheith buíoch is dócha go bhfuil na cleitheanna ailpín curtha uathu ag na bailitheoirí dolaí ar an M50 agus nach ceadaithe dóibh bheith ag útamáil sna brístí a thuilleadh. Ní shásódh aon rud Picaud, áfach, ach an pionós ba mhó ab fhéidir a leagan orthu. Ó am go chéile d'éiríodh le ríthe na hAragóine smacht a fháil ar Navarra nó ar chuid de.

Is é sin an fáth go n-éilímid go práinneach go gcuirfí pionós ar na bailitheoirí cánach úd, agus ar ríthe na hAragóine, agus ar na daoine eile a gcuirtear an cháin seo chucu, trí iad a chur faoi choinnealbhá...

Ní fhéadfaí a rá go raibh meas ag Picaud ar éagsúlacht chultúrtha. Ní ligfeadh an réamhchlaonadh a bhí ann ó dhúchas aon tuairisc ródhearfach a thabhairt ar na ciníocha éagsúla a mhair sna mionríochtaí trínar ghabh an *Camino*. Seo a leanas cuid den chuntas a scríobh sé in abairtí fada casta Laidine ar mhuintir Navarra:

Caitheann na daoine seo éadaí atá dubh agus gearr agus a stopann ag na glúine sa mhodh Albanach; caitheann siad bróga a dtugann siad *lavarcas* orthu, déanta as leathar gan leasú a mbíonn fionnadh an bheithígh fós orthu, a cheanglaíonn siad dá gcosa le hiallacha ach nach gclúdaíonn ach boinn na gcos agus a fhágann an chuid uachtarach nocht. Caitheann siad clócaí olla de dhath dorcha a thagann síos chomh fada leis an uillinn. Bíonn na daoine gléasta go dona agus itheann agus ólann siad go dona. I gcás mhuintir Navarra, itheann an teaghlach ar fad – an searbhónta agus an máistir, an cailín aimsire agus bean an tí – as an gcoire céanna ina gcaitear an bia go léir. Itheann siad lena lámha gan spúnóga a úsáid agus ólann siad go léir as an gcorn céanna. Nuair a fhéachann duine orthu ag ithe, cuirtear i gcuimhne dó madraí nó muca ag alpadh go craosach; ag éisteacht lena gcuid cainte shílfeá gur madraí ag tafann iad.

Nílim chun an chaint gan srian a rinne Picaud mar gheall ar chaidreamh collaí mhuintir Navarra lena gcuid ainmhithe a chur i gcló anseo. Is leor an giota seo a leanas le cruthú go raibh fíor-dhrochmheas aige orthu. Cé go bhfuil sé scríofa i bhfriotal casta an 12ú céad, is léir gur chuir Aymeric an-stró air féin ag cuardach aidiachtaí diúltacha chun an cine Navarrach a dhamnú.

Is cine barbartha é, éagsúil ó gach cine eile agus tá a gcuid nósanna agus an cine féin lán d'urchóid, dubh maidir le dath, le haghaidheanna gránna, iad ainrianta, contráilte, fealltach, mídhílis, truaillithe, meisciúil, oilte i ngníomhartha foréigin den uile chineál, fíochmhar, fiáin, mí-ionraic, bréagach, aindiaganta agus tútach, cruálach agus clamprach, gan chumas uaisleacht intinne iontu agus iad cleachtach ar gach duáilce agus éagóir. Tá siad go maith, áfach, ar pháirc an chatha ach go dona i dtaca le dúnta a ionsaí; íocann siad a gcuid deachúna go rialta agus tá sé de nós acu ofrálacha a dhéanamh ag an altóir; go deimhin féin, gach lá dá dtéann sé chuig an eaglais, tugann an Navarrach ofráil d'arán, d'fhíon agus d'eorna nó rudaí eile.

Nach gcuirfeadh sé a raibh le rá ag Geraldus Cambrensis mar gheall ar na Gaeil i gcuimhne duit ? Bhain siad leis an ré chéanna, ar ndóigh.

Cosán na nOilithreach ag bun na bPiréiní

Fágaimis Aymeric agus a rabhán cainte. Gabhaim thar Eaglais San Nicolás de Bari a bhfuil foinse oilithreachta os a chomhair amach. Casaim ar dheis thar dhroichead adhmaid agus táim i gceantar feirmeoireachta. Maidin bhreá, fhuar, scamallach atá ann. Ar fheabhas le haghaidh coisíochta. Gan rian den bháisteach a bhí á tuar ach go bhfuil paistí ceo sna gleannta idir na spoir. Beag an difríocht idir na feirmeacha anseo agus a macasamhail in Éirinn. Na bolaithe céanna. Cairn shadhlais agus boinn rubair caite anuas orthu. Na cornaí féir díreach mar an gcéanna. Is iad na rudaí atá éagsúil agus a dtugaim suntas dóibh ná ailtireacht na dtithe, atá ar aon dul leosan ar thaobh na Fraince den teorainn, agus na carnáin adhmaid a dhóitear anseo mar bhreosla. Ar dhá thaobh an chosáin tá an dris, an sceach gheal, an draighean, an sceach mhadra, an trom agus an crann coill ag fás go forleathan. An t-aon rud a thugann le fios duit nach in Éirinn atá tú ag siúl ná clingireacht tholl na gclog atá ar crochadh ar mhuineál na mbó agus na gcaorach.

Mé in **Espinal** ag a naoi. Ailtireacht an réigiúin agus droichid ársa arís. Idir an baile seo agus **Viskarret** gabhann an cosán trí cheantar coillteach. Siúlóid bhreá ar leaca neamhrialta a dtugtar *crazy paving* air sa Bhéarla. An-iarracht déanta ag rialtas an Comunidad Autónoma de Navarra le feabhas a chur ar an gcuid den *Camino* atá faoina chúram. Mé ar buile liom féin. Ag lúb sa bhóthar mór thóg mé an cosán mícheart. Bóithrín a bhí ann, dáiríre, a tháinig chun críche ag barr cnoic nach raibh ann ach crann cumarsáide teileafóin agus tréad bó. Tar éis dom rois eascainí a scaoileadh, fillim ar ais. Tarrthálaim Spáinneach óg atá ar tí an bealach earráideach céanna a thógáil. Ag deich tar éis a deich táim in Viskarret. Úlla agus seacláid á gceannach agam. Siopa tuaithe atá ann inar féidir éagsúlacht mhór earraí a cheannach. Tugann sé siopa cáiliúil i Lios Cheannúir i gCo. an Chláir chun cuimhne. D'fhéadfaí an oiread sin rudaí a cheannach ann - píosa bagúin agus pionta pórtair san áireamh - gur cumadh amhrán mar gheall air.

A tinker from Kerry comes in for a glass,
A box of rat poison and oats for his ass.

Siúlóirí ag teacht agus ag imeacht. Gabhann oilithreach ar muin capaill tharam agus mé ag déanamh scíste.

Uair an chloig ina dhiaidh sin, táim in **Linzoain**, gráig nach bhfuil inti ach cúpla teach. Tá *frontón* álainn inti, áfach. Bheadh an-suim go deo ag Éireannaigh a imríonn liathóid láimhe ann. Cúirt imeartha *(cancha)* a bhfuil trí bhalla inti is ea an

Ar an mbóthar go Viskárret

frontón – an balla tosaigh, an balla cúil agus an balla fada ar chlé. Tá taobh na láimhe deise ar oscailt (gan bhalla). Is anseo a shuíonn an lucht féachana, an balla tosaigh ar dheis, ag balla cúil ar chlé, ag breathnú trasna ar an mballa fada. Imrítear cineálacha éagsúla liathróid láimhe i dtuaisceart na Spáinne. Cineál amháin an-chosúil lenár gcluiche féin. Is é an cluiche ar a dtugtar *jai alai* an cineál is iontaí dá bhfaca mé riamh – cé nach bhfaca mé ach an ceann sin amháin i dTír na mBascach sa bhliain 1977. Imrítear le *cesta* é – ciseán fada (75cm) de ghiolcach sléibhe fite, adhmad agus leathar. Tá an liathróid níos troime agus chomh crua le liathróid gailf agus is minic luas suas le 240 ciliméadar san uair fúithi.

An *frotón* folamh, ina thost inniu. An ghráig freisin. Buailim bóthar. An t-ádh liom go bhfuil scáth na gcrann agam an chuid is mó den bhealach. Spéir ghlan ghorm. An ghrian ag spalpadh anuas. Ag **Alto de Erro** tá beirt ógánach i veain de chuid bhord turasóireachta an réigiúin ag dáileadh buidéil uisce saor-in-aisce ar na siúlóirí. Ar fiche chun a haon, gabhaim thar **Venta del Puerto** (Óstán an Bhearnais) nach bhfuil ann anois ach cró a thugann scáth don eallach. Mé ag imeacht le fána anois go mbainfidh mé an chéad bhaile eile amach. Siúlóid an-taitneamhach. Cnoic agus tulacha an cheantair clúdaithe le meascán de chrainn duillsilteacha agus de chrainn chonaiféaracha.

Mé ag siúl i m'aonar go fóill nuair a shroichim **Zubiri** (Baile an Droichid i mBascais). Seasaim tamall ar an droichead ársa Gotach seo os cionn an Arga. Tugtar **Puente de la Rabia** (Droichead an Chonfaidh) air, mar chreid na daoine anallód go leigheasfaí ainmhithe a raibh an confadh orthu dá dtiománfaí thar an droichead iad. Tá spíonadh i dteas an lae. Matáin mo ghuaillí agus mo mhuiníl nimhneach brúite ag meáchan an mhála. An ghualainn dheas níos measa ar chúis éigin. Mo dhá chois trí thine sna buataisí. Fonn orm gan dul níos faide. Beartaím, áfach, sos a thógáil sula ndéanaim cinneadh. Buailim le Lex agus a bhean, an lánúin Ollannach. Leapacha curtha in áirithe acu anseo cheana féin. Suím ag bord plaisteach bán lasmuigh de bheár. Oilithrigh thart orm ach mé róthnáite chun aon aird a dhíriú orthu. Bainim díom na buataisí. Nach mór an faoiseamh an méid sin féin? Tar éis lón a chaitheamh agus cúpla buidéal Coca-Cola a shlogadh, táim ag mothú i bhfad níos fearr, mé ag teacht chugam féin arís. Crochaim an mála ar mo dhroim agus tugaim m'aghaidh ar Larrasoaña, cúig chiliméadar go leith níos faide chun cinn. Giorróidh sé an t-aistear go Pamplona amárach. Ar ceathrú tar éis a trí, bainim **Ilarratz** amach, gráig a bhfuil fuarán uisce inti. Tagaim ar Klaus ansin agus é ag caitheamh steallóga uisce ar a cheann agus ar a cholainn. Brothall an lae ag cur as go mór dó, an t-ardú sa bhóthar ar tí an lámh in uachtar a fháil air. Leanaimid orainn ag tiaráil in aghaidh an aird. Téimid trí **Esquirotz**, gráig nach fiú trácht uirthi.

Go gairid i ndiaidh a trí a chlog, siúlaim trasna **Puente de los Bandidos** (Droichead na mBithiúnach), droichead Gotach a théann siar chomh fada leis an 14ú céad. Is léir ón ainm go mbíodh oilithrigh á robáil ann. B'fhéidir go raibh cuid den cheart ag Aymeric Picaud. Tá a fhios againn gur bithiúnach gach aon bhailitheoir cánach. Ní fheadar an mbíodh dolaí á mbailiú ag an droichead? Casaim ar dheis ag Eaglais San Nicolás de Bari agus isteach i mbaile **Larrasoaña**.

Murach an *Camino* ní dócha go mbeadh baile anseo ar chor ar bith. Mainistir agus cúpla ospidéal oilithreachta a bhí ann ar dtús. Tá foirgneamh de chuid na mainistreach a théann siar go dtí an 13ú céad ina sheasamh go fóill

An tSráid Mhór, Larrasoaña

os comhair na heaglaise. Ceann de bhailte Francacha an *Camino* is ea Larrasoaña. Rinneadh gach dícheall Francaigh, go háirithe iad siúd a bhí ag gabháil tríd an gceantar ar oilithreacht, a mhealladh chun cur fúthu sa bhaile nó sa dúiche. Baineann áilleacht na dtithe, idir shean is nua, ar an bpríomhshráid stad as gach siúlóir. Tá ceann nó dhó atá galánta amach is amach.

Buailim isteach san *albergue* atá a reáchtáil ag *alcalde* (méara) an bhaile féin. Níl oifig ná *hospitalero* ann, áfach. Tá orm dul trasna na sráide go Halla an Bhaile chun leaba a chur in áirithe agus *sello* a fháil. Cithfholcadh tógtha agus mo chuid níocháin déanta, téim amach ar thóir áit ina bhféadfainn na héadaí fliucha a thriomú. Tá sreang tuartha nárbh fhiú a leithéid a thabhairt air os comhair an dorais agus leathdhosaen oilithreach ag iarraidh a gcuid balcaisí a chrochadh uirthi. Cuid acu gan pionnaí éadaigh. Seasaim siar tamall ag breathnú orthu, duine ar dhuine ag féachaint le balcais a chur in áit nach bhfuil spás di, ag sleamhnú éadaí siúlóra eile ar feadh na sreinge go mbíonn siad ar fad ar nós consairtín. Faoi dheireadh, titeann an cuaille guagach atá á coinneáil suas. An-spraoi ansin agam ag faire ar an té atá ciontach ag iarraidh an cuaille a ardú leis an sreang faoi ualach éadaí ceangailte de. Bailím roinnt cloch. Sínim mo chuid éadaí féin ar bhalla agus leagaim na clocha anuas orthu. Tamall ina dhiaidh sin agus mé ag gabháil thar bráid, tugaim faoi deara go bhfuil na clocha 'goidte'. Nach aoibhinn bheith i measc na n-oilithreach cráifeach ar a mbealach go Compostela!

Tar éis an *siesta* téim suas an tsráid mhór mar a bhfuil an t-aon bheár-bhialann ar an mbaile. An lá go haoibhinn ar fad. Spéir ghorm os ár gcionn. Suím ag bord faoi scáth amuigh i gcuideachta Hans, Eilvéiseach agus iar-fheidhmeannach de chuid Nestlé SA, atá anois ina chónaí go seasta i ndeisceart na Spáinne. Fear ard, láidir, aclaí é a raibh traenáil faighte san arm aige. É ar comhaois liom féin. Nuair a insím dó go bhfuil an mála droma do mo chéasadh, cuireann sé roinnt ceisteanna orm faoin mbealach atá na strapaí agus na criosanna á gceangal agam. Aithníonn sé croí na faidhbe láithreach. Níl crios an choim á cheangal teann a dhóthain agam. Deir sé liom go gcaithfidh cuid mhaith den mheáchan titim ar na cromáin. Cén fáth nár smaoinigh mé cheana ar réiteach chomh simplí sin? Tá meáchan iomlán an mhála ag titim ar mo ghuaillí agus na matáin á sracadh as a chéile. Meon Teotanach ag Hans. Nuair a bhuaileann sé bóthar socraíonn sé ar luas áirithe siúil agus cloíonn sé leis an luas sin i gcónaí. Is cuma cé acu ag ardú nó ag dul le fána a bhíonn sé, ní athraíonn an siúl a bhíonn faoi. Tá rún déanta aige é féin a scaradh go hiomlán ón saol mór ina thimpeall le linn an aistir. Deir sé liom freisin nár thug sé uaireadóir leis. Ní thabharfadh sé fón póca ach oiread, a deir sé, ach go bhfuair a bhean chéile an lámh in uachtar i dtaca leis an bpíosa teicneolaíochta úd.

Balcóin orndideach, Larrasoaña

Iarraim lítear beorach agus ceapaire liamháis. Tarlaíonn gur liamhás leasaithe ar an modh traidisiúnta – lena rá ar bhealach eile, liamhás amh - atá sa rollóg nuair a thagann sé. Déanaim iarracht greim a bhaint as. Tá sé beagnach dodhéanta na fiacla a shá tríd an bhfeoil. Bhuel, leanaim orm ag tarraingt agus ag sracadh, mé ag éirí níos fíochmhaire de réir mar atá ag teip orm. Faoi dheireadh, fágtar mé le píosa fada feola ar crochadh as mo bhéal síos go dtí mo bhrollach. Déanaim cinneadh láithreach cloí le bia níos so-ite ar nós *chorizo* agus *tortilla de patatas*.

Tagann Spáinneach óg cairdiúil chugainn agus suíonn sé chun boird linn. Carlos atá air. É ar fíorbheagán Béarla agus Hans gan mórán Spáinnise. Bheadh sé níos cirte a rá go bhfuil dóthain den teanga aige ach go labhraíonn na Spáinnigh róscioptha dó. Caithim cuid mhaith den tráthnóna ag gníomhú mar aistritheoir nó mar fhear teanga. Anois ó tá Hans ag cur faoi sa Spáinn, tá cuid mhaith tuairimí aige faoi ghnéithe áirithe den saol inti. Gan drogall ar bith air iad a nochtadh. Tugaim faoi deara go luath go ngoilleann sé ar Carlos uair ar bith a shíleann sé go bhfuil Hans ag fáil lochta ar a thír dhúchais. Déanaim iarracht an ghoimh a bhaint as na breithiúnais is diúltaí a thugann sé.

An ceathrar Éireanach eile sa bheár go déanach tráthnóna. Tá na mná meánaosta i ndeireadh na feide. Iad ag smaoineamh ar éirí as siúl na gcos agus bealach éigin eile taistil a fháil. Mná deasa ionraice iad ach níl an t-ullmhúchán fisiciúil déanta acu. Ní dóigh liom go bhfeicfidh mé arís iad. Tá ag éirí go maith leis an lánúin óg. Deir an fear liom gur chaith sé roinnt seachtainí i Neipeal agus gur fhoghlaim sé gur fearr do dhuine gan é féin a ní rómhinic ar na siúlóidí fada. Ba é an t-aon duine é den dream a bhí leis sa tír sin, a deir sé, nár buaileadh tinn. Bhíodh ceathanna á dtógáil ag gach aon duine eile. B'fhéidir go bhfuil bunús éigin eolaíoch leis an tuairim sin. Tá na mná 'gan bun cleite isteach ná barr cleite amach' i láthair freisin ach mothaím go bhfuil siad dár seachaint.

Tá orainn sealaíocht a dhéanamh ar a chéile ag am dinnéir - an iomarca oilithreach, an bhialann róbheag agus gan ach ceann amháin in Larrasoaña. Cuirtear i mo shuí mé le seisear Francach nach dtugann aird ar bith orm i rith an bhéile. Cuireann goimh an ocrais agus doicheall mo chompánach Gailleach droch-aoibh orm. Fágtar trí bhuidéal fíona ar an mbord dúinn. Breathnaím orthu á riaradh amach eatarthu féin. Táim dofheicthe, cinnte. Stad chomh mór bainte asam nach dtig liom focal a rá. Le himeacht ama éirím stuacach agus, in áit beannú dóibh in ainneoin an doichill, fanaim i mo thost go dúr stalcánta. Stéig mhairteola eile ag púscadh fola os mo chomhair chun an scéal a dhéanamh níos measa. Is deacair cleasa nua a mhúineadh do sheanmhadra.

Teach álainn, Larrasoaña

3 Meán Fómhair
Larrasoaña –
Cizur Menor

Cathair / Baile / Sráidbhaile	Fad (Ciliméadar)	Airde (Méadar)
Zuriain	4	510
Irotz	6.1	510
Trinidad de Arre	10.5	495
Pamplona	15	449
Cizur Menor	19.5	457

Puente de los Bandidos á thrasnú agam arís go gairid tar éis a seacht. Mise an t-aon bhithiúnach ar an droichead ag an am seo den mhaidin. Pamplona mar ceann scríbe agam.

Uair an chloig roimh bhreacadh an lae fós ach is leor solas geal-liath na gealaí chun an cosán a shoilsiú. Mé gan bhricfeasta mar nach raibh an beár ar oscailt agus mé ag fágáil Larrasoaña. Spéir ghlé, ghlan, breactha le réaltaí os mo chionn. Ardú croí sa radharc seo. Dealraíonn sé go bhfuil lá álainn grianmhar i ndán dúinn. Leanann an *Camino* cliathán clé ghleann glas, féarach an Arga. Feicim urlár an ghleanna thart ar chéad méadar thíos fúm agus an abhainn ag sní tríd. Seachas cantain chór na n-éan, níl le cloisteáil ach torann doiléir thrácht na maidine i bhfad uaim. Smaoiním ar dhaoine ina suí i bplódú tráchta idir Leamhcán agus an M50.

Tagaim go sraith céimeanna cloiche a thugann síos mé go leibhéal na habhann. Leanann an cosán bruach coillteach an Arga. Braonta uisce ag titim anuas orm ó dhuilliúr na gcrann i ngeall ar throime an drúchta. A fhios agam go bhfuil siúlóirí áit éigin os mo chomhair agus i mo dhiaidh. Ní chloisim iad. Ní fheicim iad. Sin mar is fearr liom é. Gabhaim trí ghráigeanna nach fiú trácht orthu – **Aquerreta, Zuriain** agus **Iroz**. Níl beár ná caifé ar oscailt áit ar bith. Ocras ag teacht orm. Thart ar a naoi agus mé ag trasnú droichid os cionn an Arga, castar fear óg orm atá tar éis dhá bhreac mhóra, mhéithe a mharú. Cuireann an radharc cúrsaí bia i gcuimhne dom. Éiríonn liom cístí beaga seacláide a cheannach ag meaisín díolacháin in **Zabaldica** tamaillín ina dhiaidh sin. Tagaim go láthair álainn picnice. Suím ag bord agus féasta agam de chístí seacláide agus uisce. Mé go sóch sásta go dtí go bhfeicim mo chairde Gailleacha ón oíche aréir ag bord eile. Mothaím mo bhrú fola ag dul in airde. Bráithreachas oilithreachta mo...

Feicim laghairt á grianú féin ar chloch. Ó d'fhág mé Roncesvalles, an t-uafás laghairteanna beaga glasa tugtha faoi deara agam ag scinneadh uaim isteach faoi scáth na gcarraigeacha ar thaobh an chosáin. Laghairt Ibéarach na mBallaí, sílim, atá ann. Corruair faighim spléachadh ar laghairt atá i bhfad níos mó – an *lagarto verde* (an laghairt ghlas). Bhíodh an t-earc luachra an-choitianta i m'áit dhúchais ar theorainn na Boirne nuair a bhí mé i

Radharc ón gCamino roimh Arre

mo ghasúr. Chuireadh na seandaoine fainic orainn gan ár mbéal a fhágáil ar oscailt agus sinn inár luí ar an bhféar, mar dá rachadh an t-earc luachra isteach i mbéal duine, bheadh ocras go deo na ndeor air. Ba leigheas ar rud éigin - ní cuimhin liom anois céard é go beacht, dó b'fhéidir - an créatúr bocht a lí. Faraor, sílim go bhfuil siad ar fad imithe ar nós an traonaigh. Mo smaointe ar strae in Éirinn arís.

Ardaíonn an *Camino* arís agus leanann sé imlíne chomhairde atá thart ar 150 méadar os cionn na habhann ach anois ar an taobh contrártha den ghleann. Cuireann aoibhneas na haimsire agus áilleacht an nádúir thart orm mé ag machnamh ar cé chomh hámharach is atáim. Faighim deacair a chreidiúint go bhfuilim saor faoi dheireadh ó na dualgais agus ón bhfreagracht a bhí á iompar agam le blianta fada. Mé ag siúl trasna na Spáinne gan bhrú, gan deifir. 'Fear scíthe' anois mé. Saol sámh, suaimhneach romham amach. Malairt plean ag an bhFear thuas, b'fhéidir. Tá spleodar na saoirse ró-nua go fóill. An-chuid machnaimh le déanamh sula dtuigim brí na saoirse i gceart agus sula n-éiríonn liom na mothúcháin a bhaineann léi a fhí isteach i mo shaol laethúil.

Díbríonn mo chéad spléachadh ar **Trinidad de Arre** na smaointe úd. Droichead eile le trasnú le dul isteach sa bhaile. An Ulzama, fo-abhainn de chuid an Arga atá ag sní fúm an uair seo. Gabhaim

Trinidad de Arre

thar Bhaisleach na Tríonóide (la Basílica de la Trinidad) agus ní fada go mbainim **Villava** amach. Cáil ar na mbaile beag seo mar is ann a rugadh **Miguel Indurain** a bhuaigh an *Tour de France* cúig huaire as a chéile (1991-95). Laoch é ina bhaile dúchais faoi mar is gaiscíoch Seán Ó Ceallaigh i gCarraig na Siúire. Tugaim cuairt ghearr ar an *bplaza* álainn atá os comhair eaglais an bhaile amach ina bhfuil busta den rí Sancho a

Eaglais Villava

VI, el Sabio (an Saoi). Ba é an chéad duine é a raibh an teideal Rí Navarra aige. Tugadh *el Sabio* air mar gheall ar a chuid reachtanna gaoismheara, na *fueros* (cairteacha) a bhronn sé ar chathracha agus ar bhailte agus toisc gur thug sé cosaint do na Giúdaigh agus do na *Francos* (inimircigh ón taobh ó thuaidh den teorainn). Tuigim go luath nach bailte iad a thuilleadh Trinidad de Arre agus Villava ach bruachbhailte, iad slogtha ag cathair Phamplona. Brostaím liom trí shráid chrannmhar, thaitneamhach. Stad ní dhéanaim go mbainim **la Casa de las Conchas** (Teach na Sliogán) amach. Mar is léir ón ainm, tá a chuid ballaí clúdaithe le sliogáin mhara. Fonn orm ceann scríbe a shroichint go luath. Géaraím ar an gcoisíocht.

Osclaíonn páirc bheag amach romham. Nochtann múrtha maorga, mórthaibhseacha **Phamplona** os mo chomhair gan choinne. Aithním **Puente**

de la Magdalena (Droichead Mhaigdiléana) nó **Puente de los Peregrinos** (Droichead na nOilithreach) mar a ghlaotar air uaireanta i ngrianghraif atá feicthe agam i dtreoirleabhar éigin. Droichead ardstuach meán-aoiseach thar an Arga, a

Puente de la Magdalena

shníonn faoi bhun na múrtha, is ea é. Níl sé feiliúnach ach do choisithe agus d'ainmhithe. Is iomaí oilithreach a ghabh thairis ar a bhealach isteach sa chathair tríd an ngeata ar a dtugtar **Portal de Francia** ón 14ú céad i leith. Leanaim a lorg. Cuirtear moill orm toisc nach féidir le tromlach na siúlóirí gabháil thar an droichead gan leathdhosaen grianghraf ar a laghad a thógáil. Cuirim an geata tógála díom isteach sa seanchathair. Níl sé ach a haon déag a chlog ar maidin. Mé ag cuardach *albergue* ina bhféadfainn mo mhála a fhágáil. Agus ceann aimsithe fágaim an mála sa 'scuaine' málaí ag an doras le m'áit a chinntiú. Suím ar bhinse in aice láithreach sa chearnóg le súil a choinneáil air.

Múrtha Pamplona ar chlé

Siúlann Hans isteach sa chearnóg. 'Fágaimis na málaí damanta anseo,' ar seisean liom, 'agus téimis suas chun na múrtha agus an ardeaglais a fheiceáil.' 'Tá súil agam nach ngoidfear iad,' arsa mise leis. 'D'fhéadfadh gadaithe a bheith ag faire.'

'Bíodh siad acu agus fáilte,' ar seisean.

I dtaca lena mhála, bhíonn an grá agus an fuath ag uainíocht ar a chéile i gcónaí i gcroí an oilithrigh. Tréigimid na málaí. Bainimid an ardeaglais amach ach tá na doirse dúnta. Ní bhíonn siad ar oscailt ach nuair a bhíonn an tAifreann á léamh. Gan ach bealach amháin isteach – tríd an iarsmalann. Chuige sin ní mór ticéad a cheannach. Cé nár thaitin an foirgneamh liom ón taobh amuigh, tá sárshaothar fíneálta Gotach le feiceáil ar an taobh istigh. Amach linn faoin ngrian lonrach arís. Seasaimid ar an múr tromábhal, toirtiúil, téagartha a rinne cathair dhochloíte de Phamplona tráth. Cé nach ndeirim le Hans é, tagann sé chun mo chuimhne gur léigh mé sa leabhar *Bealach na Bó Finne* le Dóirín Mhic Mhurchú go raibh Gael, duine de shliocht Uí Néill, i gceannas ar chosaint na múrtha seo nuair a d'ionsaigh fórsaí Napoléon iad sa bhliain 1808. Imíonn Hans leis chun gnó éigin a dhéanamh. Lón ar mo shuaimhneas agam i gcaifé ar na ballaí. Téann Pamplona (Iruña, sa Bhascais) siar go haimsir na Rómhánach. Pompaelo an t-ainm a bhí ar an mbaile an uair úd, é baiste as Gnaeus Pompeius Magnus, an ginearál cáiliúil. Bhí sé ina phríomhbhaile ar Ríocht Navarra ina dhiaidh sin agus deirtear gur uaithi a scaipeadh an creideamh Críostaí ar fud Tír na mBascach. Sa lá atá inniu ann tá Pamplona ina príomhchathair ar Phobal Neamhspleách Navarra (la Comunidad Autónoma de Navarra).

Tugaim cuairt ghearr ar **Plaza del Castillo** agus ansin ar ais liom go **Plaza Consistorial**, áit an bhfuil an **Ayuntamiento** (Halla na Cathrach), foirgneamh deas Barócach. Nár bhreá liom a bheith anseo i Mí Iúil nuair a bhailíonn na sluaite sa chearnóg álainn seo le haghaidh Féile ársa San

Halla na Cathrach, Pamplona

Fermín. *Sanfermines* a thugtar uirthi go háitiúil. Téann muintir na cathrach agus turasóirí gan chiall *loco* ar feadh seachtaine. Ar na himeachtaí ar fad is é an *encierro* (sciuird reatha na dtarbh trí na sráideanna) a tharraingíonn aird an domhain ar an gcathair. Bailíonn na 'hiomaitheoirí' ag a hocht gach maidin, iad gléasta i mbrístí agus léinte bána, *pañuelo* (ciarsúr) dearg thart ar a muineál agus *faja* (sais) dearg timpeall an choim. Tagann siad le chéile thuas ansin ag Cuesta de Santo Domingo. Canann siad an t-iomann gearr seo a leanas trí huaire os comhair dealbh San Fermín:

A San Fermín pedimos,
    por ser nuestro patrón,
    nos guíe en el encierro,
    dándonos su bendición.

(Guímid ar San Fermín, ós é atá mar éarlamh againn, sinn a threorú san *encierro*, ag tabhairt a bheannachta dúinn). Deirtear go mbíonn clóca an naoimh thart orthu siúd a thagann slán. Scaoiltear roicéad pléascóige mar chomhartha agus scaoiltear na tairbh. Siúd leis na 'hiomaitheoirí' agus *los toros* ina ndiaidh d'aon sciuird reatha amháin síos Sráid Estafeta ansin. Is tapúla na beithígh, ar ndóigh, agus is minic adharc sáite in iomaitheoir nach mbíonn na cleasa éalaithe aige. Cúigear déag ar a laghad seolta ar shlí na fírinne ó 1924 i leith agus os cionn 200 gortaithe. Chuir leabhar Hemingway, *The Sun Also Rises*, tús le sruth turasóirí ar theastaigh uathu dul san iomaíocht. Faraor, ní bhíonn na scileanna acu a bhíonn foghlamtha ag óganaigh na Spáinne sna *encierros* a bhíonn ar siúl go minic sna bailte agus sna sráidbhailte.

A dó a chlog. Buaileann fonn imeachta mé. Tugaim m'aghaidh ar an *albergue* ach téim amú sa chathair ghríobháin de shráideanna beaga agus tá orm dul i muinín na bpóilíní chun treoracha a fháil. Slua oilithreach bailithe taobh amuigh den *albergue*. Fear óg, an *hospitalero* is dócha, ina sheasamh ar chathaoir ag an doras ag iarraidh rud éigin a mhíniú dóibh i Spáinnis. Déanaim cinneadh láithreach gan fanacht sa chathair. Cuirfidh mé an cúig chiliméadar idir í agus Cizur Menor díom gan stró.

Ar an mbealach amach as an gcathair gabhaim thar dhúnfort seanda. Stopaim chun scrúdú a dhéanamh air. Áthas orm go ndearna mé sin. **La Ciudadela** atá ann. Tharla eachtra anseo ar 20 Bealtaine 1521 a raibh tionchar thar na bearta aici ar an domhan Críostaí. Bhuail urchar cloiche as gunna mór cos Ignacio (Iñigo) López de Loyola agus gortaíodh chomh dona é go raibh air tréimhse fhada téarnaimh a chaitheamh i gcaisleán a athar sula raibh sé ábalta siúl arís. Níorbh fhear cráifeach é ach chuir sé an t-am isteach ag léamh leabhar spioradálta toisc nach raibh teacht aige ar chineál ar bith eile litríochta. D'iompaigh sé chun Dé. Thréig sé saol an tsaighdiúra agus bhunaigh sé Ord na nÍosánach. Rugadh duine dá chompánaigh, Íosánach agus Bascach eile, Naomh Proinsias Xavier, gar do Sangüesa ar an g*Camino Aragonés*. Duine den chéad seachtar Íosánach ab ea é. Thaistil sé go tíortha an

oirthir - an India, Srí Lanca, Malacca, na Moluccas agus an tSeapáin –
ag craobhscaoileadh an chreidimh Chríostaí.

Lá an-mheirbh. Áthas orm *albergue*
Cizur Menor a shroichint, é suite
in aice le sean-eaglais Rómhánúil
chloiche - **la Iglesia de San Miguel
Arcángel** - a bhfuil crann figí ag fás
lena hais. Bhain an eaglais le
mainistir de chuid na Spidiléirí (la
Orden Militar y Hospitalaria de

la Iglesia de San Miguel, Cizur Menor

San Juan de Jerusalén, de Rodas y de Malta) a bhí anseo chun na hoilithrigh a
chosaint. Réimsí móra coinligh thart ar an sráidbhaile. Ní fhéadfaí páirceanna a
thabhairt orthu mar a thuigimidne iad sa bhaile. Innealra talmhaíochta ina luí
faoin aer thart ar an *albergue*. Buailim le *hospitalera* óg, chairdiúil, chúntach.
Faighim an leaba dheireanach sa bhrú. Beidh orthu siúd a thagann i mo
dhiaidh an oíche a chaitheamh ar thochtanna ar urlár na seaneaglaise. Cith
tógtha. An níochán déanta. Crochaim na balcaisí fliucha ar an innealra. I
ndiaidh *siesta* buailim amach faoin mbaile.

Ceathrú chun a sé. Táim taobh amuigh d'eaglais eile – **la Iglesia de San
Andrés** - ar chnocán os cionn an tsráidbhaile. Foirgneamh ársa Rómhánúil.
Ballaí daingne, téagartha cloiche ann. Páirc bheag os a chomhair a bhfuil
crainn ag fás inti agus suíocháin faoina scáth. Radharc iontach ar an
gceantar máguaird. Tráthnóna Sathairn atá ann. De réir dealraimh, is ar an
Satharn a phósann daoine anseo sa Spáinn. Tá aíonna ag bailiú anseo le
haghaidh searmanis phósta atá le ceiliúradh i gceann tamaillín. An tríú

ceann atá feicthe agam inniu. Suím i gclúid fholaithe taobh amuigh ag gliúcaíocht ar na haíonna. Cuma an rachmais orthu. Gan le feiceáil ach ard-fhaisean. Fanaim as an mbealach mar bheinn an-fheiceálach ina measc gan

Ceoltóirí agus rinceoirí ag fáil réidh don phósadh

orm ach brístí gearra, T-léine agus cuaráin gan stocaí. Tagann bus le ceolfhoireann traidisiúnta agus rinceoirí *flamenco*. Sleamhnaím isteach faoi choim nuair a thosaíonn an searmanas. Gan mórán slí sa tseaneaglais seo. Na suíocháin ar fad tógtha. Fanaim i mo sheasamh díreach taobh istigh den doras atá ar leathadh. Cé go bhfuilim spíonta, is fiú é.

Siúlann an bhrídeach isteach mar is gnách lena hathair agus cailín coimhdeachta á tionlacan. Níl fear tionlacan ná finné ar bith ag an bhfear. Suíonn seisean taobh lena mháthair ar dhá chathaoir os comhair na haltóra ar chlé. An bhrídeach amhlaidh lena hathair ar thaobh na láimhe deise. Nuair atá a dualgas comhlíonta ag an gcailín coimhdeachta, filleann sí ar chorp na heaglaise agus suíonn i measc an tslua. Chomh luath is a thosaíonn an searmanas, sleamhnaíonn roinnt de na fir óga amach. Fanann cuid acu ag comhrá agus ag caitheamh toitíní faoi scáth na gcrann. Éalaíonn an chuid eile síos go dtí an t-óstán. Monabhar comhrá gan stad san eaglais. Uaireanta ní monabhar a thuilleadh é ach comhrá callánach. Stadann an sagart agus éilíonn sé an ciúnas is cuí d'ócáid shollúnta mar seo. Táim den tuairim nach bhfuil mórán taithí ag an tionól áirithe seo ar bheith in aon eaglais. Leanann an monabhar ar leibhéal níos ísle. Níl tada den mhaoithneachas a chloistear ó shagairt in Éirinn ar ócáidí mar seo i seanmóir an cheiliúraí. Tá an ceol agus an rince *flamenco* os comhair na haltóra thar cionn cé nach dtuigimse i gceart an gaol atá idir iad agus brí an tsearmanais. Ón áit ina bhfuilim i mo sheasamh, tá radharc agam ar na muilte bána gaoithe thuas ar Alto del Perdón (Ard an Mhaithiúnais), áit a mbeidh mé am éigin maidin amárach.

Tarlaíonn go bhfuil *fiesta* ar siúl sa sráidbhaile. Buíonta ceoil ag seinm. Daoine ag siúl timpeall i mbréagéadach ildathach. Buailim le Hans agus an cuntasóir Ostarach nach bhfaca mé ó d'itheamar bricfeasta le chéile in Saint-Jean-Pied-de Port. Nílimid ach suite chun boird i mbialann an tí ósta nuair a thagann ceathrar siúlóirí eile isteach. Cuireann na freastalaithe dhá bhord le chéile. Mothaím go bhfuil rud éigin dár gceangal le chéile. An cumann a bhíonn idir dhaoine a bhíonn ar aistear fada le chéile. A scéal féin ag gach duine nach bhfuil ach an chuid bheag de inste go fóill. Sinn go léir ag tiaráil linn, na bacanna céanna le sárú againn. Siombalachas an bhéile. Agape. Arán á bhriseadh le chéile. *Sopa de ajo* (anraith ghairleoige), stéig mhairteola (loiscthe), agus *bizcocho borracho* (císte meisciúil) mar mhilseog atá ar *Menú del Peregrino* anocht.

Is breá liom comhluadar ar feadh scaithimhín. Ar scáth a chéile a mhairimid agus is maol gualainn gan bhráthair. Súnn grúpa mór daoine an fuinneamh agus an spionnadh asam, áfach. Nuair a bhím i measc daoine is fearr liom comhrá le duine nó beirt. Bíonn gá agam i gcónaí le tréimhsí fada i m'aonar chun mo chuid fuinnimh a athnuachan. Bíonn daoine anuas ar a chéile sna *halbergues*. Ar an ábhar sin is fearr liomsa an chuid is mó den lá a chaitheamh ag siúl i m'aonar. Sin rud nach dtuigeann na Spáinnigh i gcoitinne. Bíonn sé deacair uaireanta duine a bhíonn ag lorg compánach siúil a sheachaint. Táthar ann a bhíonn uaigneach agus a ghreamaíonn díot mar a bheadh bairneach ar an gcarraig. Plúchann a leithéidí mé. Is breá liomsa saoirse an aonarachais. Seal fada i mo chadhan aonraic, seal le duine nó beirt a mbíonn dlúthchaidreamh agam leo. Feileann an *Camino* domsa mar gheall air sin. Mothaím go bhféadfainn leanúint ar aghaidh mar seo go deo. Braithim go bhfuilim sa bhaile, go bhfuilim i m'áit féin amuigh sna réimsí oscailte, sna coillte, ar an mbóthar fada a bhíonn ag síneadh amach romham. Uaireanta creidim gur cruthaíodh an *Camino* domsa.

5 Meán Fómhair

Cizur Menor –

Puente la Reina

Cathair / Baile / Sráidbhaile	Fad (Ciliméadar)	Airde (Méadar)
Zariquiegui	6.2	570
Alto del Perdón	8.7	780
Utrega	11.7	515
Muruzábal	14.2	478
Óbanos	16.2	414
Puente la Reina	18.2	347

Ceathrú tar éis a seacht maidin Dé Domhnaigh. Mé ag siúl trí pháirc phoiblí Cizur Menor amach as an sráidbhaile. Déagóirí callánacha faoi thionchar an óil (agus rudaí nach é, b'fhéidir) ar fud na páirce. Beagán neirbhíseach ag gabháil tharstu. Beannaíonn siad dom - beannú ardghlórach áibhéileach na póite. Maidin aoibhinn álainn gréine gan ach ualach mo mhála ag cur as dom. Fuair mé amach inné go raibh oilithrigh ag dul i gcomhar le chéile lena gcuid málaí a sheoladh ar aghaidh go Puente la Reina i dtacsaí. Cinneadh déanta agam, áfach, an bealach ar fad a chur díom de shiúl na gcos agus mo chuid 'earraí agus airnéise' a iompar ar mo dhroim go Deireadh an Domhain ar nós na meánaoiseach.

Tírdhreach na bPiréiní i bhfad taobh thiar díom faoi seo. Thart orm anois tá taobh tíre oscailte, aimhréidh, cnocach clúdaithe le réimsí móra coinligh. Barr na gcnoc faoi bhrat fáschoille. Ní fheadar cén barr a bhí ag fás anseo sular baineadh an fómhar. Arbhar nó cruithneacht, déarfainn.

Lus na gréine gan baint go fóill. Nach gránna an barr é nuair a bhíonn sé aibí le haghaidh an fhómhair. Dath dúdhonn feoite air. Rud marbh, a déarfá. Ní mar a shíltear a bhítear, áfach. Na céadta, na mílte b'fhéidir, d'éin bheaga an aeir ag baint buntáiste

Eaglais ársa ar an gCamino

as an bhfoinse shaibhir chothaithe seo. Feicim iad ag déanamh ruathair i ndiaidh ruathair ar na síolta. Cothú anama domsa a bheith ag breathnú orthu. Dlúthcheangal idir bás agus beatha. An mbíonn críoch choíche le rud ar bith? An mbíonn bás gan aiséirí? Timthriall ar timthriall. An mar sin a bheidh sé lastall den uaigh?

Leath i ndiaidh a hocht, bainim sráidbhaile **Zariquiegui** amach. Gabhaim thar Eaglais Rómhánúil San Andrés ar mo bhealach isteach. Aon tsráid amháin de thithe seanda cloiche a bhfuil armas teaghlaigh ar chuid acu. Stádas sóisialta san am atá thart? Mustar gan ghustal, b'fhéidir? Éirí in airde gan bhunús? Siar beagáinín ar thaobh na láimhe clé, tá eastát tithe nua á thógáil. Cóngaracht Phamplona is cúis leis an mborradh seo, is dócha. Gan duine ná deoraí le feiceáil ach beirt fhear le gránghunnaí agus madraí ag fiach amuigh sa choinleach.

Tosaíonn an cosán ag ardú i dtreo **Alto del Perdón** (Ard an Mhaithiúnais), mám atá beagnach 800 méadar os cionn leibhéal na farraige. Tamall sula mbainim an mullach amach, tagaim ar an bhfoinse uisce ar a dtugtar **Fuente Reniega** (Tobar an tSéanta). Fuair an fhoinse a hainm ó fhinscéal ag oilithrigh na meánaoise. Ba mhinic iad cráite ag an tart, ar ndóigh. De réir an scéil, nocht an diabhal é féin i riocht siúlóra oilithrigh a bhí stiúgtha ag an tart sa cheantar seo a bhfuil Gambellacos mar ainm air. Gheall sé go dtabharfadh sé chuig foinse fhuar uisce é dá séanfadh sé a chreideamh i nDia. Dhiúltaigh an t-oilithreach sin a dhéanamh. Faoi mar a bheifeá ag súil leis, tháinig *Santiago Peregrino* (Séamus Oilithrigh) chuige agus thug sé uisce le hól do as sliogán an mhuirín.

Bainim barr an mháma amach. Scata oilithreach ag glacadh sosa ann. Aithním roinnt mhaith acu. Cuid acu ag ithe ceapairí faoi theas na gréine, cuid eile ag breacadh dialainne nó ag tógáil grianghraf. Is beag duine a théann thar an áit seo gan grianghraf a thógáil de na dealbha déthoiseacha d'oilithrigh 'ag gabháil thar bráid' ar muin capaill nó de shiúl na gcos, cuid acu le hasal mar bheithíoch iompair acu. Dealbha iad a gearradh as miotal láidir tanaí. Ábhar iontais dom nach scuabann na ráigeanna gaoithe a shéideann tríd an mbearna ard seo chun siúil iad. É an-ghaofar go deo anseo inniu in ainneoin gur lá breá gréine atá againn. Léim inscríbhinn ar leacht a deir: 'Donde se cruza el camino del viento con el de las estrellas' (An áit a thrasnaíonn bóthar na gaoithe agus bóthar na réaltaí a chéile). Is ionann

Oilithrigh ar Alto del Perdon

Bealach na Bó Finne agus an *Camino de Santiago*. Go deimhin, táthar ag baint feidhme as an ngaoth anseo. Sraith de mhuilte gaoithe bána ag síneadh amach ar dheis agus ar chlé. Siosarnach ard ag teacht ó liáin na muilte, an fhuaim ag méadú agus ag laghdú le gach casadh den lann. Níor mhaith liom bheith i mo chónaí róchóngarach dóibh. Crochaim an mála ar mo dhroim. Tógaim cúpla nóiméad chun na radharcanna iontacha siar go dtí Pamplona agus ar aghaidh chomh fada le Puente la Reina a shú isteach. Buailim bóthar arís.

Imeacht le fána atá romham anois go ceann scríbe. Fiche tar éis a deich agus táim ag gabháil trí **Utrega**, sráidbhaile álainn de thithe cloiche. Preabann mo chroí nuair a thagaim ar chaifé-bheár nua-aimseartha a bhfuil boird faoi scáth amuigh ar an b*patio*. Béile breá d'arán úr bán, uibheagán agus Coca-Cola agam. Dreas comhrá agam le Hans, an tEilvéiseach. An-áthas air go bhfuil toradh fónta ar an gcomhairle a chuir sé orm faoi chriosanna an mhála a fheistiú orm. Nach gcuireann sé ardú meanman i gcónaí orainn gar a dhéanamh do bhráthair? É tugtha faoi deara agam nach bhfuil leigheas níos fearr ar an ngalar dubhach ná gar a dhéanamh do chomharsa i ngátar.

Ar an mbóthar arís. An ceantar thart orm ar nós uibheacha i gciseán – cnoic, cnocáin agus tulacha – iad ar fad faoi choinleach ach go bhfuil corrphaiste caschoille sna clúideacha nach féidir leis an innealra a shroichint. Ní fada go bhfeicim an chéad fhíonghort atá tugtha faoi deara agam ar an *gCamino* go dtí seo.

Ar bhuille a haon déag siúlaim isteach i sráidbhaile **Muruzábal**. Buailim isteach in Eaglais San Estében chun *retablo* (clabhar altóra) atá thart ar 400 bliain d'aois a fheiceáil. Níl radharc ceart le fáil air toisc go bhfuil an tAifreann ar siúl. Amach liom arís ón eaglais dhorcha, fhionnuar i ndallrú gréine an mheán lae sa Spáinn. Tugaim comharthaí faoi deara dár dtreorú go h**Eaglais Santa María de Eunate**, teampall ochtagánach atá thart ar dhá chiliméadar ón g*Camino* ar thaobh na láimhe clé. Deirtear go raibh sé de nós ag Ridirí an Teampaill eaglaisí ochtagánacha den chineál seo, bunaithe ar Eaglais an Tuama Naofa in Iarúsailéim, a thógáil sna ceantair ina raibh mainistreacha acu. Táim i gcás idir dhá chomhairle. Beartaím bogadh chun cinn, áfach. Ní dóigh liom go bhfuil dóthain ama agam ná mo shá spionnaidh fágtha ionam timpeall de cheithre chiliméadar a chur orm i mbrothall an lae. Beidh lá eile ag an bPaorach. Mé tar éis geallúint a thabhairt do mo bhean ar an bhfón go siúlfaimid an *Camino* arís ach le chéile nuair a éiríonn sise as an múinteoireacht. Turas de chineál eile a bheidh ann, sílim. Tá Siobhán éagsúil go maith liomsa. Is breá léi bheith i measc na sluaite. Tagann méadú ar a cuid spleodair nuair a bhíonn daoine thart uirthi. Má théimid chuig cóisir bíonn fuinneamh beirte aici tar éis meán oíche nuair a bhíonn an t-umar folamh agamsa.

Bainim **Obanos** amach thart ar mheán lae. Baile suntasach é scór ciliméadar ó Pamplona i lár gleanna a dtugtar Valdizarbe air. Éagsúlacht ailtireachta le sonrú ar na tithe áille cloiche agus brící. Cruthaíonn stuanna an dara stóras i gcuid acu atmaisféar meánaoiseach. Tá cáil ar Obanos toisc gur tharla eachtra ann, más fíor don seanchas, sa 14ú haois. Mharaigh Uilliam, Diúc d'Aquitaine a dheirfiúr Felicia i racht feirge sa dúiche seo. Seo mar a tharla. D'fhág sise a háit dhúchais in Aquitaine na Fraince chun dul ar oilithreacht go Compostela nuair a bhí sí seacht mbliana déag d'aois in aghaidh toil a tuismitheoirí agus in ainneoin achainíocha an teaghlaigh uile. Sa mhéid sin ní raibh éagsúlacht rómhór idir í agus déagóirí ár linne. Eagla ar an gclann go dtarlódh rud éigin uafásach di ar aistear a bhí thar a bheith contúirteach sa ré áirithe sin. Cailín ceanndána ab ea í agus, in ainneoin na ngardaí a bhí á tionlacan, rinne sí gach iarracht dul i gcabhair ar na bochtáin bhreoite a bhíodh de shíor ag ciapadh na n-oilithreach ar an g*Camino*. Bhí sí chomh tógtha sin leis an obair charthanach seo gur dhiúltaigh sí filleadh abhaile. Cinneadh déanta aici a saol a chaitheamh leis na dea-oibreacha a bhí ar bun aici. Chuir a deartháir, Uilliam, chun bóthair chun í a thabhairt abhaile dá deoin nó dá hainneoin.

Tháinig sé uirthi in Obanos. D'impigh sé uirthi filleadh abhaile in éineacht leis. Dhiúltaigh Felicia go docht, daingean. Chuaigh Uilliam le báiní agus sháigh sé a mhiodóg go feirc ina croí. Chuir an gníomh uafáis a bhí déanta aige alltacht agus déistin air. Thug sé a aghaidh ar Santiago de Compostela chun leorghníomh a dhéanamh agus maithiúnas a lorg. Ar a bhealach abhaile bheartaigh sé leanúint den obair charthanach a bhí ar bun ag Felicia. Níor fhill sé ar Aquitaine riamh. Chaith sé an chuid eile dá shaol ina dhíthreabhach ag déanamh aithrí in *Ermita de Arnostegui* gar d'Obanos. Tá cloigeann Uilliam i dtaisce i gcumhdach taisí airgid in eaglais an bhaile.

Gach Déardaoin Mandála, úsáidtear é chun fíon an Aifrinn a choisreacan. Toisc go mbíonn deacrachtaí ag na Spáinnigh Uilliam (William nó Guillaume) a fhuaimniú, tugtar San Guillén air cé gur Guillermo a thugtar ar William de ghnáth. Gach re bliain glacann suas le 800 de mhuintir Obanos páirt i ndráma mór faoi mhairtíreacht Santa Felicia agus aithrí San

Guillén ar a dtugtar *el Misterio de Obanos*. De ghnáth, léirítear an dráma sa dara leath de Mhí Iúil.

Go gairid tar éis Obanos a fhágáil tagaim ar an Ermita de San Salvador, áit a dtagann an *Camino Francés* agus an *Camino Aragonés* le chéile. Tagann cuid de na hoilithrigh ó dheisceart na hEorpa agus ó oirdheisceart na Fraince an dara bealach seo faoi mar a dhéanaidís sna meánaoiseanna. Trasnaíonn siad na Piréiní ag **Bearnas Samport**. Leanann siad an bealach siar ó dheas trí **Jaca** agus **Sangüesa** go mbuaileann siad leis an mbealach Francach anseo. Cúpla focal agam le lánúin Ollannach atá tar éis teacht bealach na hAragóine, an tslí ar fad siúlta acu óna mbaile dúchais féin. Seo an dara huair dóibh an oilithreacht a dhéanamh. An *Camino Francés* a thóg siad an uair dheireanach. Fágaim slán acu. Na fíonghoirt ag éirí níos coitianta anois.

Díreach ar imeall **Puente la Reina** (Droichead na Banríona) – an cineál ainm a d'fheilfeadh do dhílseoirí Thuaisceart Éireann – nochtann radharc neamhaí chugam ar thaobh an bhealaigh mhóir. Óstán nua-aimseartha. Géillim do bhaothmhianta na colainne. Beidh oíche faoi shó agus faoi shuaimhneas agam. Cithfholcadh in uisce te - gan deifir, gan bheith i gcomórtas le scór duine eile. Leaba bhreá chompordach, gan cór srannairí ag teacht idir mé agus codladh na hoíche. Mothaím arraing chiontachta ach ní ghéillim di. Braithim chomh salach, smúrach, brocach, súicheach sin nach bhféadfadh Dia féin é a agairt orm. Nach den ghlóire an ghlaineacht? Tugaim m'aghaidh ar an deasc fáilte, mé sórt eaglach go bhfógrófaí an doras orm mar gheall ar chomh stothallach, giobalach, scrábach is atáim. Mé báite in allas an lae agus deannach an bhóthair greamaithe díom. Fanaim siar beagainín ón deasc. Ní thugann an fáilteoir aird ar bith ar an riocht ina bhfuilim. Síneann sí an eochair chugam agus taobh istigh de chúig nóiméad táim ar maos san fholcadán.

Mé amuigh ag crochadh mo chuid balcaisí nite ar shreang ar chúl an óstáin. Cé a bheadh ansin ach an t-oilithreach ar muin capaill a chonaic mé in Viskarret. Spáinneach atá ann, é ag tabhairt féir don chapall atá ceangailte faoi scáth na gcrann. 'Nach breá an modh taistil atá agat?' arsa mise leis. Tá a fhios agam láithreach ón dreach a thagann air nach bhfuil sé chun aontú liom. Ní tóin tinn ón diallait, mar a shílim féin ón modh siúil atá aige, atá ag cur as dó ach chomh deacair is atá sé farae agus stáblaí a fháil don chapall ar feadh an bhealaigh. Deir sé liom go bhfuil a bhean ag taisteal i bhfeithicil *todoterreno* mar chúltaca aige.

Puente la Reina

Buailim amach faoin mbaile a baisteadh ón droichead sé-stuach Rómhánúil thar an Arga. Is léir cén fáth. Tá sé chomh feiceálach sin nach bhféadfá gan suntas a thabhairt dó. Ábhar iontais dom nach bhfuil na staraithe róchinnte cén bhanríon a bhí freagrach as tógáil an droichid. Murb í Doña Mayor (1029-32), bean chéile Sancho III, ba í Doña Estefania, bean chéile Don García de Nájera (1035-54). Deir daoine eile fós gurbh í Doña Urraca (1109-1126) banríon León agus Castilla atá i gceist. Droichead do choisithe agus d'ainmhithe atá ann. Seans go dtógfadh sé trucailí beaga. Ar éigean é. Ní fheadar an bhfuil mórán droichead chomh hársa leis ar domhan? Sular tógadh é, bhíodh na hoilithrigh i dtuilleamaí na bhfarantóirí a d'éilíodh suimeanna móra airgid orthu. Siúlaim trasna ó thaobh go taobh uair nó dhó, mé ag samhlú dom féin gur oilithreach sna meánaoiseanna mé. Caithim súil thart ar an gcuid is seanda den bhaile agus go háirithe ar eaglaisí na meánaoise. Thóg Ridirí an Teampaill **Eaglais na Croise Naofa** (la Iglesia del Crucifijo). Nuair a cuireadh faoi chois iad thart ar 1314, tugadh do na Spidiléirí í. In **Eaglais Santiago** ar an tsráid mhór (Calle Mayor), tá dealbh de *Santiago Beltza*. Is focal Bascaise é *beltza* a chiallaíonn 'dubh'. Fillim ar Hotel Jaque agus mé ag tnúth le hoíche shámh chodlata.

á 5

6 Meán Fómhair
Puente la Reina –
Estella

Cathair / Baile / Sráidbhaile	Fad (Ciliméadar)	Airde (Méadar)
Zuriain	4	510
Irotz	6.1	510
Trinidad de Arre	10.5	495
Pamplona	15	449
Cizur Menor	19.5	457

Leath i ndiaidh a seacht ar maidin agus mé ar an g*Camino* arís. Níl insint scéil ar cé chomh hollásach, sómasach is a bhí an oíche san óstán tar éis bheith craptha i gcúngracht na mbrúnna. Neamh ar talamh. Mé ar ais i ndomhan an oilithrigh arís, afách. Dosaen cileagram ar mo dhroim agus mé ag siúl liom. An talamh fliuch. Thit báisteach throm i rith na hoíche. An teocht níos ísle. Gan an t-atmaisféar chomh rosamhach, meirbh is a bhí le tamall anuas. Spéir ghlé ghlan. Leanaim bruach na habhann. Ní fada go dtagaim suas le Klaus a bhuail bóthar romham. Beannaím dó agus fágaim i mo dhiaidh é.

Uair an chloig ag siúl faoi seo. Constaic ar chosán na n-oilithreach i bhfoirm oibreacha ollmhóra bóthair. Comharthaí dár dtreorú ar chosán sealadach atá garbh, achrannach. Seoltar in airde sinn thar chnoc ar thaobh na láimhe deise. Scór siúlóirí os mo chomhair agus i mo dhiaidh. Leathbhealach suas cloisim duine éigin ag scairteadh *'agua, agua'* (uisce, uisce). Ag an bpointe sin cloisim slaparnach agus glugarnaíl uisce ag rith le fána inár dtreo. Tugaim faoi deara go bhfuilimid ag siúl i gclais. Buaileann an smaoineamh mé go bhfuil duine éigin tar éis comhla a oscailt sa chóras uisciúcháin agus sruth uisce a scaoileadh isteach sa chlais atá ina chuid den chóras. Preabaim in airde ar an mbruach. Is ar éigean a rug mé na cosa liom. Faraor, níl na hoilithrigh taobh thiar dínn chomh hámharach céanna. Níor thuig siad an rabhadh. Scuabann thart ar chúig cheintiméadar is fiche d'uisce tharainn. Cloisim scairteanna iontais agus alltachta ó dhaoine a bhfuil a mbuataisí á líonadh le huisce fuar, láibeach. Níl sé éasca léim in airde as clais agus dhá chileagram déag ar do dhroim. Ní fheadar an cleas suarach atá á imirt ag duine éigin orainn? Níl míniú ar bith eile air. Bainim barr an chnoic amach agus ar aghaidh liom le fána i dtreo Mañeru agus Cirauqui. Fíonghoirt ag éirí níos coitianta i measc na réimsí treafa. Na hardáin ar íor na spéire clúdaithe le brat caschoille.

Sráid amháin in **Mañeru**. Tithe seanda cloiche, iad maorga faoina gcuid armas. Tugaim faoi deara go bhfuil féith an ghrinn i muintir an bhaile. *Calle Forzosa* (an tSráid Dhosheachanta /Gan Aon Dul As) an t-ainm atá ar an sráid. Táim i gceantar na bhfíonghort anois.

Ag druidim le Cirauqui

Agus mé ag druidim le **Cirauqui** atá suite ar chnoc ní féidir gan suntas a thabhairt d'Eaglais San Román ina seasamh go hard os cionn an bhaile. Tugaim cuairt uirthi. An tsaoirseacht chloiche thart ar an doras mór a théann siar go 1200 iontach ar fad. Atmaisféar na meánaoise ar an mbaile féin. Tithe cloiche. Sráideanna cúnga, fionnuara pábháilte le duirleoga nó le leaca.

Fíonghoirt ar dheis agus ar chlé agus mé ag fágáil Cirauqui. Corrgharrán olóige ann freisin. Mothaím go hiontach ionam féin. Lúcháir orm bheith ábalta lá i ndiaidh lae a chaitheamh ag siúl faoi aer úr, glan na tuaithe. Teas ghrian na Spáinne ar mo

Oilithrigh ar shráid mheánaoiseach

dhroim. Gan imní ná buairt orm faoi rud ar bith. Uaireanta tagann sórt eagla orm nach bhfuil ann ach brionglóid, go bhfuilim chomh lúcháireach ionam féin nach bhféadfainn a bheith i nGleann na nDeor a thuilleadh. Imní dhoiléir orm go dtarraingeoidh lámh na cinniúna luamhán in áit éigin agus go dtitfidh an tóin as. Guth éigin as meathchuimhne na gcianta cairbreacha ag cur cogair i mo chluais. Is leor sin anois, a bhuachaill. Tá dóthain den sonas agat. Ní dhéanann an iomarca sonais maitheas do dhuine ar bith. Seo anois cros bheag le hiompar agat. Anois, ná bí ag gearán nó tabharfar ceann níos mó duit. Seo sciúirse duit. Tabhair buille nó dhó duit féin má mhothaíonn tú an sonas ag filleadh. Mar seo a dhéantar é. An bhfeiceann tú na riastaí ar mo dhroim féin? Ní ligfinn sonas i ngiorracht scread asail dom.

Leanann an *Camino* bóthar ársa Rómhánach anois ar feadh scaithimh. Iarsmaí de ag gobadh aníos tríd an gcosán. Tagaim ar ísleán agus trasnaím droichead ársa Rómhánach. Ní haon éacht innealtóireachta é ach nach iontach an rud é go bhfuil sé fós ann tar éis 2000 bliain. Ní hamháin go bhfuilim ag leanúint coiscéimeanna na n-oilithreach meánaoiseach ach lorg na Rómhánach féin. B'fhéidir gur ghabh Rómhánaigh cháiliúla an bóthar seo tráth, fir ar nós Flavius Theodosius, Tráian (Traianus) agus Haidrian (Hadrianus), triúr impire a rugadh agus a tógadh sa Spáinn.

Seo anois mé ag trasnú an **Río Salado** (an Abhainn Ghoirt) thar dhroichead meánaoiseach eile. Cuireann Aymeric Picaud oilithrigh a linne ar a n-airdeall maidir le huisce na habhann a ól agus cuireann sé fainic orthu i dtaca le Navarraigh bhradacha a bhíodh ag síománaíocht thart ar bhruach na habhann. Tháinig sé féin ar bheirt acu a raibh cuma amhrasach orthu ina suí anseo ar bhruach

An droichead Rómhánach

an Salado ag cur faobhair ar a gcuid sceana. D'fhiafraigh Picaud díobh an raibh sé sábháilte ligean dá chapall an t-uisce a ól. Dhearbhaigh siad go raibh. Ní gá a rá, áfach, nárbh fhada a mhair an capall i ndiaidh uisce na habhann a ól. Bhí na Navarraigh ar an láthair chun é a fheannadh. De réir dealraimh, bhí siad ag teacht i dtír ar sheithí na n-ainmhithe a fuair bás de dheasca uisce nimhneach na habhann a ól. Cuimhním ar oilithreach Spáinneach na hoíche aréir. Ní foláir nó bhí sé thar a bheith deacair teacht ar bhia agus ar uisce folláin d'ainmhithe sna meánaoiseanna.

A haon déag a chlog agus táim in Lorca. Tógaim sos gearr. Ceapaire breá agus Coca-Cola agam i gcaifé. Athlíonaim na buidéil ag foinse ghléghlan

Ag druidim le Villatuerta

uisce agus táim ar an mbóthar arís. Ar an mbealach go **Villatuerta** (Baile ar Leathshúil), an chéad bhaile eile, tá suaimhneas na tuaithe á lot arís ag oibreacha bóthair. An teocht ardaithe go mór. Leoithne fhionnuar na maidine imithe. I bhfad uaim ar íor na spéire tá néalta dorcha, bagracha, toirniúla ag bailiú. Ar shroichint an bhaile dom, buailim isteach in Eaglais na Deastógála (la Iglesia de la Asunción) a tógadh sa 14ú céad. Tá an clogás céad bliain níos sine. Bean anonn go maith sna blianta mar threoraí deonach istigh. Taispeánann sí dhá rud atá thar a bheith suimiúil dom - calvaire adhmaid ón dara céad déag agus múrmhaisiúcháin sheanda ar tháinig oibrithe orthu sna 1990idí nuair a bhí athchóiriú á dhéanamh ar an bhfoirgneamh.

Bainim Estella amach ag druidim le leath i ndiaidh a haon. Tugann an *albergue* ardú meanman dom – raidhse uisce te, leithris ghlana agus cistin phraiticiúil. An níochán déanta agus *siesta* tógtha, bogaim amach chun an baile a iniúchadh. Suím síos ag an gcuntar i gcaifé agus iarraim lítear beorach le mo thart a mhúchadh. Cuireann Spáinneach forrán orm, an cineál duine a bhíonn de shíor ag ól caifé láidir sna beáir i mbailte tuaithe. Fear atá ar aon aois liom féin, b'fhéidir níos sine. Fonn cainte air. Cad as dom? Cén fáth go bhfuil an *Camino* á dhéanamh agam? Sílim go gceapann sé go bhfuil leorghníomh á dhéanamh agam i bpeaca uafásach éigin. Labhraíonn sé liom faoina chreideamh i nDia, faoina dhílseacht do chleachtadh an chreidimh ar bhealaí éagsúla. Fear diaganta, cráifeach é níos mó ná fear spioradálta. Baineann tábhacht mhór le cleachtais. Fear é atá dubh agus bán ina thuairimí. Mé míchompordach i gcónaí le cinnteacht i gcúrsaí creidimh. Is fearr liom na ceisteanna ná na freagraí. An oiread sin ceisteanna agam féin nach féidir liom freagraí sásúla a fháil orthu. Ag an am céanna bíonn drogall orm m'easpa creidimh féin a nochtadh os comhair daoine a bhfuil creideamh láidir simplí acu. Le himeacht ama éiríonn monalóg an Spáinnigh tuirsiúil. Nuair a bhí mé an-óg, a deirim leis, d'inis múinteoir scoile scéal dúinn faoin bpromhadh nó faoin triail is bunúsaí a d'fhéadfadh Dia a chur orainn i gcúrsaí creidimh. Is léir go bhfuil a shuim ina bhfuil le rá agam múscailte den chéad uair ó thosaigh an 'comhrá' eadrainn.

'Céard é an promhadh sin?' ar seisean.

Fear, a deirim leis, a thit le haill a bhí 200 méadar os cionn na farraige. Leathbhealach síos éiríonn leis greim a fháil ar thom beag bídeach. Scaitheamh ansin aige ag breathnú síos ar na carraigeacha spiacánacha atá ag gobadh aníos tríd na tonnta coscracha céad méadar thíos faoi. Díríonn sé a shúile in airde i dtreo bharr na haille agus scairteann sé in ard a ghutha.

'An bhfuil duine ar bith thuas ansin? An bhfuil duine ar bith thuas ansin?' arís agus arís eile go dtí go dtagann piachán air.

Faoi dheireadh, labhraíonn guth domhain, údarásach áit éigin os a chionn.

'Táimse anseo. Céard atá uait?'

'Ó, sábháil mé, in ainm Dé. Tabhair slán as an áit seo mé', arsa an fear thíos, 'ach cé thusa?'

'Is mise do Dhia, do Chruthaitheoir, an Té a thugann beatha duit. Tig liom tú a shábháil ach ní mór duit creideamh ionam go huile is go hiomlán, iontaoibh a bheith agat asam go huile is go hiomlán. Iarraim ort do ghreim ar an tom beag bídeach sin a scaoileadh.'

Tost fada. Ansin cloistear an guth thíos ag béiceadh arís.

'An bhfuil duine ar bith eile thuas ansin?'

Breathnaíonn an Spáinneach orm gan focal a rá. Ní féidir liom rud ar bith a léamh ar a aghaidh chrón, rud atá neamhchoitianta go leor i gcás duine dá chine. Ritheann smaointe trí m'aigne. B'fhéidir go gcuireann scéalta den chineál seo isteach air, gur duine goilliúnach é maidir le cúrsaí diaganta. An gceapann sé gur scéal 'diamhaslach' é? B'fhéidir nach dtuigeann sé mo chuid Spáinnise? An scéal inste go ciotach agam?

'Céard a dhéanfá,' arsa mise, 'dá mbeifeá i mbróga an fhir úd?'

Leathann meangadh gáire ar a aghaidh ghriandóite.

'Bheadh orm smaoineamh air sin,' ar seisean. Méadaíonn mo mheas air láithreach. Níos mó daonnachta ann ná mar a shíl mé. Fágaim slán aige sula mbíonn deis aige focal eile a rá.

Suas liom chomh fada le h**Eaglais San Pedro de la Rúa**. Seasaim ag barr na gcéimeanna taobh amuigh den doras Rómhánúil ag breathnú anuas ar Phálás Ríthe Navarra (**el Palacio de los Reyes de Navarra**), foirgneamh Rómhánúil eile ina gcoimeádtar saothar an ealaíontóra Gustavo de

Maeztu, fear a raibh tionchar nár bheag aige ar *art nouveau* na haoise seo caite. Téann an dá fhoirgneamh siar chomh fada leis an dara céad déag. Amach liom ansin go dtí Eaglais San Miguel (**la Iglesia de San Miguel**) ar an taobh eile den abhainn. Gabhaim thar Dhroichead na nOilithreach (**el Puente de los Peregrinos**) nach bhfuil ach stua ard amháin inti. Mothaím go bhfuilim i

San Pedro de la Rua

mbaile an-ársa. Bhunaigh Sancho Ramírez, Rí na hAragóine agus Navarra é sa bhliain 1052. É suite ar an Ega. Mealladh pobal Francach go dtí an baile nua agus chuir siad fúthu ann. Fillim ar an *albergue*.

Lá 6

Cathair / Baile / Sráidbhaile	Fad (Ciliméadar)	Airde (Méadar)
Ayegui	2	496
Irache (Fuente del Vino)	4.6	570
Azqueta	7	560
Villamayor de Monjardin	9	645
Los Arcos	21.3	445

Estella fágtha agam ag ceathrú chun a seacht. Talamh fliuch. Thit báisteach throm i rith na hoíche. Leoithne fhionnuar ghaoithe i m'aghaidh. Lá foirfe le haghaidh coisíochta. Bricfeasta faighte agam san *albergue* ar chúpla euro. Deirtear liom nach bhfuil beár ná caifé idir seo agus ceann scríbe.

Díreach taobh amuigh den bhaile gabhaim thar sheamlas atá faoi lánseol ag an am seo den mhaidin. Aer úr na maidine lán de scréachaíl na muc agus iad á gcur chun báis. Tonnchreathanna oilc agus urchóide le brath san aer. Tagann lá maraithe na muice chun cuimhne, mé i mo pháiste sna 1950idí ar imeall na Boirne. Deasghnáth cruálach na híobartha go glinn i m'aigne go fóill. Crúca sáite i ngeolbhach an íobartaigh lena thabhairt go dtí an altóir – bord na cistine de ghnáth. Buille clagach d'ord san éadan. Scian bhúistéara i lámh an ardsagairt. Scornach gearrtha. Boladh na fola agus é ag brúchtadh isteach sa bháisín. Uspóga agus arraingeacha deiridh na muice. Nár mhinic a d'impigh mé go dúthrachtach ar Dhia go ligfí mé ar scoil ar lá an uafáis, nach n-iarrfaí orm an báisín a choinneáil.

Déanaim deifir. Splancacha tintrí i bhfad uaim ag tuar stoirme. Ar aghaidh liom trí **Ayegui**, baile a bhfuil cuma nua-aimseartha air. É fós dorcha nuair a bhainim **Bodegas de Irache** (Siléar Irache) agus **el Fuente del Vino** (Foinse an Fhíona) amach. Tig le hoilithreach oiread fíona agus is mian leis nó léi a ól saor in aisce as sconna sa bhalla a bhfuil camóg, siombail na hoilithreachta, mar ornáid air. Mian croí gach súmaire atá ann. Tromluí gach pótaire. Cuireadh scríofa ar an mballa: '¡Peregrino¡ Si quieres llegar a Santiago con fuerza y vitalidad, de este gran vino echa un trago y brinda por la felicidad.' (A oilithrigh, más mian leat Santiago a shroichint lán de neart agus de bhrí, bíodh braon den fhíon breá seo agat agus ól deoch ar son an tsonais.) Ní fheadar ar cheart dom deoch a ól ar son an tsonais? Cár fhág mé an sciúirse sin? Slua de mo chomhshiúlóirí ag baint buntáiste as an sconna agus ag tógáil grianghraf in ainneoin fannléas bhreacadh an lae. Beartaím leanúint orm.

Tá sé róluath ar maidin le cuairt a thabhairt ar **el Monasterio de Irache**, an mhainistir Bheinidicteach is sine sa Spáinn. An cháipéis is ársa a bhaineann léi ag dul siar chomh fada le 985. An tAb Teudano a scríobh. Bunaíodh ospidéal oilithreachta inti sa bhliain 1050. Idir 1569 agus 1833 bhí Ollscoil Navarra lonnaithe sa mhainistir. Leigheas, Diagacht agus na Saordhána a múineadh inti. Tréigeadh an mhainistir sa bhliain 1809 de dheasca ionsaí arm Napoléon. Néalta doininne ag bailiú. Tormáil na toirní ag dul i dtreise. Briseann an stoirm. Puiteach á dhéanamh den chosán ag clagarnach na báistí áit ar bith nach bhfuil dromchla crua air. Cré rua Navarra ag greamú de mo bhuataisí. Iad ag sleamhnú, gan greim acu a thuilleadh. Beagnach dodhéanta siúl in aghaidh an aird faoi ualach an phaca. Déanaim mo dhícheall mé féin agus an mála a choinneáil clúdaithe leis an gcába fearthainne.

Mé sách ainnis nuair a bhainim **Villamayor de Monjardín** amach. Lúcháir orm a fheiceáil go bhfuil *albergue* an pharóiste ar oscailt agus an *hospitalera* ag dáileadh caifé, tae, brioscaí agus aráin. Dosaen oilithreach istigh, iad fliuch go craiceann. An t-urlár loite ag an

An Camino roimh los Arcos

uisce atá ag sileadh ó na cábaí fearthainne agus ag láib na mbuataisí. Gearán ná clamhsán ní dhéanann an *hospitalera* ná an cailín cúnta. Ní lorgaíonn siad cúiteamh ach oiread. Más mian le duine *donativo* (síntiús) a thabhairt, tig leis cúpla euro a chur sa bhosca. Léiríonn sin meon na mbrúnna deonacha a bhfuil traidisiún míle bliain de chúram na n-oilithreach taobh thiar díobh. Méadaíonn flaithiúlacht agus mórchroí daoine dá leithéid mo chreideamh i nDia agus sa chine daonna. De dheasca na doininne teipeann orm **el Castillo de Monjardín** agus an **Fuente de los Moros** (Foinse na Múrach) a fheiceáil.

Cuireann an caifé dubh láidir an bheocht ar ais ionam. Nílim ach fiche nóiméad ar an mbóthar nuair a thagann briseadh sna scamaill. Stopann an bháisteach. Cuma bhagrach ar an spéir go fóill, áfach. Dromchla crua ar an gcosán anois agus an choisíocht i bhfad níos éasca dá bharr. Tírdhreach cnocach thart orm anois. Brat ceobhráin ar na harda. Mórchuid fíonghort. An talamh a bhí faoi ghránbharraí treafa anseo, buíochas le Dia. Mé ag éirí tuirseach den choinleach.

Los Arcos

Bainim **Los Arcos** (Na Stuanna) amach ag meán lae. Gabhaim amach trí áirse, trasna an Odrón agus feicim Albergue Isaac Santiago ar thaobh na láimhe deise. Brú breá nua-aimseartha atá ann. Líon mór siúlóirí ansin romham. Tógann sé tamall leaba a chur in áirithe.

Buailim le hÉireannach eile. Rónán atá air. É feicthe agam cheana i measc an tslua ag doras an *albergue* in Pamplona. Cúpla focal eadrainn os comhair na heaglaise in Villatuerta. Suímid beirt chun boird agus roinnimid cibé lón atá againn eadrainn. Fear fíorshuimiúil is ea Rónán. San Astráil atá cónaí air le blianta fada. É ag obair le heagraíocht atá ag tacú le handúiligh atá ag iarraidh éalú ó ansmacht na ndrugaí. An *Camino* á shiúl ag grúpa d'ógánaigh Astrálacha chun airgead a bhailiú agus aird phobal na hAstráile a tharraingt ar an bhfadhb. Foireann scannánaíochta ag taisteal in éineacht leo.

Chaith Rónán tamall ina chónaí ar oileán amach ó chósta theas na hÉireann, áit a raibh baint aige le táirgeadh glasraí. Tréimhse eile caite aige le comhthionól a raibh malairt stíl bheatha á cleachtadh acu, iad ag saothrú glasraí ar bhealaí orgánacha. Ar imirce san Astráil ansin, áit ar chuir sé suim i modhanna agus fealsúnacht oideachais Rudolf Steiner. Ní minic a bhuaileann tú le duine a roghnaíonn conair saoil chomh neamhchoitianta sin. An-mheas agam ar a leithéidí. Rud éigin, b'fhéidir, go domhain istigh ionam féin faoin iomaire a threabh mé. Tnúthán gan chomhlíonadh? Brionglóid a múchadh? Tagann pictiúr chugam as taisceadán na gcuimhní.

Mé féin agus Siobhán inár seasamh faoi chrann ag uaigh Robert Frost in Bennington, Vermont. Ise ag aithris giotaí as dán dá chuid mar a dhéanann múinteoirí Béarla ar uairibh. An mothú céanna agam anois. Fanann na línte liom i gcónaí:

> Two roads diverged in a yellow wood,
> And sorry I could not travel both
> And be one traveller...
> I took the one less travelled by,
> And that has made all the difference.

Ním mo chuid éadaí i ndabhach uisce fuar faoin aer. Ar éigean a thriomóidh siad i ngeall ar an bhfliuchras san atmaisféar. Míbhuntáiste mór é nuair nach mbíonn ach malairt amháin éadaí ag duine. Taobh amuigh de dhoras an *albergue* tagaim ar an bhfoireann scannánaíochta ag cur agallaimh ar Astrálach óg. Sílim gur ag éisteacht le Crocodile Dundee atáim. Na cosa ag éirí nimhneach air. Eagla air nach mbeidh sé in ann leanúint ar aghaidh. Nach ornáideach, dathannach an stór focal atá aige. Ní chuireann sé fiacail ina bhfuil le rá aige. Tuigim nach mbeadh scáth ná eagla ar scríbhneoirí na meánaoise ar nós Aymeric Picaud agus Geoffrey Chaucer feidhm a bhaint as na corraí bríomhara cainte a úsáideann sé.

Dúcheist réitithe agam. Ar feadh seachtaine anois tá grúpa oilithreach a mbuailim leo go laethúil, mé féin san áireamh, ag cúlchaint ar Fhrancach a ghabhann tharainn gach aon lá de thruslóga móra fada agus an paca is lú is féidir a shamhlú ar a dhroim. Brístí gearra agus T-léine gan cháim air, na filltíní iarnáilte go foirfe isteach iontu. Ní fheictear riamh sna *albergues* é. Ní dhéanann sé comhrá le duine ar bith. Sinn i gcónaí ag déanamh iontais cé chomh deismíneach, pointeáilte agus a bhíonn sé murab ionann is an gnáth-oilithreach a bhíonn ag tiaráil leis faoi ualach dhá chileagram déag, é go liobarnach, salach. Cé a d'fheicfinn romham agus mé tamall ón *albergue* ach Francach an fheistis fhoirfe. Leanaim é. Mé ar nós gníomhaire rúnda ar thóir spiaire. Coinním súil air. Níl caoga méadar curtha díom agam nuair a fheicim 'mótarbhaile' álainn páirceáilte i gclúid shíochánta. Balcaisí á dtuar ar shórt barra atá ag síneadh amach ó chliathán na feithicle. Boladh cócaireachta a chuireann airc ocrais orm ag teacht ón doras oscailte. Siúlaim tamaillín thairsti sula gcasaim ar ais. Bean agus mótarbhaile aige! Fan go gcloisfidh mo chomhshiúlóirí faoi seo. Tagann náire orm nuair a smaoiním ar an rud atá déanta agam. Mo shrón á sá agam i saol príobháideach daoine eile. Tá sé de nós againn mar oilithrigh ár gcomhoilithrigh a rangú de réir an leibhéal cruatain a fhulaingíonn siad ar an aistear. Féachann lucht na málaí troma a iompar anuas orthu siúd a sheolann na pacaí go ceann scríbe i dtacsaí. A srón san aer acu siúd timpeall ar oilithrigh a bhfuil gluaisteáin mar thaca acu. Bród ar lucht na huirísle toisc go gceapann siad go bhfuil siad níos umhaile ná duine ar bith eile.

Tugaim sciuird timpeall an bhaile. Bainim an-taitneamh as an taobh istigh de **la Iglesia de Santa María**. Ceithre *retablos* Barócacha ar a laghad. Gnéithe Gotacha, Rómhánúla agus Rocócó le sonrú inti freisin. Cuireann eaglaisí na Spáinne iontas orm i gcónaí. Ní hionann in aon chor iad agus eaglaisí na hÉireann. Iad ársa agus gnéithe de stíleanna éagsúla ailtireachta agus maisiúcháin ó thréimhsí éagsúla de stair na tíre le feiceáil iontu. Ar an láimh eile goilleann an saibhreas orm. An chreach a rinne an mháthairthír ar Mheiriceá Theas agus ar Mheiriceá Láir a mhaoinigh cuid mhaith den obair thógála agus mhaisiúcháin. Smaoiním ar niamhracht agus ar thoirtéis na Róimhe. Céard a déarfadh Íosa féin, an té a dúirt go gcaithfimis saibhreas uile an tsaoil a thréigean dá dteastódh uainn é a leanúint? An té a bhfuil dhá chlóca aige, tugadh sé ceann uaidh. Tógadh formhór ár n-eaglaisí féin ó aimsir fhuascailt na gCaitliceach i leith, iad á maoiniú trí phinginí a bailíodh ó phobal Dé. Sílim gurb í an namhaid is mó a bhí, agus atá fós, ag an Eaglais ná an chumhacht agus an saibhreas atá aici. Cathú i gcónaí ann feidhm a bhaint astu leis an eagraíocht féin a chosaint, an chumhacht a choimeád. Cé acu is tábhachtaí – an eagraíocht dhaonna nó an teachtaireacht?

Caithim an tráthnóna i mo shuí i *bplaza* faoi scáth na gcrann plána ag cúléisteacht le scata seanóirí atá tagtha amach i bhfionnuaire an tráthnóna chun dreas comhrá a bheith acu. Trasna uaim, tá máithreacha óga ag ól caifé lasmuigh de bheár, iad ag faire ar a gcuid páistí beaga atá ag súgradh in áit shúgartha atá leagtha amach dóibh. Radharc é seo a fheictear go coitianta i mbailte tuaithe na Spáinne. Taitníonn sé liom.

Lá 7

8 Meán Fómhair

Los Arcos – Viana

Cathair / Baile / Sráidbhaile	Fad (Cileméadar)	Airde (Méadar)
Sansol	6.8	504
Torres del Río	7.6	470
Viana	18.5	472

Deich chun a seacht ar maidin. Tirim ach scamallach i ndiaidh oíche spéirlinge. Súil agam Viana a bhaint amach nó b'fhéidir Logroño. Cumhacht leictreach gearrtha ag stoirm na hoíche. Mé gan bhricfeasta dá dheasca. Soilse trí bhaile le feiceáil sa dorchadas, ceann díreach romham agus dhá cheann ar thaobh na láimhe clé. Cloisim torann thrácht na maidine áit éigin ar dheis. Dromchla an chosáin, crua agus tirim. Is mór an chabhair é sin. Gealann an lá faoi dheireadh. Fíonghoirt agus garráin olóige thart orm. An talamh curaíochta treafa. Ábhar iontais dom an méid crobhaingí fíonchaor atá ina luí an an talamh faoi na fíniúnacha. Ní fheadar cad a rinne an díobháil, más díobháil atá ann - an chlagarnach bháistí nó teascadh a rinneadh d'aon ghnó chun an barr a fheabhsú?

Agus mé ag druidim le **Sansol**, titeann cith trom ar feadh cúig nóiméad déag. An cosán atá anois gan dromchla crua ina bhoglach de chré rua. Na cosa ag imeacht uaim. Eagla orm go dtitfidh mé sa láib faoi mheáchan an mhála. Is gráin liom bheith ag siúl faoin mbáisteach. Táim chomh fliuch faoin gcába de dheasca comhdhlúthú an allais is a bheinn dá cheal ar fad. Ní féidir buachan! Sa riocht ina bhfuilim ní mórán suntais a thugaim do thithe Barócacha Sansol. Ní leomhfainn dul isteach in Eaglais San Zoilo le mo chuid buataisí lathaí.

Maidin dhorcha, ghruama, scamallach gan rud ar bith a d'ardódh an mheanma. Leanaim orm go cromshúileach. Níl oilithreach feicthe agam ó d'fhág mé Los Arcos. Ní fada go mbainim **Torres del Río** (Túir na hAbhann) amach, é suite i ngleanntán an Río Liñares. Bhí Ridirí an Teampaill (na Teamplóirí mar a ghlaotar orthu uaireanta) anseo tráth, de réir dealraimh. Eaglais ochtagánach eile. **La Iglesia del Santo Sepulcro** (Eagais an Tuama Naofa) mar ainm uirthi. Deirtear go mbíodh lóchrann ar lasadh i dtúr na heaglaise san oíche chun oilithrigh na meánaoise a threorú isteach. Tá an baile in ísleán agus ní fheictear go furasta é. Ní fheadar an é sin an fáth go bhfuil Torres del Río mar ainm air.

Sráid in Viana

Viana sroichte agam ar leath i ndiaidh a haon déag. Ar mo bhealach isteach ann tugaim cuairt ar la Iglesia de Santa María, eaglais shuntasach a bhfuil balastráid chloiche os a comhair amach. Agus an tairseach á trasnú agam, tugaim leac faoi deara, os cionn uaigh **Cesare Borgia** (Generalísimo de los Ejércitos de Navarra y Pontifícios). Uasal Maiciaiveillíoch a mhair sa 15ú céad ab ea Cesare. Deirtear gur bhunaigh Machiavelli a shaothar mór, *An Prionsa*, ar a chuid scéiméireachta diablaí. Ar aon nós, luaitear mar eiseamláir sa leabhar é.

Rugadh Cesare sa bhliain 1475. Leanbh tabhartha de chuid an Phápa Alastar VI ab ea é. Ba bhuachaill ard, dathúil, aclaí é a raibh gruaig órdhonn air. Deirfiúr leis ab ea Lucrezia Borgia, *femme fatale*, pátrún na n-ealaíon agus saineolaí ar an uisce faoi thalamh a chleachtadh. Rinneadh cairdinéal de Cesare nuair nach raibh sé ach dhá bhliain is fiche. Níos déanaí, bhí sé ar dhuine de phríomhchomhairleoirí a athar. Deirtear gur dhúnmharaigh sé a dheartháir, Giovanni. Sa bhliain 1498, d'éirigh sé as an gcairdinéalacht agus phós sé deirfiúr Rí Navarra. Mar Chaptaen Ginearálta ar fhórsaí na Pápachta rinne sé iarracht roinnt de chathracha na hIodáile a ghabháil chun ríocht dá chuid féin a bhunú. Ar feadh scaithimh bhig, bhí Leonardo da Vinci fostaithe aige mar ailtire agus mar innealtóir míleata. Bhí athrú saoil i ndán dó, áfach, nuair a toghadh an Pápa Iúil II sa bhliain 1505, fear a raibh an dearg-ghráin aige ar mhuintir Bhorgia. Gabhadh Cesare agus seoladh go dtí an Spáinn é mar phríosúnach. D'éirigh leis éalú an bhliain ina dhiaidh sin agus chuaigh sé i seirbhís mhíleata Rí Navarra, deartháir a chéile. Saol gairid eachtrúil a bhí aige. Maraíodh é sa bhliain 1507 i gcath taobh amuigh den bhaile seo agus gan é mórán thar tríocha bliain d'aois.

Táim i mo shuí san eaglais ársa mhaorga seo – is cosúla le hardeaglais í, dáiríre - ag déanamh mo mharana. Ní féidir liom muintir Bhorgia a chur as mo cheann, an chlann sin a chuir dhá Phápa ar fáil don Eaglais. Eiseamláirí iad ar an Eaglais mar eagraíocht, mar chumann ar strae ó shoiscéal simplí Íosa Críost. Is léir go bhfuil sé thar a bheith deacair d'eagraíocht dhaonna cloí le simplíocht agus soineantacht theagasc bunaidh na Críostaíochta. Chomh luath is a bhunaítear eagraíocht, cruthaíonn sí saol dá cuid féin. Taobh istigh den eagraíocht téann an dúil sa chumhacht i bhfeidhm ar na ceannairí – go háirithe má bhíonn siad i gcumhacht rófhada. Caithfear smacht a choinneáil ar na baill. Déantar rialacha dochta, daingne. Déantar macasamhail sheachtrach den rud atá ag tarlú go hinmheánach. Ní mór an eagraíocht féin agus a clú a chosaint. Coimeádtar rudaí faoi cheilt. B'fhéidir nach n-éistfí leis an teachtaireacht dá mbeadh droch-chlú ar an eagraíocht.

B'fhéidir nár bhunaigh Íosa eagraíocht ar bith. B'fhéidir nár 'Chríostaí' é fiú amháin. B'fhéidir nach raibh uaidh ach a shoiscéal simplí a bhronnadh ar an domhan mór agus a mháthair. B'fhéidir gur thug sé eochracha Ríocht Dé dá lucht leanúna, gur bhunaigh siad eagraíocht dhaonna, gur chuir siad iad féin faoi ghlas istigh inti. Gur imigh na heochracha uathu. B'fhéidir gur gá na heochracha a aimsiú chun an Chríostaíocht a fhuascailt arís.

An féidir filleadh ar an teagasc bunaidh go gcaillfear an chumhacht, an stádas, an saibhreas agus a ngabhann leo? 'Tháinig mé chun sibh a fhuascailt.' É thar a bheith deacair smaoineamh 'taobh amuigh den bhosca' nuair a bhíonn duine taobh istigh d'eagraíocht chumhachtach. Ní cheadaítear a leithéid. Hans Kung, Leonardo Boff, Anthony de Mello agus a leithéidí. Ba dhuine ar an taobh amuigh é Íosa nó, ar a laghad, b'fhear ar an imeall é. Ba mhinic é ag fáil lochtanna ar 'eaglais' a linne. Ar ndóigh, duine ar an imeall ab ea Naomh Proinsias a shiúil an bealach seo sa 13ú céad. Fear é a chaith a shaol de réir theachtaireacht shimplí an tSoiscéil. Glanann an ghruaim agus an t-éadóchas díom i gcónaí nuair a smaoiním ar Phroinsias. Ós rud é gurbh iad muintir Bhorgia a chuir tús leis an sruth smaointe seo, níor cheart dom dearmad a dhéanamh ar naomh a d'eascair ón teaghlach céanna – Proinsias eile – an tÍosánach, Naomh Proinsias Borgia (1510-72).

Bogaim amach faoin aer arís. Ar thóir lóistín. Feicim óstán - Hotel Palacio de

Pujadas – ar thaobh na sráide. Buailim isteach. Foirgneamh breá nua, gan é ar oscailt ach cúpla mí. An fhoireann cairdiúil, fáilteach. Leaba agus bricfeasta ar €35. Géillim don chathú. Tuigim go bhfuil Naomh Proinsias fágtha ar an tsráid agam agus Íosa féin in éineacht leis. Táim anois i gcomhluadar Phápaí na hAthbheochana, mé ag cur fúm in óstán sómasach trí réalta. Seolaim mo chuid balcaisí chuig aonad níocháin an óstáin. Déarfainn nach róshásta a bheadh Aymeric Picaud liom.

Siesta tógtha agus mé ar ais ar shráideanna an bhaile. Taitníonn siad liom. Tréithe na meánaoise ag roinnt leo. Ballaí cloiche ar thithe galánta seanda. Armas teaghlaigh ar chorrcheann acu. Dromchla cloiche ar na sráideanna cúnga. Balcóiní iarainn ag gobadh amach os mo chionn. D'fhás Viana mar bhaile dúnfoirt ar an teorainn, geall leis, idir dhá ríocht, Navarra agus Castilla. Tá codanna de na múrtha cosanta ina seasamh go fóill. Áit thábhachtach thrasnaithe d'oilithrigh na meánaoiseanna a bhí ann. Murab ionann is cuid mhaith bailte eile ar an g*Camino* tá raidhse siopaí deasa agus ollmhargaí mar aon le margaí glasraí agus torthaí den scoth anseo.

Muintir an bhaile go gnóthach ag ullmhú le haghaidh *fiesta* mór ar an Domhnach. De réir cosúlachta, beidh sciuird reatha na dtarbh trí na sráideanna ina cuid shuntasach den fhéile. Fir an bhaile ag tógáil *plaza de toros* (fáinne na gcomhrac) sealadach i gcearnóg mhór agus *encierros* (sconsaí adhmaid) chun na tairbh a dhúnadh isteach. Tarlaíonn féilte den chineál seo i mórchuid bailte sa Spáinn agus ní in Pamplona amháin a tharlaíonn siad. Téann *toreros* (tarbhchomhraicithe) den dara agus den tríú grád ar camchuairt timpeall na tíre go dtí na féilte éagsúla. Tugann na *encierros* deis d'ógánaigh iad féin a chur i gcontúirt sa sciuird reatha agus uaireanta sa *plaza de toros* féin.

Lá 8

Cathair / Baile / Sráidbhaile	Fad (Ciliméadar)	Airde (Méadar)
Logroño	9.5	384
Navarrete	22.5	555

Nach aoibhinn bheith ag siúl i bhfionnuaire na maidine! A leath i ndiaidh a seacht agus mé ag gabháil síos Sráid La Rueda ar mo bhealach amach as an mbaile. Uair an chloig ag coisíocht agus táim ag **Reserva Natural La Cañas**, píosa talún a bhfuil cosaint reachtúil aige agus tábhacht idirnáisiúnta ag roinnt leis. Loch ina lár agus réimse leathan d'éanlaith uisce ag cur fúthu ann. Agus mé ag druidim le **Logroño** gabhaim thar an teorainn idir an dá phobal neamhspleácha. Mé anois sa Phobal Neamhspleách is lú sa Spáinn – La Comunidad Autónoma de la Rioja - stádas a fuair sí sa bhliain 1982.

Castar oilithreach Spáinneach sna tríochaidí orm. Siúlaimid cúpla ciliméadar i gcuideachta a chéile. José is ainm dó. Innealtóir é atá féinfhostaithe. Ní róshásta atá sé leis an stíl bheatha atá aige faoi láthair. Tréimhse mhachnaimh atá sa *Camino* don fhear óg seo. Ón méid atá ráite aige liom, déarfainn go bhfuil athrú saoil i ndán dó ag deireadh an aistir.

Ábhar iontais dom an oiread siúlóirí ar an mbealach go Compostela nach bhfuil sásamh á fháil acu ina gcuid gairmeacha beatha, iad tagtha amach as cuilithe abhann na beatha chun suí ar an mbruach ar feadh tamaillín ag déanamh a marana. Ar ndóigh, is iontach an bealach é chun tréimhse mhachnaimh a dhéanamh, saor ó

Fíonghoirt, La Rioja

na gnáthrudaí a chuireann isteach ar dhaoine go laethúil. Cuir leis sin aclaíocht choirp, aer úr na tuaithe agus cluas le héisteacht thuisceanach, neamhchlaon nuair is mian le duine fadhb a phlé.

Tá cáil ar fhíon dearg Rioja ó aimsir na Rómhánach anall. Baisteadh an réigiún ón Río Oja, fo-abhainn de chuid an Ebro. Is féidir an Pobal Neamhspleách a roinnt ina dhá chuid gheografacha: Rioja Alta (uachtarach) - an tuaisceart agus an t-iarthar - ceantar an fhíona agus Rioja Baja (íochtarach) - ceantar gharraíodóireacht mhargaidh. Níl ach *provincia* amháin sa Phobal Neamhspleách seo. Deirtear gur scaradh Tír na mBascach, Navarra agus La Rioja óna chéile – trí réigiún a raibh dlúthcheangal cultúrtha agus teanga eatarthu i gcónaí – d'aon ghnó. Eagla ar Rialtas na Spáinne go mbeadh neamhspleáchas iomlán á éileamh ag an gceantar mór 'Bascach' seo dá bhfágfaí le chéile iad.

Fiche tar éis a naoi. Mé ag trasnú an Ebro. Fuarlach inti inniu. Seasaim ar an b**Puente de Piedra** (an Droichead Cloiche) ag breathnú isteach ar shruth cuilitheach na habhann ag imeacht fúm. Céad méadar eile agus táim i mbaile mór Logroño, príomhbhaile an Comunidad Autónoma agus lárionad tionscal an fhíona. Sos á thógáil agam anois ag caifé faoi scáth **Ardeaglais Santa María la Redonda** i bPlaza del Mercado. Seo an chuid ársa den chathair ar a dtugtar *el casco viejo*. Mé ag féachaint ar an saol mór ag gabháil thart – oilithrigh, siúlóirí, turasóirí, agus lucht déirce. D'fhás an baile sna meánaoiseanna mar thoradh ar an líon ollmhór oilithreach a bhí ag gabháil tríd. Déarfainn go mbíodh lúcháir orthu é a fhágáil taobh thiar díobh. Saol achrannach, neamhshocair, corrach ag muintir na háite freisin. Bhíodh an baile ina chnámh spairne idir ríochtaí Navarra agus Castilla, iad de shíor ag cur cogaidh ar a chéile ag iarraidh seilbh an bhaile a bhaint dá chéile. Rinne el *Cid Campeador* scrios agus slad ar Logroño sa bhliain 1092.

Leanaim an *Camino* síos Rúa Vieja mar a bhfuil Eaglais San Séamus. Os a comhair tá dealbh ollmhór de *Santiago Matamorros* ar muin capaill agus eirleach á dhéanamh aige ar na Múraigh. Cuireann sé iontas orm go bhfuil inscríbhinní tacaíochta ó ré an deachtóra Francisco Franco le feiceáil go fóill in eaglaisí na Spáinne. Thiar san Ardeaglais chonaic mé ceann ag tabhairt urraime don deachtóir féin. Baineann inscríbhínn Eaglais Santiago leis an gceannaire *falangista*, José Antonio Primo de Rivera.

Leathuair tar éis a deich. Beartaím trí chiliméadar déag eile a chur díom. Leanann an *Camino* cosán pábháilte trí pháirc mhór phoiblí. **La Grajera** a thugtar uirthi. Maidin aoibhinn ghrianmhar. Daoine, idir óg agus sean, amuigh ag spaisteoireacht nó ag rith. An pháirc chomh mór sin go bhfuilim fós inti ag a haon déag. Gabhaim thar **Pantano de la Grajera**, loch nó taiscumar atá lán d'éanlaith uisce. An ghrian chomh láidir go bhfuil orm leacht cosanta (fachtóir 20) a smearadh orm. Greamóidh deannach an bhóthair díom ach nach cuma!

Meán lae. Mé ag tiaráil liom in aghaidh an aird, barr cnoic beagnach bainte amach agam. Tagann lánúin Fhrancach aniar aduaidh orm ar rothar a bhfuil sórt carbaid ceangailte taobh thiar de. Gabhann siad tharam agus stopann siad. An fear beagáinín neamhghnách - barrúil, b'fhéidir. Hata mór tuí air. Gan lúth na gcos ag an mbean bhocht. Sa charbad atá sise ag taisteal. Iad croíúil, gealgháireach in ainneoin cibé fadhbanna atá acu. I bhfad níos suáilcí ná mar atáim féin agus mé i mbarr na sláinte. Labhraíonn siad go gleoiréiseach, anamúil liom agus beireann siad greim láimhe orm. Ní thuigim céard atá á rá acu ach is léir go bhfuil dea-mhéin acu dom. *'Buen Camino,'* arsa siad agus as go brách arís leo. Breathnaím siar an bealach a tháinig siad. Tá sé dochreidte gur éirigh leis an bhfear rothaíocht in aghaidh an aird agus an carbad á tharraingt aige. Nuair a dhéanaim machnamh orthu beirt, tagann náire orm go mbím chomh duairc, diúltach faoi rudaí beaga, bídeacha nach fiú tráithnín iad.

Thart ar an áit chéanna feicim radharc a bhaineann stangadh asam. Péisteanna beaga slinnliatha, na mílte díobh, ag trasnú an chosáin, iad go léir ag dul sa treo céanna ar nós arm ag máirseáil. Bainim croitheadh asam féin. An bhfuilim tar éis briseadh isteach i ndomhan neamhshaolta eile ar nós *Alice in Wonderland* ina bhfeictear rudaí diamhra, áiféiseacha? Má tá, nílim i m'aonar. Feicim oilithrigh os mo chomhair agus i mo dhiaidh. Bogaim ar aghaidh. Mé ar ais i ndomhan gránna na mótarbhealach tormánach. Lastall den bhóthar ar thaobh na láimhe deise, tá siopaí agus fógraí ar nós 'Cafetería' agus 'Artesanía'. Dealbh de tharbh mór dubh ag breathnú anuas orm ó bharr cnoic ar chlé, é ag déanamh bolscaireachta ar dheoch mheisciúil éigin – Branda Veterano. Siombail Spáinneach atá ann nach bhfeictear i dtír ar bith eile.

Mé ciliméadar nó mar sin ó **Navarrete** anois. Ba bainne, radharc neamhchoitianta sa chuid seo den Spáinn, ar thaobh an bhóthair. Alfarerías (monarchana potaireachta) i ngach áit. Tá traidisiún potaireachta sa cheantar seo ag dul siar chomh fada leis an gcré-umhaois. Tionscal tábhachtach go fóill é. Gabhaim thar fhothrach **Hospital San Juan de Acre** áit éigin ar imeall an bhaile ach ní bhacaim leis. Bainim lár an bhaile amach. Leaba faighte agam gan stró in *albergue* nua, príobháideach. A chófra féin agus eochair ag gach oilithreach. Ní féidir locht a fháil air i dtaca le glaine nó le néatacht. Taispeánann an méadú atá tagtha ar líon na mbrúnna príobháideacha an borradh atá tagtha ar an oilithreacht le deich mbliana anuas.

Spéirling eile um thráthnóna. An-díobháil á dhéanamh ag an gclagarnach bháistí do bharr na gcaor fíniúna. Deir na táirgeoirí go bhfuil an chailliúint chomh hard le 100% in áiteanna. Ualaí móra de chré rua feicthe agam féin ar an mbóthar inniu, iad scuabtha amach ó na fíonghoirt ag na tuilte. **Navarrete** ina lárionad do tháirgeadh an fhíona *rosé*. Nach uafásach an rud é barr iomlán bliana a chailliúint! Tá sé rófhliuch le bheith ag siúl na sráideanna. Tugaim cuairt ar Eaglais na Deasghabhála (la Iglesia de la Asunción) chun *retablo* cáiliúil Barócach a fheiceáil agus fillim ar an *albergue*.

10 Meán Fómhair
Navarrete – Nájera

Cathair / Baile / Sráidbhaile	Fad (Ciliméadar)	Airde (Méadar)
Ventosa	7	510
Alto de San Antón	8.5	670
Nájera	16	554

Fágaim Navarrete beagáinín déanach tar éis bricfeasta a chaitheamh san *albergue* le Joseph, Beilgeach meánaosta. Fear íseal, teann, téagartha, láidir é. An bealach ar fad siúlta aige óna bhaile dúchais. Caoga lá caite aige ar an mbóthar go dtí seo. Siúlann sé sa dorchadas, le tóirse ar a chloigeann más gá, ar nós mianadóra. Baint éigin aige le caisleán in iarthar na Mumhan. Dá bhrí sin bíonn sé in Éirinn go minic. Fear diongbháilte é a bhfuil tríocha ciliméadar mar sprioc aige don lá inniu. Táim cinnte go ndéanfaidh sé gan stró é.

Maidin cheomhar tar éis bháisteach na hoíche aréir agus an léargas go dona. An cosán ina phuiteach. Claiseanna réabtha ag an tuile. An chré rua scuabtha amach ar an mbóthar. Bogaim féin amach ar an mbóthar freisin. Fliuchras san aer agus taise i mo chuid éadaí. Gan ardú meanman sna fíonghoirt ná sa láib rua. Lá gruama amuigh agus istigh. Tá sé deacair na smaointe duairce a ruaigeadh ar lá mar seo. Is é **Poyo de Roldán** ar thaobh na láimhe deise den bhóthar an t-aon suntas amháin in aistear na maidine.

Thuas ar an gcnoc sin a mharaigh an Ridire Roldán an fathach Múrach de phór Goliath a bhí ag rialú Nájera. Gan ach crann cumarsáide teileafóin ansin anois chun a ghaisce a chraoladh.

Thart ar a deich a chlog, feicim **Nájera** timpeall trí chiliméadar romham. An ghrian ag gliúcaíocht amach tríd an mbrat scamall ach níl dóthain ansin don ardú croí. Luíonn cúpla ciliméadar de mhonarchana troscán agus d'eastáit thionsclaíocha anuas ar mhodarthacht an lae. Castar beirt bhan orm agus iad ag filleadh abhaile ón ollmhargadh lena málaí siopadóireachta. Fiafraím díobh cén bealach is fearr go lár an bhaile. An bóthar thíos ansin ar chlé, a deir siad, agus é a leanúint caol díreach. Amhras orm agus braitheann siad é. 'Si, Si,' a deir siad, 'ahí a la izquierda y seguir siempre derecho'. Déanaim rud orthu agus ní fada go mbainim sráidbhaile **Tricio** amach. Nóta sa treoirleabhar faoi. Cáil air mar gheall ar a fheabhas is atá na piobair a fhásann sa cheantar thart air. Beag an sólás é sin domsa. Timpeall curtha ag na mná orm, sílim. Mé ar deargbhuile leo. Go héagórach é, áfach, mar tagaim ar chosán a thugann go doras an *albergue* mé trí pháirc álainn choille ar bhruach an Najerilla, fo-abhainn de chuid an Ebro. Fuarlach i ndiaidh na doininne inti. Meán lae atá ann agus ní bheidh an brú ar oscailt go dtí leathuair tar éis a haon.

Idir an dá linn, buailim leis an Athair Tadhg agus le Christine. Iarrann sise orm dul léi go dtí oifig an phoist chun fearas breise atá aici a sheoladh ar aghaidh go dtí Astorga. Teastaíonn uaithi feidhm a bhaint as an seirbhís iontach ar a dtugtar *la lista de correos*. Imní uirthi nach mbeidh Béarla ag foireann na hoifige. Áthas orm an gar a dhéanamh di. Cuireann a laghad a chosnaíonn sé ionadh orm. Ar ócáid eile, thug Christine cuairt ar bhanc chun dollair a mhalartú. Thug an cailín sa bhanc le fios di nárbh fhéidir léi a leithéid a dhéanamh. D'iarr Christine orm filleadh ar an mbanc léi ar eagla go raibh míthuiscint éigin ann. An cailín céanna a bhí romhainn. 'Es verdad que no se puede cambiar dólares en este banco,' arsa mise léi chomh húdarásach agus a d'fhéadfainn. Las sí go bun na gcluas. Shín Christine glac dollair chuici agus fuair sí a cuid euro. B'fhéidir go raibh míthuiscint ann toisc nach raibh Béarla ag an gcailín, ach ní dóigh liom é. Ní thógann sé ach comharthaí, gothaí nó geaitsí chun an méid sin a chur in iúl.

Tá an dearg-ghráin ar Mheiriceánaigh in áiteanna i dtuaisceart na Spáinne. Sílim go bhfuil fréamhacha an fhuatha seo ag dul siar go dtí an tréimhse nuair a bhí an tAinrialachas i réim in oirthuaisceart na Spáinne, go háirithe roimh an gCogadh Cathartha. Is cuimhin liom a bheith ag scannán bunaithe ar chás Nicola Sacco agus Bartolomeo Vanzetti, beirt ainrialaí a cuireadh chun báis sna Stáit Aontaithe sa bhliain 1927. I bpictiúrlann i mbaile i dtuaisceart na Spáinne a bhí mé ag deireadh na seachtóidí. Chuir fearg inbhraite an lucht féachana eagla orm. Cé nach duine de lucht tacaíochta Sheoirse na Scuaibe mé, cuireann sé fearg orm go gcaithfí le Christine mar sin. Bean uasal, mhánla, chineálta is ea í agus í leochaileach, soghonta ag an nóiméad áirithe seo mar go bhfuil sí díreach tar éis a máthair a adhlacadh.

Leathuair tar éis a trí. Mé i mo shuí faoin aer ar bhruach na habhann, na tascanna ar fad déanta agus *siesta* gairid tógtha. Ní róshásúil a bhí an dreas codlata, áfach. Beirt dhéagóirí Spáinneacha sna leapacha ba chóngaraí dom. Theastaigh ón mbuachaill ab óige an leaba uachtarach a bheith aige ach, faraor, bhí seilbh glactha uirthi ag a dheartháir mór roimhe. Lean an choimhlint eatarthu ar feadh leathuair an chloig, iad ag iomrascáil agus ag sracadh a chéile. Anois agus arís, thagadh an mháthair trasna, bheireadh sí barróg ar an leaid óg, chuimlíodh sí a cheann agus phógadh sí é. Shílfeá go raibh sé tar éis teacht trí thubaiste léanmhar éigin agus go raibh sí ag tabhairt sóláis dó. Níor bhuail an smaoineamh í a rá leo beirt go raibh siad ag cur isteach ar dhaoine eile. In ainneoin an racáin, thit néal orm. Ar dhúiseacht dom, feicim nóta ón mbeirt Mheiriceánach ar an leaba taobh liom ag iarraidh orm a fháil amach an bhfuil seirbhís idirlín ar an mbaile.

Ciallaíonn Nájera 'áit idir na carraigeacha' in Arabais. Tá an chuid is sine den bhaile tógtha faoi scáth aille bánrua. Uaimheanna tochailte san aill ina gcoimeádtaí bia agus earraí meatacha i dtaisce ó bhruth teasa an tsamhraidh. Baile tábhachtach

Santa María la Real, Nájera

a bhí ann sna meánaoiseanna. Bhí a ionad rialtais ag Sancho Mór, Rí Navarra (992-1035) anseo. Bhuaigh Pedro el Cruel (1334-69), Rí Castilla cath anseo freisin le linn an chogaidh fhada idir Sasana agus an Fhrainc a dtugtar an Cogadh Céad Bliain air. I ndiaidh an bhua sin sa bhliain 1367, thug Pedro 'rúibín' d'Éadbhard, an Prionsa Dubh. Tá an tseoid úd, nach rúibín ceart í, le feiceáil anois sa chros Mháltach atá chun tosaigh ar choróin stáit Shasana. Chaith Iognáid Loyola tamall in Nájera freisin i seirbhís Antonio Manrique de Lara, Diúc Nájera agus fear ionaid Rí Navarra, sular gortaíodh é ag cosaint an dúnfoirt in Pamplona.

Is fiú cuairt a thabhairt ar **el Monasterio de Santa María la Real** faoin aill. Ba é Sancho Mór a thóg an chéad eaglais sa bhliain 1032 toisc gur tháinig sé ar dhealbh na Maighdine Muire in uaimh agus é amuigh ag fiach le seabhac seilge. Tá an dealbh le feiceáil sa phríomh-*retablo* Barócach anois. Loiteadh an mhainistir i rith Chogadh na Leithinse. Dhíbir rialtas na Spáinne na manaigh agus creachadh an foirgneamh sa bhliain 1835 i rith tréimhse frithchléireachais. I gcúl na heaglaise, áit a raibh doras na huaimhe, tá an **Panteón Real**, tuamaí snoite go greanta, cuid acu ag dul siar míle bliain, ina bhfuil ríthe, maithe agus móruaisle Navarra curtha.

Béile taitneamhach agam i gcuideachta Thaidhg agus Christine. Mé ag insint scéil dóibh faoin gceangal atá idir Nájera agus mo sheanscoil. Is í Esmeralda Ruiz, cailín álainn Spáinneach a chaith dhá bhliain i bPobalscoil Chúil Mhín i ndeireadh na 1980idí an nasc sin. Nuair a bhí an Ardteistiméireacht déanta aici, chaith sí tamall i Londain. D'fhill sí ar an Spáinn le haghaidh bainis a dearthár i samhradh na bliana 1989. Tharla timpiste ar an mbealach ón aerfort. Chuaigh an carr trí thine agus, Dia idir sinn agus an t-olc, dódh ina beatha í. Adhlacadh anseo í ina baile dúchais féin. Bhí an-ghean agus an-mheas ag gach duine uirthi. Ocht mbliana déag a bhí sí nuair a bhí an Ardteist á déanamh aici, í ag fanacht ar lóistín le teaghlach Éireannach i mbaile beag i gCo. na Mí. Gach tráthnóna, ar a bealach abhaile ón scoil, théadh sí isteach i dteach tábhairne ina éide scoile agus bhíodh deoch aici leis na custaiméirí a thaithíodh an beár. Cé nach raibh an Béarla ar a toil aici, d'éirigh siad an-cheanúil uirthi. Nuair a maraíodh í, rinne siad bailiúchán agus sheol siad airgead go dtí an Spáinn go míosúil chun go gcuirfí bláthanna ar a huaigh. Thart ar dhá bhliain déag ina dhiaidh sin, thóg Séan Ó Beacháin, príomhoide na scoile ag an am, gairdín cuimhneacháin ar a dtugtar 'Na Colúin Solais' i gclós na scoile. Tá ainmneacha na scoláirí, na n-iarscoláirí, na múinteoirí agus na n-iarmhúinteoirí atá imithe ar shlí na fírinne ar bhalla an leachta sin. Ina measc tá ainm Esmeralda Ruiz. Go dtuga Dia suaimhneas síoraí dá hanam óg.

Lá 10

11 Meán Fómhair

Nájera –
Santo Domingo de la Calzada

Cathair / Baile / Sráidbhaile	Fad (Ciliméadar)	Airde (Méadar)
Azofra	6	557
Cirueña	15	735
Santo Domingo de la Calzada	20.8	639

Mé ar an mbóthar as Nájera ar a leath i ndiaidh a sé. Beagáinín róluath mar tá sé deacair na saigheada buí a fheiceáil. É dorcha, scamallach, fionnuar ach tirim. An-fheiliúnach don ghnó atá idir lámha agam. Ag deich tar éis a seacht gabhaim trí shráidbhaile **Azofra**. Gan mórán ann seachas cúpla caifé, siopaí agus la Iglesia de Nuestra Señora de los Ángeles. Tá dealbh de *Santiago Peregrino* inti. Is cosúil go raibh *fiesta* ar siúl anseo inné. Ceol ard ag teacht chugam go fóill ar an aer. Fir óga, shúgacha ag déanamh múin sa tsráid. Is léir go raibh oíche go maidin acu. Shílfeá ó na meáin chumarsáide nach dtarlaíonn a leithéid ach in Éirinn. Roinnt mhaith meisceoireachta feicthe agam i dtír seo an fhíona. Fágaim Azofra i mo dhiaidh. Gealann an lá. Coinleach, coinleach agus tuilleadh coinligh thart orm. An liostacht á briseadh anseo agus ansiúd ag gort biatais.

Fiche tar éis a naoi. Tagaim go galfchúrsa agus club tuaithe nua-aimseartha ar thalamh ard, i bhfad ó bhaile mór ar bith. **Rioja Alta**

Golf Residencial an t-ainm atá air. Níl limistéar chomh glas, méith feicthe agam ó d'fhág mé spoir shléibhe na bPiréiní taobh thiar díom. Doire agus cúpla loch ina lár. K-Club san iargúltacht. Siosarnach an trealaimh uiscithe an t-aon fhuaim atá le cloisteáil.

Coinleach, coinleach, coinleach

Feicim galfaire nó dhó i bhfad uaim ag tapú fionnuaire na maidine. Buaileann cuthach feirge mé nuair a fheicim go bhfuil tithe nua, galánta de chuid an chlub mar bhac ar an g*Camino* ársa. Comharthaí dár seoladh ar mhalairt slí. Nach náireach an rud é gur féidir le lucht an airgid a rogha rud a dhéanamh? Cuireann sé conspóid an Mhullaigh Mhóir i m'áit féin roinnt blianta ó shin i gcuimhne dom. Rinneadh iarracht an uair úd carrchlós mór, gránna a thógáil i gceann de na ceantair is iontaí, is áille agus is diamhaire sa Bhoireann. B'fhéidir gur fuílleach feirge ón uair úd atá ag brúchtáil istigh ionam inniu. Táthar ann a dhéanfadh athchúrsáil ar Leabhar Ceanannais dá bhféadfaidís cúpla pingin a dhéanamh as an bpár. Siúlaim thar dhá shráidbhaile (**Cirueña** agus **Ciriñuela**) agus iad araon an an dé deiridh i bhfogas ciliméadair nó mar sin den chlub. Déarfainn go bhfuil athnuachan i ndán dóibh amach anseo.

A deich a chlog. Mé ag siúl faoi spalpadh na gréine anois. Tagann beirt mharcach in éide glas olóige i mo threo agus gabhann siad tharam. Tá siad ceann-nocht agus is deacair a rá an saighdiúirí nó póilíní iad, nó b'fhéidir maoir pháirce. Ar ndóigh caithfear lucht an rachmais a chosaint. Tamall

gearr ina dhiaidh sin táim ar thalamh níos ísle, sraitheanna cochán ina luí san áit inar baineadh iad, iompaithe dubh ag an tsíon. Radharc gránna, míthaitneamhach. Mé ag canrán liom féin mar gheall ar mhíofaireacht an amhairc nuair a chloisim seabhrán ard ar nós inneall lomaire faiche taobh thiar díom. Casaim timpeall. Ansin céad méadar os mo chionn feicim gléas aisteach, barrúil – paraisiút ar dhéanamh corráin, fear ina shuí ar shuíochán faoi agus lián mór á thiomáint chun cinn. Ní foláir nó tá inneall faoin suíochán. Laistigh d'achar gearr tá cúig cinn de na meaisíní neamhghnácha ag eitilt os mo chionn. Gan a leithéidí feicthe agam riamh cheana. Coimeádaim súil orthu go dtuirlingíonn siad i bpáirc cimiléadar amach romham. Agus m'aird
dírithe agam ar na gléasanna
eitilte úd, tagaim go barr aird sa
bhóthar agus feicim **Santo**
Domingo de la Calzada, an
sprioc atá agam don lá inniu,
thart ar chúig chiliméadar
amach romham.

Ag druidim le Santo Domingo de la Calzada

Faighim leaba gan stró i gCasa Cofradía del Santo – Albergue de Peregrinos. Na tascanna déanta agus *siesta* tógtha, buailim amach. Castar an tAthair Tadhg orm. Faraor, tá drochscéala aige dom. Bhain timpiste do Christine agus í ag fágáil Azofra ar maidin. Lúb sreinge ag gobadh aníos as dromchla an bhóthair a bhain tuisle aisti. Thit sí go trom faoi ualach an mhála. Deir Tadhg liom go bhfuil sí gearrtha agus brúite go dona. Ghoill an míthapa go mór uirthi. Tá sí chun taisteal i dtacsaí nó i mbus ar feadh cúpla lá go dtiocfaidh biseach uirthi. Goilleann an drochscéala seo orm. Tarlaíonn go bhfuil greimlíní agus nithe úsáideacha eile san fhearas garchabhrach agam. Tugaim di iad nuair a chastar ar a chéile sinn níos déanaí sa lá.

Aimsir álainn ar fad. Taitníonn Santo Domingo go mór liom. Atmaisféar na meánaoise le brath ina chuid tithe cloiche agus foirgneamh seanda. Tá sé suite i bhfíor-iarthar La Rioja, thart ar dhá scór ciliméadar ó Logroño, ag bun an tsliabhraoin a bhfuil **Sierra de la Demanda** mar ainm air. Sníonn an Oja tríd. Baile turasóireachta é a bhfuil an uile chompord le fáil ann. Tá Parador de Turismo ceithre réalta taobh leis an ardeaglais agus gan air ach €90 in aghaidh na hoíche.

Baisteadh an baile as aoire bocht a rugadh in **Viloria**, sráidbhaile nach bhfuil rófhada uainn anseo, sa bhliain 1019. Theastaigh uaidh a bheith ina mhanach ach dhiúltaigh mainistreacha uile an cheantair dá chuid iarratas i ngeall ar an easpa oideachais a bhí air. Rinne sé suas a aigne ansin bheith ina dhíthreabhach agus a bheatha a chaitheamh ag obair ar son na n-oilithreach a bhí ag gabháil an bhealaigh ina sluaite. I rith a shaoil thóg sé brúnna agus ospidéil. Dheisigh sé agus chuir sé feabhas ar an gcosán. Thóg sé droichid i dtreo nach mbeadh na hoilithrigh i dtuilleamaí áthanna faoi thuile nó farantóirí. De réir Aymeric Picaud, thóg sé stráice den chosán idir Nájera agus Redecilla del Camino. Fuair sé bás in aois a dheich mbliana agus ceithre scór. Adhlacadh é san áit ina bhfuil baile Santo Domingo anois. Séard a tharla dáiríre ná gur fhás an baile thart ar a uaigh atá anois san ardeaglais. Ciallaíonn Santo Domingo de la Calzada, Naomh Doiminic an Chosáin nó an Tóchair.

Tugaim cuairt ar an ardeaglais. An clogás le tabhairt faoi deara i bhfad sular bhain mé an baile amach in aon chor. Mé i gcás idir dhá chomhairle an rachaidh mé suas go barr le radharc a fháil ar an gceantar máguaird. Deirtear liom go bhfuil an túr suas le seachtó méadar ar airde. Uaireanta tagann meadhrán i mo cheann nuair a théim chomh hard sin. Géillim don mheatacht. Buailim isteach san ardeaglais féin. An tAifreann ar siúl. Shílfeá gur stáisiún traenach atá inti ón méid gleo atá ag turasóirí agus ag oilithrigh araon. Tagann sagart amach as clúid éigin agus straidhn feirge air. Cuireann sé in iúl go gairgeach dóibh go bhfuil siad i dteach Dé. Baintear stangadh as cuid acu. Titeann ciúnas ar an áit.

Cúb na gcearc bán

Tá taisí an naoimh féin i másailéam greanta a bhfuil uaimh thíos faoi. Is é an rud atá ag tarraingt aird na gcuairteoirí uile, áfach, ná cúb ornáideach go hard ar bhalla cúil inmheánach na hardeaglaise ina bhfuil cearc agus coileach bán. Sea, tá siad beo beathach. Deir Walter Starkie ina chuntas go mbíodh na hoilithrigh Fhrancacha anallód ag sineadh píosaí aráin in airde chucu. Dá n-íosfadh na héin iad, comhartha a bhí ann go mbainfidís Santiago amach slán, sábháilte. Tarlaíonn go bhfaca mé cúb mhór san *albergue* ina bhfuilim ag fanacht agus leathdhosaen de na cearca geala, bána ceannann céanna istigh inti. Tuigim anois go mbaintear feidhm astu chun uainíocht a dhéanamh ar na cinn atá san ardeaglais. Tá tagairtí do na héin san ardeaglais i gcáipéisí chomh luath le 1350. Tógadh an chúb sa bhliain 1460 agus coimeádtar na héin inti i gcomóradh ar eachtra a tharla sna meánaoiseanna, más fíor an scéal.

Bhí teaghlach – athair, máthair agus mac - nach bhfuiltear ar aon intinn faoina dtír dhúchais, ar a mbealach go Santiago de Compostela fadó, fadó. De réir leaganacha éagsúla den scéal, ba Ghearmánaigh, nó Francaigh nó fiú Gréagaigh iad. Fuair siad lóistín i dteach ósta in Santo Domingo. Chuir iníon fhear an tí dúil san fhear óg, dathúil. Rinne sí gach iarracht é a mhealladh, cluain a chur air. Níor ghéill sé di, áfach. Ní fios cé acu ar dhuine dea-bheathach é an fear óg nó ar mhaighdean ruaigtheach, mhíofar í an cailín. Mar a dúirt an Ciarraíoch fadó, tá an saol seo róghearr lena chaitheamh ag rince le mná gránna. Ghoill an diúltú uirthi, áfach, agus bheartaigh sí díoltas a bhaint amach. I rith na hoíche thóg sí amach an cupán a bhí i mála an fhir óig agus chuir sí corn airgid ina áit. An mhaidin dar gcionn, nuair a bhí an teaghlach ar tí imeacht, chuir sí gadaíocht ina leith. Gabhadh é, cuireadh ar a thriail é, daoradh agus crochadh é lasmuigh den bhaile. Lean na tuismitheoirí céasta, trombhuartha orthu go Santiago. Céard eile a dhéanfaidís? Ar a mbealach abhaile cúpla mí ina dhiaidh sin, tháinig siad go dtí an áit ina raibh an chroch. Rinne an radharc a chonaic siad staic díobh. Bhí an mac beo, beathach ar an gcroch go fóill - míchompordach, b'fhéidir - ach beo, beathach mar sin féin. Faoi mar a bheifeá ag súil leis, d'fhág siad ansin é agus bhrostaigh siad go teach an bhreithimh (*el corregidor*). D'inis siad an scéal dó agus rinne siad achainí air an mac a scaoileadh leo. Ní róshásta a bhí an fear céanna mar bhí sé díreach tar éis suí chun boird chun a dhinnéar a ithe. Dhiúltaigh seisean glacadh leis an scéal áiféiseach a bhí á insint acu.

'Tá bhur mac,' ar seisean, 'chomh beo leis an dá choileach rósta sin ar an mbord.'

Leis sin, léim an dá choileach in airde agus chualathas iad ag glaoch ar fud an tí. Scaoileadh an mac ar ais chun a thuismitheoirí. Ní raibh a dhath cearr leis ach a mhuineál, b'fhéidir, beagáinín níos faide ná mar a bhí sé sular crochadh é. Deir leaganacha áirithe den scéal gurbh é Santo Domingo féin a choinnigh in airde é an t-am ar fad. Ní fios cad a tharla don chailín.

Tá a fhios acu siúd a choimeádann *Peig* ar bhord na leapa go bhfuil scéal atá thar a bheith cosúil leis sin sa leabhar aici. Táthar ann a deir gur chuala Peig é nuair a cuireadh ar oilithreacht go Santiago í in éiric an chrá agus an chiaptha a rinne sí ar mhic léinn Ardteistiméireachta ar feadh na nglún.

Deirtear go bhfuil píosa den chroch go fóill faoi fhuinneog Rómhánúil san ardeaglais. Teipeann orm é a aimsiú, áfach. Amach faoin aer liom arís. Tugaim inscríbhinn ó ré Franco ar aghaidh na hardeaglaise faoi deara ach é síonchaite go maith. An doineann ag déanamh an ruda a bhfuil drogall ar an Eaglais féin a dhéanamh.

Fiche chun a seacht. Tráthnóna aoibhinn, álainn. Mé i mo shuí i m'aonar i mbialann faoin aer ag feitheamh le *paella de mariscos*. Dé Sathairn atá ann. Na bialanna lán de mhuintir an bhaile. Mé ag tapú na deise chun bheith ag breathnú orthu. Ag bord taobh liom tá beirt bhan, máthair agus iníon, déarfainn, ag ól caifé agus ag imirt cártaí. Níl beocht ar bith i súile na máthar, í ag stánadh roimpi leis an bhféachaint fholamh a bhíonn ag daoine a mbíonn an galar Alzheimer go dona orthu. Na cártaí ina lámh aici gan súil a chaitheamh orthu. Ó am go chéile, síneann an iníon lámh trasna, tógann sí cárta as lámh na máthar agus 'imríonn' sí é. Bean fhadfhulangach, fhoighneach í. Líon mo chroí le meas agus le gean di. Dá mbeadh soiléiriú uaim ar céard is grá ann, nach bhfuil sé ansin romham. Ní fiú tráithnín oilithreacht ar bith dá fhad í i gcomparáid leis an ngníomh grá atá ag tarlú os comhair mo dhá shúl.

El Ayuntamiento, Santo Domingo de la Calzada

Agus mé ag filleadh ar an *albergue*, buailim le triúr ban croíúil, taitneamhach, meánaosta – duine ón Nua-Shéalainn agus beirt ón Astráil. Tá gluaisteán acu chun a gcuid bagáiste a iompar. Gach lá tiomáineann beirt acu go ceann scríbe, páirceálann siad an carr agus siúlann siad ar ais chun bualadh leis an triú duine ar an g*Camino*. Mar gheall air sin, is minic a bhuailim leo agus bainim an-spraoi astu. Bím i gcónaí ag magadh faoin mbealach neamhghnách atá acu le hoilithreacht a dhéanamh – droim ar ais. Bheifeá ag súil lena leithéid, a deirim leo, ó dhaoine a chaitheann a saol ag siúl bun os cionn. Déarfainn nach fada go ndéanann duine de na 'fíor'-oilithrigh gearán fúthu. Cloisim iad ag clamhsán os íseal cheana féin nár chóir go mbeidís ag tógáil leapacha sna *albergues* os rud é go bhfuil carr acu.

Lá 11

12 Meán Fómhair
Santo Domingo –
Belorado

Cathair / Baile / Sráidbhaile	Fad (Ciliméadar)	Airde (Méadar)
Grañón	6.5	712
Redecilla del Camino	10	725
Castildelgado	12	770
Viloria de la Rioja	14.5	785
Villamayor del Río	17.5	790
Belorado	23	772

A sé a chlog ar maidin. Mé i mo sheasamh ar an droichead fada os cionn an Oja ag fágáil slán ag an mbaile. Ceithre áirse is fiche atá ann. Deirtear gur thóg Santo Domingo féin an chéad droichead. Faraor, tá sé loite ag an síneadh gránna coincréite atá curtha leis. Gabhaim thar réimse de choinleach arbhair agus thar ghort mór prátaí nach bhfuil bainte go fóill. Spéir smúitiúil os mo chionn. An teocht íslithe go mór.

Beagnach uair go leith ina dhiaidh sin, bainim **Cruz de los Valientes** (Cros na bhFear Calma) amach. Tugann scéal an logainm seo faicseanaíocht na hÉireann nó b'fhéidir an comhrac aonair idir Cúchulainn agus Feirdia chun cuimhne. Tharla go raibh easaontas idir áitritheoirí dhá bhaile fearainn mar gheall ar chearta adhmaid i gcoillearnach ar an teorainn eatarthu. Roghnaigh an dá bhaile – Santo Domingo agus Grañón – an trodaí ab fhearr a bhí acu le haghaidh comhraic aonair. Is amhlaidh a chreid siad go dtabharfadh Dia an bua don bhaile fearainn a raibh an ceart aige. Martín García, gaiscíoch Grañón, a rug an chraobh leis. Mharaigh sé curadh Santo Domingo ach tamall ina dhiaidh sin d'éag sé féin de dheasca an dochair a rinneadh dó sa chomhrac. Tá cros shimplí adhmaid ar láthair na troda go fóill agus tagann muintir Grañón ar oilithreacht anseo ar 20 Lúnasa gach bliain.

Go gairid tar éis a hocht, sroichim **Grañón** féin. Baile tábhachtach oilithreachta sna meánaoiseanna a raibh múrtha cosanta thart air. Gan duine ná deoraí le feiceáil inniu, áfach. An baile ar fad ina thost. Buailim isteach in Eaglais San Juan Bautista chun *retablo* Barócach ón 16ú céad a fheiceáil. An sagart istigh i gcorp na heaglaise, an portús á léamh aige agus ceol cúlra álainn, suaimhneasach á sheinm. Athlíonaim na buidéil as an bhfoinse uisce agus buailim bóthar arís.

Deich chun a naoi. Teorainn eile sroichte agam. Níl tada anseo mar chomhartha ach léarscáil ar leac ar bharr cnoic. Fágaim La Comunidad Autónoma de La Rioja taobh thiar díom. Táim anois i g**Castilla y León**, Pobal Neamhspleách atá i bhfad níos fairsinge. Gan fíonghort le feiceáil áit ar bith. An coinleach féin clúdaithe le sraitheanna de chochán dubh ag lobhadh san áit inar baineadh é. Is gránna an radharc é.

Tógaim sos in **Redecilla del Camino**, baile beag aon-sráide. Bainim an-taitneamh as *café con leche* agus dhá bhocaire i mbeár an *albergue*. Ní iarrtar íocaíocht ar bith. Tig le duine síntiús a chur sa bhosca más mian leis. Ardú croí dom i gcónaí is ea traidisiún ársa na féile i mbrúnna deonacha na bparóistí. Ní fhéadfainn áit mar seo a fhágáil gan síntiús fial. Mar is léir ó ainm an bhaile, tá stair na háite agus na hoilithreachta fite go dlúth lena chéile. Trí ospidéal oilithreachta a bhí anseo tráth. Buailim síos go dtí Eaglais Nuestra Señora de la Calle chun umar baiste Rómhánúil a théann siar go dtí an 12ú céad a fheiceáil. Umar mór ornáideach atá ann, nathair nimhe corntha thart ar a bhun agus íomhánna d'Iarúsailéim Nua, an Chathair Neamhaí, greanta ar an gcuid uachtarach. An méid sin feicthe agam, buailim bóthar arís.

Agus mé ag druidim le **Castildelgado** ag ceathrú chun a deich, céard a d'fheicfinn ar an mbóthar céad méadar uaim ach leoraí de chuid *Finsa*, comhlacht próiseála adhmaid Spáinneach a bhfuil monarcha aige sa Scairbh i gCo. an Chláir. Aisteach go leor, bunaíodh an comhlacht in Santiago de Compostela agus tá a cheanncheathrú ann go fóill. Teach ar imeall an bhaile a bhfuil bláthcheapacha áille thart air, rud nach bhfeictear ach go hannamh sna sráidbhailte tuaithe sa chuid loiscneach seo den Spáinn. Gabhaim ar aghaidh trí **Viloria de Rioja** nach bhfuil in La Rioja in ainneoin ainm an tsráidbhaile. Anseo a rugadh Santo Domingo.

Táim de shíor ag déanamh comparáide i mo cheann idir Éire agus an Spáinn i dtaca lena bhfuil le tabhairt faoi deara ar an g*Camino*. Faoi mar atá ráite cheana, ní féidir gan suntas a thabhairt d'ársaíocht na n-eaglaisí. Cé go ndearnadh géarleanúint ar an Eaglais sa tír seo uair nó dhó faoi rialtais fhrithchléireacha dá gcuid féin, níorbh fhiú tráithnín i gcomparáid leis na péindlithe í. Éagsúlacht eile a thugaim faoi deara ná gur fíorannamh a fheictear teach aonair nó fiú scioból nó cró taobh amuigh de na sráidbhailte. I sráidbhailte nó i mbailte amháin a chónaíonn muintir na tuaithe. Téann oibrithe feirme amach go dtí na páirceanna ar maidin agus filleann siad um thráthnóna. Ar mhullach a chéile a mhaireann na daoine agus tá tionchar aige sin ar mheon agus ar shíceolaíocht na Spáinneach. Sráidbhailte talmhaíochta is mó atá ar an gCamino agus an-chuid innealra agus trealamh curadóireachta ina luí thart timpeall orthu. Mar thoradh ar Chogadh na Talún in Éirinn agus na hathruithe a lean é, d'éirigh leis na tionóntaí úinéireacht ar a gcuid feirmeacha a bhaint amach dóibh féin. Tháinig deireadh le ré na dtiarnaí talún. Níor tharla a léithéid sa Spáinn. Leanann na *latifundios* (eastáit mhóra) faoi cheannas na *latifundistas* (tiarnaí talún den uasaicme) go dtí ár linn féin go háirithe i ndeisceart na tíre. Níl sa chosmhuintir ach tionóntaí agus oibrithe feirme. Deirtear go bhfuil na *minifundios* (gabháltais atá níos lú) níos coitianta sa réigiún seo. Ní fheicim fianaise ar bith go bhfuil. Déantar an obair churadóireachta agus baintear an fómhar anois le hinnealra. Tá roinnt mhaith de na sráidbhailte ar an dé deiridh dá dheasca sin. Nach aisteach an rud é ach mothaím an fhearg ag éirí aníos ionam anois agus mé ag machnamh ar chóras na *latifundios*. Rugadh mé i lár na ndaichidí den aois seo caite nuair a bhí na tiarnaí talún imithe le fada. Guthanna na seandaoine, iad ina suí cois teallaigh sna caogaidí, ag teacht chugam lena gcuid scéalta, is dócha.

Castar an bheirt bhan spleodracha, éadromchroíocha ón domhan theas orm, iad ag dul sa treo contrártha mar is gnáth, agus mé ag druidim le **Villamayor del Río**, sráidbhaile nach fiú trácht air. 'Nach féidir libh an rud a dhéanamh i gceart cosúil leis an gcuid eile againn?' a deirim leo. Imíonn siad tharam ag canadh 'I did it my way'.

Fiche tar éis a haon déag. Ciliméadar nó dhó le siúl go fóill agam sula mbainim Belorado amach. Anseo ar thaobh na láimhe clé, i réimse mór oscailte talún, feicim radharc a chuireann iontas orm – aoire, a thréad caorach, a bhachall agus a mhadra. Aoireacht ar an sean-nós atá ar siúl aige. Eisean chun tosaigh agus na caoirigh á leanúint. Radharc as an Tiomna Nua. Aithníonn an Tréadaí Maith a chuid caorach. Nach beo, glinn, gléineach an íomhá í? Íomhá umhal, uiríseal. An bachall mar shiombail an ghrá. Feicim Proinsias ina sheasamh ansin in áit an tréadaí. Ní bhainfeadh seisean feidhm as an mbachall mar uirlis chumhachta.

La Iglesia de San Pedro, Belorado

Áthas orm **Belorado** a bhaint amach. Mé tuirseach, traochta. Leaba agam in *albergue* breá nua. Osclaíodh é coicís ó shin. Níl rud ar bith inchurtha le cith breá te le hardú meanman a chur ar shiúlóir spíonta agus a chuid spleodair a athnuachan. Tá an *hospitalero*, a bhean agus a gcuid páistí cairdiúil, fáilteach. Atmaisféar an-deas san áit. Amach liom chun an baile a iniúchadh. Baile tábhachtach ar an g*Camino* ab ea Belorado sna meánaoiseanna. Suas le hocht n-eaglais anseo tráth. Téann an baile féin siar, áfach, go haimsir na Rómhánach. Buailim isteach san Oficina de Turismo, áit a bhfuil taispeántas suimiúil ar an g*Camino Francés*. Cailín deas, mánla ag an deasc. Chomh luath agus a fhaigheann sí amach gur Éireannach mé, tosaíonn sí ag insint dom faoin tréimhse a chaith sí i gCorcaigh agus faoin turas a thug sí ar Ghaillimh. An-ghean aici ar Éirinn.

13 Meán Fómhair

Belorado – Atapuerca

Cathair / Baile / Sráidbhaile	Fad (Ciliméadar)	Airde (Méadar)
Tostanos	5	818
Villambistia	7	850
Espimosa del Camino	8.5	895
Villafranca Montes de Oca	12	948
San Juan de Ortega	24	1000
Agès	27.5	970
Atapuerca	30	950

Ceathrú chun a sé. Maidin bhreá fhionnuar, an-fheiliúnach do shaothar an lae. Uair go leith ag siúl agus táim ag druidim le **Tostanos**. Brat ceo ina luí anuas ar na harda. Róluath le cuairt a thabhairt ar la Ermita de la Virgen de la Peña ar chliathán cnoic lasmuigh den bhaile. Faoin am a bhainim **Villambistia** amach, áfach, tá an ceo scaipthe agus spéir ghlan, ghorm os mo chionn. Athlíonaim na buidéil san fhoinse in **Espinosa del Camino**. Breis agus ocht gciliméadar curtha díom ar maidin. Mothaím go hiontach agus táim ag baint an-taitnimh as bheith amuigh i lár na tuaithe liom féin. Mé ar snámh os cionn an chosáin ar bhrat suaimhnis agus síochána.

Nuair a bhainim fothrach Mhainistir San Felices amach is léir go bhfuil athrú ar an tírdhreach. Maolchnoic arda, choillteacha os mo chomhair. Mé ag dul le fána isteach sa ghleann ina bhfuil **Villafranca Montes de Oca** suite. Mo dhroim á téamh ag gathanna ísle ghrian na maidine. Bheadh sé deacair an suíomh álainn, cluthar, seascair seo a shárú mar láthair do bhaile beag. Mé ag siúl isteach sa bhaile go gairid tar éis a naoi.

Breis is trí huaire caite agam ag siúl agus gan greim ite agam go fóill. Mé ag tnúth go mór leis an mbricfeasta.

Tugann an logainm 'Villafranca' le fios dúinn gur chuir pobal beag Francach faoi anseo. Bhí daonra an-bheag anseo sna meánaoiseanna. Bithiúnaigh, ainbheartaigh agus lucht míghníomhartha is mó a bhí ag cur fúthu sna coillte, iad ag teacht i dtír ar oilithrigh bhochta gan chosaint agus á gcreachadh. Bhí droch-chlú ar an áit. Ba mhór an chosaint do na hoilithrigh baile láidir a bheith bunaithe ann. Téann fréamhacha an bhaile siar, áfach, go haimsir na Rómhánach. 'Auca' a bhí mar ainm acusan ar an áit. Uaidh sin a tháinig an focal 'Oca'. Tá dhá bhrí leis an bhfocal *montes* sa Spáinnis. Is iad sin 'cnoic' agus 'coillte'. Tig le duine a rogha féin a dhéanamh idir an dá cheann, an baile timpeallaithe acu araon. Bhí ospidéal oilithreachta anseo faoi dheireadh an 9ú céad. Sa bhliain 1380 tógadh Hospital San Antonio Abad ina bhfaigheadh suas le 18,000 oilithreach dídean in aghaidh na bliana tráth. Le blianta beaga anuas tá sé in úsáid arís mar *albergue*.

Cuirim chun bóthair arís go gairid tar éis a deich. Tá mo bholg lán agus spleodar chun siúil orm arís. Dhá chiliméadar déag eile romham go dtí San Juan de Ortega. Éiríonn an cosán taobh thiar d'Eaglais Santiago agus ní fada go mbím ag siúl trí fhoraois dharach. Gan a leithéid feicthe agam riamh cheana. Tá na daracha anseo níos lú ná na cinn lánfhásta atá

Trí fhoraois dharach, Villafranca Montes de Oja

againn in Éirinn. Is dócha go bhfuil siad ag fás róchóngarach dá chéile. Áit iontach a bheadh ann le muca a bheathú. Na mílte dearcán ar an talamh. Deirtear go bhfuil muca fiáine thart anseo go fóill. Anois agus arís tagaim ar réiteach san fhoraois ina bhfuil mothair den fhraoch corcra ag fás. Móinteach nó caoráin a bheadh ann murach na crainn.

El Monumento de los Caídos

Gabhaim thar leacht cuimhneacháin (**Monumento de los Caídos**) ag comóradh daoine a cuireadh chun báis anseo i rith Chogadh Cathartha na Spáinne. Deir an inscríbhinn: 'No fué inútil su muerte. Fué inútil su fusilamiento.' (Ní in aisce a fuair siad bás. Ba in aisce a lámhachadh iad). Cuireann sé ag machnamh mé ar na hÉireannaigh a throid ar an dá thaobh sa chogadh uafásach sin. Suas le 275 Éireannach ag troid ar son na Poblachta, Micheál Ó Ríordáin agus Frank Ryan ina measc. Maraíodh cuid mhaith acu. Beagnach 700 faoi Eoin Ó Dufaigh ag troid ar son Francisco Franco nó in aghaidh an chumannachais. Iad ar fad cinnte go raibh siad ag comhrac ar son an chirt. Hitler, Mussolini agus an Rúis sáite sa chogaíocht ar mhaithe leo féin. Gníomhartha uafásacha, uafara déanta ag an dá thaobh. Mé i mo sheasamh ar an láthair inar tharla ceann acu. Buaileann sórt éadóchais mé faoin gcine daonna. Ní gá ach an t-athchraiceann nó an screamh a bhaint dínn chun an beithíoch allta a nochtadh ionainn. Mothaím é ag búiríl istigh ionam féin uaireanta. Nach scanrúil an smaoineamh é?

Seo i mo threo arís an bheirt bhan ón domhan theas. Beannaím dóibh. Cineál eagla orm go mbeadh an líne 'and now the end is near' níos feiliúnaí dóibh inniu. Cloisim go bhfuil uisce faoi thalamh á dhéanamh ag 'fíor-oilithrigh' ó thuaisceart na hEorpa atá an-tugtha do rialacha dochta, daingne a chomhlíonadh agus a chosaint.

An lá thar cionn agus tírdhreach álainn ar gach taobh díom. **Sierra de la Demanda** ó dheas uaim. An **Cordillera Cantábrica** lastuaidh.

San Juan de Ortega

Níos faide ó thuaidh fós feicim beanna geala **los Picos de Europa**. Braithim go bhféadfainn leanúint ar aghaidh ar an gcosán seo go deo na ndeor. Feileann an choisíocht go mór dom. Bainim **San Juan de Ortega** amach ag leathuair tar éis a dó dhéag. Níl san áit ach eaglais, fothrach mainistreach agus *albergue*, iad suite beagnach míle méadar os cionn leibhéal na farraige. Tugaim cuairt ar an eaglais.

Deisceabal de chuid Santo Domingo ab ea San Juan de Ortega féin. Rugadh é sa bhliain 1080. Spreag dea-oibreacha Domingo ar son na n-oilithreach Juan chun aithris a dhéanamh air. Chuir sé feabhas ar staid an chosáin. Thóg sé droichid. Bhunaigh sé brúnna agus thug sé treoir spioradálta dóibh siúd a bhí ar a mbealach go Santiago de Compostela. De réir an tseanchais, chuaigh sé ar oilithreacht go Iarúsailéim. I rith an aistir ba bheag nach ndeachaigh an long ar a raibh sé go tóin poill. In am an ghátair, rinne sé achainí ar San Nicolás de Bari é a shábháil. Mar chomhartha buíochais, bhunaigh Juan mainistir anseo sa bhliain 1152 agus chuir sé manaigh d'ord rialta San Iaróm ina bun. Thóg sé séipéal Rómhánach in onóir do San Nicolás de Bari agus brú do na hoilithrigh atá in úsáid go fóill. Cé go ndearnadh athruithe ar an eaglais leis na céadta bliain anuas, tá cúlbhánna inti a théann siar chomh fada leis an dara haois déag, aimsir an naoimh féin. Síltear go mbaineann siad leis an eaglais bhunaidh.

Ar 21 Márta (cónocht an earraigh) agus ar 21 Meán Fómhair (cónocht an Fhómhair), agus ar na laethanta sin amháin, ag 17.07 (uair na gréine) tagann léas solais isteach trí cheann d'fhuinneoga na mainistreach agus lasann sé suas íomhá de dheastógáil na Maighdine ar barr ceann de na colúin Rómhánacha. Tugtar míorúilt an tsolais (el milagro de la luz) ar an teagmhas sin. Tá tuama alabastair an naoimh in uaimh na heaglaise agus íomhánna d'eachtraí a shaoil snoite go greanta in ardrilíf air. Níltear cinnte, áfach, an bhfuil a thaisí sa tuama. Fuair an fear féin bás sa bhliain 1163.

Amach liom arís faoi ghrian niamhrach an mheán lae. Tá Christine ina suí ar an mballa os comhair na heaglaise amach. Í ag taisteal ar an mbus go fóill cé go bhfuil feabhas mór uirthi. Cuairt tugtha aici ar an *albergue*. Ní róshásta atá sí leis. Deir sí liom go bhfuil an *hospitalera* an-údarásach. Is leor sin chun mé a sheoladh sé chiliméadar eile suas an bóthar go dtí Atapuerca. Is fearr rith maith ná drochsheasamh. Nach aisteach go dtugann Domenico Laffi a d'fhan anseo sa bhliain 1670 ardmholadh do charthanacht na manach? Coillte breátha darach agus giúise thart orm. Tagaim go machaire beag féarach a bhfuil brat de bhláthanna áille corcra ag fás air. Seans nach dtabharfainn mórán suntais dóibh in Éirinn ach ar thalamh loiscthe ag an ngrian is taitneamhach an radharc iad. Bualtrach bó anseo is ansiúd, cé nach bhfuil eallach ar bith feicthe agam go fóill. Bainim **Agés** amach ag deich tar éis a haon. Cuireann na páirceanna beaga thart ar an sráidbhaile agus na ballaí aolchloiche áiteanna in iarthar na hÉireann i gcuimhne dom.

Líonaim na buidéil ag an bhfoinse uisce ar a bhfuil inscríbhinn ag cur in iúl dom go bhfuil breis agus 500 ciliméadar le siúl fós sula mbainfidh mé Compostela amach.

Ní rófhada a thógann sé orm an dá chiliméadar go leith go **Atapuerca** a chur díom. Tá an *albergue* lán go doras, áfach, agus faraor, níl an dara rogha agam ach seomra a thógáil san óstán. Sráidbhaile é seo a bhfuil cáil idirnáisiúnta air le blianta beaga anuas. Caithim cuid mhaith den tráthnóna ag léamh mar gheall air. Athmhúsclaíonn a bhfuil á léamh an spéis a bhí agam na blianta fada ó shin sa tseandálaíocht agus í mar ábhar agam sa chéad bhliain i gColáiste na hOllscoile, Baile Átha Cliath. Tagann eachtra bheag a tharla lasmuigh den halla léachta tráthnóna amháin an bhliain sin chun cuimhne. Mé ag feitheamh ag an doras nuair a stop an tOllamh de Valera chun cainte liom.

'Cad as duit?' ar seisean

'As áit bheag ar imeall na Boirne gar do Chill Fhionnuarach,' arsa mise leis.

'Tá cuid mhaith tochailte déanta agam sa cheantar sin,' ar seisean,

'Agus agamsa,' arsa mise á fhreagairt.

D'fhéach sé orm ar feadh bomaite.

'B'fhéidir go raibh toradh níos fónta agatsa ar do chuidse tochailte', ar seisean.

Ar ndóigh, chuir sí prátaí ar an mbord don gheimhreadh, toradh a bhí

fónta go leor, is dócha. Sárléachtóir ab ea an fear céanna agus gan nóta ar
bith riamh aige.

Rinneadh   fionnachtana
tábhachtacha seandálaíochta le
fiche bliain anuas gar don áit ina
bhfuilim anois agus tá tochailtí
ar siúl ann go fóill. Thuas os
cionn an tsráidbhaile in Sierra
de Atapuerca tá taisí daonna
réamhstairiúla caomhnaithe in

Marcaigh ag an albergue in Atapuerca

uaimheanna aolchloiche. Baineann siad le ré a shíneann siar idir 350,000 agus
950,000 bliain. Braitheann aois na dtaisí ar an saineolaí a gcuireann tú
muinín ann nó inti. Creideann saineolaithe áirithe go mbaineann na cnámha
le príomhaithe den aicme *hominidae* ar a dtugtar *homo heidelbergensis*. Tá
dream eile a deir gur sinsearach comónta é ónar shíolraigh *homo
neanderthalensis* agus *homo sapiens* araon. Dar leis an Ollamh Bermudez de
Castro, sinsearach den aicme *homo neanderthalensis* amháin atá i gceist. Más
iarsmaí de *homo sapiens* atá ann, tá siad ar na samplaí is sine san Eoraip.
Timpeall 500 méadar taobh amuigh den sráidbhaile tá galláin ag comóradh
na bhfionnachtana úd. Is Suíomh Oidhreachta Domhanda anois é.

Níos déanaí sa tráthnóna téim in airde ar an gcnocán ar a bhfuil an
eaglais agus reilig an tsráidbhaile suite. Suím ansin ag baint taitnimh as
na radharcanna áille máguaird. Ní fada go bhfeicim seanfhear chugam
go malltriallach agus maide siúil mar thaca aige. Fonn comhrá air.
Eulalio García an t-ainm atá air agus is é García an tsloinne is coitianta

sa reilig. Deir sé liom go bhfuil a shaol ar fad caite aige in Atapuerca agus gur saol simplí a bhí ann. 'Níl mórán uaim anois ach oiread,' ar seisean, 'ach gnáthriachtanais bheaga an tsaoil agus deashláinte.' Creidim é. Cuireann sé an-chuid ceisteanna orm mar gheall ar mhodhanna agus ar bhealaí feirmeoireachta na hÉireann. Fiafraím de cén fáth nach bhfuil páiste ar bith le tabhairt faoi deara sa sráidbhaile. 'Conas a bheadh páistí ann,' arsa Eulalio, 'agus gan lánúin óg ar bith ag cur fúthu anseo.' Amhail cuid mhór de shráidbhailte tuaithe na Spáinne, níl ach seandaoine fágtha in Atapuerca.

Lá 13

14 Meán Fómhair

Atapuerca – Burgos

Cathair / Baile / Sráidbhaile	Fad (Ciliméadar)	Airde (Méadar)
Villalval	4	940
Cardeñuela-Riopico	6	932
Orbaneja-Riopico	8	949
Castañares	11	880
Burgos	21.5	859

Leath i ndiaidh a sé ar maidin. Spleodar na maidine do mo sheoladh gan stró suas cliathán Sierra de Atapuerca. Spéir ghlan, réaltach os mo chionn. Leoithne fhuar ghaoithe i m'aghaidh. Tuigim anois go bhfuil botún amaideach déanta agam. An seaicéad lomrach curtha sa bhosca bruscair lá nó dhó ó shin d'fhonn m'ualach a laghdú. Nach orm atá an t-aiféala anois? An t-ardchlár (*meseta*) amach romham. Cáil an fhuachta air. Is léir go mbeidh orm ceann eile a cheannach.

Tar éis uair an chloig coisíochta tagaim go cros ar mhullach maol an tsléibhe. I marbhsholas na maidine shílfeá gur ar imeall na Boirne a bhí tú. Carraigeacha liatha aolchloiche ag nochtadh tríd an ithir. Uaimheanna flúirseach go leor anseo freisin. Agus mé ag imeacht le fána, gabhaim thar chairéal mór. Soilse chathair Burgos ag lonradh ar íor na spéire romham. Ar aghaidh liom trí shráidbhaile a bhfuil bathlach eaglaise ann. Gan a ainm fógartha in áit ar bith. Sílim gur **Villaval** atá ann. Tugann gairm an choiligh siar tríd na blianta mé. Dúisíonn sí cuimhní agus íomhánna ó m'óige sna 1950idí. Is annamh a chloisfeá coileach ag fógairt an lae in Éirinn sa lá atá inniu ann. Cloistear glao an choiligh anseo, áfach, gach aon mhaidin i ngach gráig, i ngach sráidbhaile, i ngach baile mór agus go minic sna cathracha féin.

Ag druidim lena hocht a chlog, tógaim sos in **Cardeñuela-Riopico**. *Café con leche* agus *croissant* mar bhricfeasta agam. Súil amháin agam ar an teilifís. Stoirmeacha toirní agus tuilte i gcathair Zaragoza. An-díobháil déanta in áiteanna. Ar an mbóthar arís. Mo dhroim á téamh ag gathanna na gréine atá éirithe faoin am seo os cionn íor na spéire. Gaoth fhuar i m'aghaidh go fóill agus mé ag imeacht romham go coséadrom. Cantain na n-éan ag cur gliondair orm. Mé breá sásta liom féin. Fear siúil mé. Gan agam ach an méid atá ar mo dhroim. Mo sheol ardaithe agam ar nós Raiftearaí, an file. Mé ag imeacht liom ó bhaile go baile. Gan mé róbhuartha cá bhfaighidh mé bheith istigh don oíche.

De réir mar atáim ag druidim le Burgos, tá eastáit nua tithíochta le tabhairt faoi deara sna sráidbhailte. Corrtheach mór galánta scoite amach ina aonar. Gabhaim trí **Orbaneja de Riopico** ag deich chun a naoi. Eastát tionsclaíoch ar dheis. Tugam suntas do na hainmneacha atá fógartha ar na haonaid éagsúla: 'Carpintería Metálica', 'Carpintería de PVC y de Aluminio'. Braitheann an cainteoir Béarla go bhfuil rud éigin mícheart leo. Ciallaíonn *carpintería* 'siúinéireacht' ach go bhfuil brí níos leithne ag an bhfocal sa Spáinnis.

Grianghraf de Zapatero, Príomhaire na tíre seo, ag croitheadh lámh le Chirac na Fraince agus le Seansailéir na Gearmáine an scéal is mó ar an raidió ar maidin. Samhailchomhartha is ea an gníomh siombalach seo ar athrú polasaí i leith an chogaidh san Iaráic. An Spáinn ag iompú ar ais i dtreo na hEorpa. Tá na tráchtairí ag déanamh comparáide idir an croitheadh lámh seo agus é siúd a tharla idir Aznar, Bush agus Blair sna hOileáin Asóir roimh thús an chogaidh. Nach cumhachtach an rud é siombail?

Scamaill ag bailiú. Súil agam nach tuar drochaimsire atá iontu. Trasnaím an A1. Leanaim ar aghaidh trí réimse coinligh, thar láithreán dramhaíola, thar aerfort beag agus táim ar imeall na cathrach. Amach romham ach beagán ar chlé tá simléar monarchan ag brúchtaíl deataigh nach bhfuil boladh rófholláin uaidh. Faoi dheireadh, tagaim amach ar an N120. Ritheann cosán na n-oilithreach taobh leis isteach go lár na cathrach.

Tuigim go bhfuil bealach níos síochánta ann, áfach. Tar éis forrán a chur ar dhuine nó beirt de mhuintir na háite, éiríonn liom bruach an **Arlazón** a bhaint amach, agus leanaim an abhainn trí pháirc bhreá, chrannmhar i dtreo lár na cathrach. Gabhaim thar dhaoine atá amuigh ag siúl, ar bogshodar agus ina suí ar bhinsí. Téann rang iomlán daltaí meánscoile tharam agus feistis corp-oiliúna orthu. Cúrsaí oideachais curtha as mo cheann agam go dtí go bhfeicim iad. Pobalscoil Chúil Mhín ag leanúint ar aghaidh go breá i m'éagmais. Údar umhlaíochta é nach stopann an domhan mór nuair a théann duine amach ar pinsean. Oileáin anseo agus ansiúd san abhainn agus éanlaith uisce ag cur fúthu iontu. Gabhaim thar bhréagthrá de ghaineamh órga a tugadh anseo ón gcósta. Tá na tránna saorga seo coitianta go leor ar aibhneacha i gceantair intíre sa Spáinn. *Playa fluvial* a thugtar ar a leithéid. Fear ag teacht i mo threo anois agus Rottweiler mór, millteach gan iall ná adhastar air. Stadann an gadhar agus scrúdaíonn go mion mé. Seasaim féin gan corraí asam go nglaonn a mháistir air. Siúlaim thar dhealbh de Naomh Doiminic, an Spáinneach a bhunaigh na Doiminicigh – Ord na Seanmóirithe – sa bhliain 1215. Ag deich chun a haon déag, faighim mo chéad spléachadh ar spuaiceanna na hardeaglaise. Stadaim tamall ar Dhroichead Naomh Pól (Puente de San Pablo) ag breathnú ar na híomhánna de ridirí agus d'easpaig. Cúig nóiméad ina dhiaidh sin táim ag stánadh ar dhealbh ollmhór dhubh de El Cid, duine de mhórghaiscígh na Spáinne, agus é ag tabhairt ruathair faoin namhaid ar a chapall cogaidh.

El Cid, Burgos

Rugadh **El Cid** ('Tiarna' in Araibis na Spáinne) in Vivar gar don chathair seo sa bhliain 1043. Rodrigo Díaz de Vivar an t-ainm ceart a bhí air. Shíolraigh sé ó mhionuaisle Castilla. Nuair a rinneadh rí ar Castilla de Sancho II, chuir sé El Cid i gceannas ar arm na ríochta cé nach raibh ach dhá bhliain is fiche slánaithe aige ag an am. Ní foláir nó bhí clú air cheana féin mar gheall ar a chuid gníomhartha gaile agus gaisce ar pháirc an chatha. Chuir Sancho cogadh ar Alfonso a VI, Rí León, agus, ar ndóigh, bhí páirt fheiceálach ag El Cid sa treascairt agus san ár a tharla. Sa bhliain 1072, maraíodh Sancho agus é ag cur Zaragoza faoi léigear. Ós rud é nach raibh mac aige tháinig Alfonso i gcomharbacht air. Bhí El Cid i ngalar na gcás ansin agus cé gur phós sé iníon Alfonso, níorbh fhada gur chuir an rí an ruaig air. Thairg sé a chuid scileanna saighdiúireachta ansin don rí Múrach a bhí ag rialú Zaragoza ag an am agus cuireadh fáilte roimhe. Fad a bhí sé i gceannas ar arm Zaragoza, thuill sé cáil mar ghinearál nár chaill cath riamh. D'éirigh leis Valencia a ghabháil agus chloígh sé rí Múrach Lérida. Sa bhliain 1082, fuair sé an lámh in uachtar ar arm mór Críostaí faoi cheannas Sancho Ramírez, Rí na hAragóine, agus thug a mháistrí Múracha luach saothair fial dó. As sin amach bhí sé ag gníomhú mar rí ar Valencia. Ní raibh ann ach nach raibh an teideal aige. Nuair a d'éag sé sa bhliain 1099, tháinig na Múraigh i gcumhacht in Valencia arís. Tógadh a chorp ar ais go Castilla agus adhlacadh é i Mainistir San Pedro de Cardenas achar gearr ó Bhurgos. Sa bhliain 1927, aistríodh taisí El Cid agus Jimena, a bhean chéile, go dtí ardeaglais Burgos. Faoi mar a tharla leis an Ridire Roldán, cuireadh go mór le clú El Cid nuair a cumadh an dán eipiciúil *El Cantar del Mío Cid* sa dara haois déag. Lenár linn féin rinne Charlton Heston scannán a leath a cháil taobh amuigh den Spáinn.

Is cathair stairiúil í **Burgos**. Bhí sé ina phríomhbhaile ar ríocht Castilla y León san 11ú céad. Bhuaigh fórsaí Napoléon ar na Spáinnigh ann in 1808. Chuir na Sasanaigh an chathair faoi léigear sa bhliain 1812 agus ghéill na Francaigh an bhliain ina dhiaidh sin. I rith an Chogaidh Chathartha (1936-39), bhí Burgos ar cheann de na bunáiteanna ba thábhachtaí a bhí ag fórsaí Franco i dtuaisceart na Spáinne. Tá cuid mhór foirgintí áille Gotacha sa chathair. Is fiú cuairt a thabhairt ar Theach na gCeannfort (**la Casa de los Condestables**), an foirgneamh álainn inar chuir Rí agus Banríon Caitliceacha (los Reyes Católicos) na Spáinne fáilte roimh Chriostóir Columbus nuair

la Casa de los Condestables

a d'fhill sé ón dara turas a thug sé ar an Domhan Úr sa bhliain 1497. Is leis an mbanc Caja de Burgos an foirgneamh anois.

Ós rud é nach mbeidh an *albergue* beag i lár na cathrach ar oscailt go dtí a dó a chlog, téim lom díreach go dtí an ardeaglais. An t-ádh liom go bhfuil cófraí i halla iontrála na hiarsmalainne inar féidir málaí a chur faoi ghlas. Murach sin bheadh orm é a iompar. Tugtar lacáiste d'aon duine a mbíonn *Credencial* (pas oilithreachta) aige nó aici nuair a bhíonn an ticéad iontrála á cheannach. Is mór an trua é nach bhfuil áit ar bith istigh ónar féidir le duine radharc a fháil ar an ardeaglais ina hiomláine. Is cosúil le músaem mór í agus bealach aontreoch ann ó mhír amháin go mír eile. Foirgneamh ollmhór Gotach is ea é. Cuireadh tús leis an obair thógála faoi Fernando III sa bhliain 1221. Ní ceart an ardeaglais a fhágáil gan mórshaothair an dealbhóra agus an ailtire Diego de Siloé (1495-1563) agus a mhic, Gil a fheiceáil. Bhí Diego go mór faoi thionchar Michelangelo agus Donatello. Bhain sé feidhm as meascán de stíl Athbheochan na Iodáile agus den stíl *Mudéjar*. Tá sárshampla dá shaothar dealbhóireachta agus ailtireachta le feiceáil san Escalera Dorada (Staighre Órga). Ba é Hans ó chathair Köln a dhear na túir. D'fhéadfaí seachtain iomlán a chaitheamh san ardeaglais agus gan an suntas cuí a thabhairt do na saothair ealaíne agus dealbhóireachta ar fad. Ní hionadh gur Ionad Oidhreachta Domhanda í ó 1984 i leith.

Ar ais liom go dtí an *albergue* atá ar oscailt faoin am seo. Beirt chailíní chairdiúla, dhíograiseacha ó na Stáit Aontaithe atá i gceannas. Seacht leaba dhéag atá ann, iad ar fad san aon seomra amháin ar an gcéad urlár. Tá coinnle cumhra ar lasadh agus ceol suaimhneasach á sheinm go ham luí. Amach liom arís ag spaisteoireacht timpeall na cathrach. Meabhraíonn gaoth ghéar, fhuar anuas ón *meseta* dom seaicéad de chineál éigin a cheannach. Tá cur síos gonta ar aeráid Burgos i gcaint na ndaoine: 'Nueve meses de invierno, tres meses de infierno'. Leanann an geimhreadh ar feadh naoi mí agus ansin caitheann siad trí mhí in ifreann. Éiríonn liom seaicéad deas olla a fháil ar €18.

Tugaim m'aghaidh ansin ar bharr an chnoic (**Cerro del Castillo**) gar do lár na cathrach ar a bhfuil an sean-dúnfort suite. Ón gcaisleán seo a fhaigheann an chathair a hainm Viseagotach. Radharcanna iontacha uaidh ar an gcathair máguaird. Ní fada ann dom nuair a thosaíonn díle bháistí. Éalaím isteach sa chaifé agus mé ag súil nach bhfuil ann ach ráig de mhúr. Cúpla *café negro* agus péire Coca-Cola níos déanaí tá an dóchas ag tréigean go tiubh. 'Meas tú,' arsa mise leis an bhfreastalaí, 'an leanfaidh an fhearthainn ar feadh an tráthnóna?' 'Nuair a bhíonn an spéir dúnta isteach ar gach taobh faoi mar atá sí anois, is gnách go leanann,' ar seisean. Síos liom go dtí an *albergue* ar nós Gene Kelly cé nach ag canadh ná ag rince a bhí mé. Bhí sé de chiall aige siúd scáth fearthainne a bhreith leis.

Tá clann dheas Spáinneach i measc na n-oilithreach atá ag fanacht san *albergue* – athair, máthair, buachaill atá thart ar a dó dhéag agus cailín atá bliain nó dhó níos sine. Déagóirí béasacha, deamhúinte atá iontu. Mé i mo luí aniar sa leaba ag léamh nuair a chloisim tuairt agus ansin an cailín sna trithí. Ardaím mé féin sa leaba chun a fháil amach céard atá chomh greannmhar sin. An leaid bocht ina shuí ar cholbha na leapa agus greim aige ar bhaithis a chinn lena dhá lámh. É tar éis a cheann a chnagadh ar an mbíoma mór adhmaid os cionn a leapa. Ní cóir a bheith ag súil le trua ó dheirfiúr ar ócáid dá leithéid.

Caithim dinnéar leis an Athair Tadhg agus le Christine san óstán ina bhfuil siad beirt ag cur fúthu. Tá siad chun lá breise a chaitheamh i mBurgos ach beidh mise ag bualadh bóthair go luath ar maidin. Socrú déanta ag Christine bualadh lena fear céile i gcathair León ar lá áirithe agus ní theastaíonn uaithi brostú chun cinn. Braithim sórt uaigneach ag fágáil slán acu. Is breá an comhluadar iad. Sin mar a bhíonn. Siúlann duine stráice de bhóithrín an tsaoil linn agus ansin bíonn orainn scarúint óna chéile. Is furasta slán a fhágáil ag daoine áirithe ach ligimid do dhaoine eile fréamhacha a chur síos ionainn i dtreo go mbíonn sé pianmhar go leor nuair a stoitear iad. Uaireanta fágtar créacht mhór, nimhneach nach gcneasaíonn go ceann i bhfad. Agus mé i mo luí anseo ar mo leaba ag scríobh mo dhialainne, táim ag smaoineamh ar dhaoine a shiúil píosa de chosán an tsaoil liom. Nár bhreá liom bualadh le cuid acu uair amháin eile i dtreo go bhféadfainn maithiúnas a iarraidh orthu nó i gcásanna eile, buíochas a ghabháil leo. Nach trua gur minic go bhfágaimid ródhéanach é!

Lá 14

15 Meán Fómhair

Burgos – Hontanas

Cathair / Baile / Sráidbhaile	Fad (Ciliméadar)	Airde (Méadar)
Saint-JeVillalbilla de Burgos	5	837
Tardajos	9	827
Rabé de las Calzadas	10.5	831
Hornillos del Camino	18.5	822
Arroyo de San Bol	25	900
Hontanas	30	870

Mé ag gabháil amach trí Gheata na Maighdine Muire (**Arco de Santa María**) ar mo bhealach síos go dtí an Arlazón. Tógadh é mar áirse chaithréime sa bhliain 1536 ach sa deireadh thiar thall cuireadh é in áit seangheata meánaoiseach i mballaí na cathrach. Chomh luath agus a bhainim an abhainn amach, casaim ar dheis. Leanaim bruach an Arlazón go campas na hollscoile, áit a bhfuil albergue mór na cathrach suite. Tá Dámh an Dlí anois san fhoirgneamh ársa a dtugtaí Hospital del Rey air tráth, ospidéal oilithreachta a bhunaigh Alfonso a VIII sa

El Arco de Santa María

bhliain 1195. An bháisteach glanta ach leoithne fhuar ghaoithe ag séideadh anuas ón ardchlár. Áthas orm go bhfuil an seaicéad nua agam. Amach romham, feicim Francach an Fheistis Fhoirfe.

Ar imeall na cathrach siúlaim thar phríosún ina mbíodh príosúnaigh pholaitiúla i ngéibheann ag Franco. Is anseo, sílim, a bhí Frank Ryan i bpríosún, agus é daortha chun báis, go dtí Mí Iúil 1940 nuair a ligeadh dó 'éalú' go dtí an Ghearmáin. Mothaím creathanna fuachta ag dul tríom. Nach uafásach na rudaí a dhéantar in ainm na slándála? Ar ndóigh, ní deachtóirí amháin a bhíonn ciontach i ngníomhartha dorcha, gránna, mídhaonna. Nár chuala mé iar-aire inár dtír féin ag maíomh ar chlár teilifíse go ndúirt na gardaí leis gur bhain siad eolas as príosúnaigh 'tríd an gcac a bhualadh astu', mar a dúirt sé féin. D'fhan an tír ar fad ina tost.

Ag a naoi a chlog, táim ag siúl trí **Villalbilla de Burgos**. Néalta báistí os mo chionn ach tugann corrphaiste de spéir ghorm dóchas dom. Trasnaím an Arlazón arís. Ábhar iontais dom gur ithir dhubh, dhorcha atá sna goirt in ainneoin gur carraigeacha aolchloiche is mó atá le feiceáil sna cnoic máguaird. Bainim **Tardajos** amach. Gan mórán a tharraingeodh aird na n-oilithreach sna sráidbhaile seo. Tógaim sos gearr chun na torthaí a cheannaigh mé inné in ollmhargadh Lidl a ithe. Is annamh a bhíonn ocras orm ar maidin nuair a bhím ag siúl. Seacht gcinn d'éin mhóra os mo chionn, áfach, agus airc ocrais orthu. Badhbha atá iontu, iad ag faoileoireacht go héasca ar na sruthanna aeir. Braithim féin chomh saor leo ach go bhfuil orm na cosa a choinneáil ar an talamh. Fuasclaíonn rithim an tsiúil an tsamhlaíocht faoi mar a dhéanann *mantra* i machnamh an oirthir. Mothaím go bhfuilim i láthair Neach atá suáilceach, soilíosach, caoin, carthanach. Mé ar ais ag súgradh ar urlár na cistine, monabhar comhrá mo mháthar agus mo mhamó sa chúlra. Mé slán sábháilte ó bhuarthaí an tsaoil. Maitheas Dé, grá na máthar, cineáltacht na seanmháthar fite fuaite ina chéile.

Idir Tardajos agus Rabé de las Calzadas gabhaim thar chúigear nó seisear ban, iad ag siúl ina n-aonar in áiteanna éagsúla ar an mbóthar. Gúnaí agus geansaithe dúghorma orthu ar fad. Mná rialta, a deirim liom féin. Nach aisteach, áfach, nach bhfuil cailleacha á gcaitheamh acu? Is annamh a fheictear bean rialta gan chailleach sa Spáinn. Agus cá bhfuil a dtriall? B'fhéidir gur feisteas traidisiúnta sa dúiche iad an gúna agus an geansaí dúghorm? Fuasclaítear an cheist dom nuair a bhainim **Rabé de las Calzadas** amach. Buailim le bean rialta bheag, chríonna gléasta in aibíd agus i gcailleach bhán ag geata clochair. Tugann sí pictiúr den Mhaighdean Mhuire dom chun mé a choinneáil slán ar an mbóthar go Santiago. Braithim go bhfuil a súile ag dul tríom, go bhfeiceann sí m'anam basctha, brúite, faoi smál ag an bpeaca. Murach sin cén fáth go mbeinn ar an mbealach go Compostela? Cuirim ceist uirthi faoi na mná lena haigne agus a súile a dhíriú i dtreo eile. Scata mór ban rialta ar chúrsa spioradálta ar an mbaile, a deir sí liom. Ach ar eagla go gceapfainn nach raibh mo pheacúlacht tugtha faoi deara aici cuireann sí aguisín leis. 'Beidh siad ar fad ag guí ar do shon,' ar sise.

An cosán tríd an meseta

Tithe breátha, nua-aimseartha in Rabé. Cóngaracht na cathrach is dócha. Daoine ag bogadh amach beagáinín faoi tuath faoi mar atá ag tarlú in Éirinn le blianta beaga anuas. I ndiaidh Rabé de las Calzadas is léir go bhfuil an *meseta* romham amach.

An cosán ag ardú, mé ag dul in aghaidh an aird an t-am ar fad. Dromchla an chosáin déanta as ábhar rua éigin, bruscar gaineamhchloiche rua b'fhéidir, nach den dúiche seo é. Dath liathbhán na haolchloiche atá ar an talamh mórthimpeall orm. Taobh tíre oscailte. Réimsí fairsinge coinligh go híor na spéire. Gan duine ná deoraí, sceach ná tom le feiceáil. Mé i m'aonar ar mhachaire gan teorainn. Anseo is ansiúd feicim carnáin chloch a bailíodh chun nach ndéanfaidís díobháil don innealra. Áit sceirdiúil é seo, fiú nuair a bhíonn an ghrian ag taitneamh. Nach orm atá an t-ádh go bhfuil an seaicéad olla agam. Tá géire sa ghaoth anseo a d'fheannfadh duine ar nós scine. Clúdaíonn an t-ardchlár seo thart ar 210,000 ciliméadar cearnacha, atá ar an meán timpeall 700 méadar os cionn leibhéal na farraige. Arbhar agus coirce is mó a tháirgtear anseo. 'Ciseán aráin,' na hImpireachta a bhí ann in aimsir na Rómhánach.

Ag leathuair tar éis a haon déag, tá an *Camino* ag síneadh amach romham go bun na spéire. Feicim corrshiúlóir anois romham agus i mo dhiaidh. Faoi dheireadh, tagaim go dtí ard sa chosán agus nochtann sráidbhaile chugam. Bainim **Hornillos del Camino** amach ar bhuille an mheán lae. Sa bhliain 1156 tháinig prióir Francach agus dhá mhanach déag go dtí an ceantar agus bhunaigh siad mainistir Bheinidicteach san áit ina bhfuil Hornillos anois. Tugann an logainm le fios go raibh foirnéisí anseo tráth. Níl i sráidbhaile an lae inniu ach aon tsráid amháin de thithe deasa, néata tógtha le clocha liathbhána an cheantair mar aon le heaglais mhór Ghotach. Ceapaire blasta *chorizo* agus buidéal Coca-Cola agam i mbeár a bhfuil bean chairdiúil, chainteach ina bhun.

Ar an mbóthar arís. Spéir ghlé, ghlan os mo chionn. Bainim an seaicéad díom. Ní fada, áfach, go mbíonn orm é a chur ar ais orm. Géire sa ghaoth in ainneoin na gréine. Tagaim suas le bean a bhfuil cúpla cileagram sa bhreis á n-iompar aici agus ní sa mhála atá siad. Beagáinín róthoirtiúil agus neamhaclaí le bheith ag tabhairt faoin mbóthar go Santiago de shiúl na gcos, sílim. Spléachadh a thugaim agus mé ag gabháil thairsti, tugaim faoi deara go bhfuil paidrín i lámh amháin agus leabhar paidreoireachta sa cheann eile. Mé díreach ar tí *Buen Camino* a rá nuair a chloisim í ag urnaí os ard. Oilithreach ar an seandéanamh atá inti. Is beag duine dá leithéid a fheictear an an g*Camino* sa lá atá inniu ann. Sin an sórt spioradáltachta a thug sólás mór do na glúnta atá imithe romhainn.

Tá Hornillos ar ísleán. Siúl fada in aghaidh an aird ar chosán bán aolchloiche ansin go mbainim talamh cothrom amach arís. I bhfad uaim ó thuaidh ar íor na spéire tá beanna geal-liatha ag frithchaitheamh gathanna na gréine. Los Picos de Europa, déarfainn. Mé i m'aonar arís ar an *meseta* ollmhór, lom, sceirdiúil. Ní uaigneas a mhothaím, áfach, ach síocháin agus suaimhneas, mothúcháin a bhraithim go minic nuair a bhím ag siúl i gcroílár na Boirne. Táim sa bhaile anseo san iargúltacht.

Ceathrú chun a dó. Gabhaim thar **Arroyo de San Bol** (Sruthán Naomh Bol) cúpla céad méadar on gcosán ar thaobh na láimhe clé. Níl ann dáiríre ach *albergue* bunúsach, tobar, garrán agus iarsmaí de shráidbhaile tréigthe **San Baudillo**. Deirtear go ndearna an phlá díothú ar phobal na háite. Táthar ann freisin a deir gur baile Giúdach a bhí ann agus gur cuireadh an ruaig orthu i gceann de na géarleanúintí a tharla ó am go ham. Bhunaigh manaigh ó Mhainistir San Antón atá ar an g*Camino* gar do Castrojeriz coilíneacht lobhar agus ospidéal anseo sa 14ú agus sa 15ú haois. Nósanna anseo freisin atá thar a bheith cosúil le nósanna a chleachtaítear in Éirinn. Deirtear go leigheastar spuaiceanna agus fadhbanna coise eile má thumtar iad in uisce an tobair. Bheadh sé stuama gan na buidéil a líonadh sa tobar, sílim.

Leanaim orm. Líne fhada de mhuilte geala gaoithe ar na cnoic tamall uaim. An tráthnóna scamallach measctha le tréimhsí gréine. Gach re seal bíonn teas na gréine do mo théamh agus leoithne fhuar ghaoithe do m'fheannadh. Go gairid roimh a trí a chlog, bainim **Hontanas** (na Fuaráin) amach. Baile beag, cluthar istigh i log san ardchlár atá ann. Tá sé chomh folaithe sin san ísleán nach bhfeiceann an t-oilithreach é go mbíonn sé nó sí ar imeall an bhaile féin. Tá dath na dtithe ar aon dul le dath an cheantair máguaird, rud a thugann sórt ceileatraim nó duaithníochta dó.

Ghabh Domenico Laffi, an sagart ó Bologna na hIodáile, an bealach seo go Santiago trí huaire ar a laghad – sna blianta 1666, 1670 agus 1673. Sa chuntas a scríobh sé a bhfuil an teideal *Viaggio in Ponente a San Giacomo di Galitia a Finisterre*

Hontanas i bhfolach ar an ardchlár

deir sé linn go bhfaca sé néalta lócaistí sa dúiche seo a bhí chomh mór agus chomh tiubh sin gur dhorchaigh siad solas na gréine. Ní fhaca sé rud ar bith sa cheantar ach botháin na n-aoirí caorach a raibh pailísí thart orthu chun na mic tíre a choinneáil amach.

Mé buailte amach. Ní féidir liom céim amháin eile a thógáil. Tá thart ar thríocha ciliméadar siúlta tríd an *meseta* agam ó d'fhág mé Burgos ar maidin. Faighim leaba in Albergue El Contido, brú breá, compordach a bhfuil a chuid ballaí déanta de bhíomaí móra adhmaid agus de dhóib ar dhath na seacláide. Na tascanna déanta, buailim amach chun an baile a fheiceáil. Béile agam le hoilithreach suimiúil. Rugadh an fear seo in Galicia ach tá sé ina chónaí le blianta fada i dTír na mBascach. Ag siúl ar ais abhaile atá sé ar chosán na n-oilithreach. Deir sé liom go raibh a bhean ag magadh faoi sular thug sé faoin aistear. Tháinig tú anseo gan tada, a deir sí leis, agus tá tú ag filleadh abhaile chomh dealbh céanna.

16 Meán Fómhair
Hontanas –
Boadilla del Camino

Cathair / Baile / Sráidbhaile	Fad (Ciliméadar)	Airde (Méadar)
Convento de San Antón	6	800
Castrojeriz	10	808
Puente de Itero (Fitero)	20.2	770
Itero de la Vega	21	786
Boadilla del Camino	29	795

Caifé con leche agus tósta agam mar bhricfeasta sula bhfágaim an *albergue*. An spéir iontach glan os mo chionn. Í breactha le réaltaí geala, glioscarnacha. Cé nach bhfuil sioc ar bith ar an talamh, tá sé le mothú in aer socair na maidine. Nach aoibhinn bheith amuigh go luath ag siúl i m'aonar, mé ag sú isteach síocháin na cruinne. Maidin neamhaí ar gach bealach atá inti, mé ag baint taitnimh as gach céim dá dtógaim. Thart ar 500 méadar uaim ar chlé, tá líne fhada de chrainn faoi dhuilliúr ag fás ar bhruach abhann. Tá a fhios agam go bhfuil abhainn ann cé nach bhfuil sí le feiceáil. Ní fhásann crainn sa limistéar seo ach san áit ina mbíonn raidhse uisce. Gort mór biatais ann freisin. Cabhraíonn foisceacht na habhann lena uisciú. Gabhaim thar fhothrach gráige a bhfuil **San Miguel** mar ainm uirthi. Clogás na heaglaise ina sheasamh go fóill.

Talamh aolchloiche i mo thimpeall. Tugann an cosán bán, deannachúil siar bóithrín na smaointe mé go bóithre na Boirne sna 1950idí sular cuireadh dromchla de tharramhacadam orthu. Nach minic a shiúil mé cosnochta orthu, an deannach aolchloiche ar nós púdair bháin ag brúchtaíl aníos idir mo bharraicíní. Nuair a théadh gluaisteán an bealach, rud ab annamh, d'fhágadh sé scamall fada deannaigh ina dhiaidh san aimsir thirim faoi mar a fhágann scairdeitleán eireaball ina dhiaidh anois. Nach aisteach mar a fhillimid siar bóithrín na smaointe nuair a bhainimid an t-adhastar den tsamhlaíocht? Bainim taitneamh as na cuimhní cinn ach níor mhaith liom filleadh ar na blianta úd. Bhí an saol crua go leor sna 1950idí. Crua ach sona.

De réir a chéile tá an lá ag bánú taobh thiar díom mar is siar a bhíonn an t-oilithreach ag imeacht i gcónaí. Scáth fada á chaitheamh amach romham, é ag éirí níos giorra de réir mar atá an ghrian ag éirí sa spéir. Tuigim den chéad uair cé chomh feiliúnach agus atá an teideal *Walking in My Shadow* do leabhar David Gibson. Tamall tar éis a hocht a chlog, sroichim fothrach mór mainistreach a bhfuil **San Antón** mar ainm uirthi. Gabhann an *Camino* trí áirse mhór san fhothrach ar a dtugtar **el Arco de San Antón**. Bhunaigh manaigh d'Ord na nAntóineach an mhainistir seo sa 12ú céad. Bhí ospidéal acu inti inar thug siad dídean agus cothú coirp agus anama do na hoilithrigh a bhíodh ag gabháil na slí.

Bhí cáil ar an mainistir i bhfad is i gcéin mar gheall ar leigheas a bhí ag na manaigh ar thine dhia (St Anthony's Fire, i mBéarla), galar a bhí an-choitianta sna meánaoiseanna.

El Convento de San Antón le héirí gréine

D'iompaíodh an craiceann dearg, nimhneach agus bhíodh fiabhras ar an othar. San aghaidh, ar na lámha, ar na cosa agus ar an gcraiceann faoin ngruaig is mó a ghoilleadh sé ar dhaoine. Bíonn saineolaithe an lae inniu ag argóint mar gheall ar an ngalar seo, cuid acu ag rá gur lobhra de chineál éigin a bhí ann agus cuid eile fós a cheapann gurbh fhiabhras muice claochlaithe i bhfoirm dhaonna a bhí ann.

Bhí ceangal idir an t-ord rialta seo agus an galar ó thús. Bhunaigh fear darbh ainm Gaston, Ord na nAntóineach i Vín na hOstaire sa bhliain 1093 mar chomhartha buíochais do Naomh Antaine nuair a leigheasadh a mhac a bhí go dona tinn le tine dhia (*erysipelas*) a bhí ina aicíd fhorleata san Eoraip an bhliain sin. Bhíodh daoine ag impí ar Naomh Antaine iad a leigheas agus thugaidís an-chreidiúint dó nuair a thagadh biseach orthu. Bhí cros i bhfoirm T (cros tau – ón naoú litir dhéag den aibítir Ghréagach) mar shuaitheantas ag an ord agus bhíodh sí le sonrú ar aibídí na manach. Bhaintí feidhm aisti freisin i searmanas an leigheasta.

Tá almóirí beaga le feiceáil go fóill i mballaí na mainistreach ina bhfágadh na manaigh bia d'oilithrigh a bhíodh ag gabháil thar bráid san oíche agus an mhainistir dúnta. Tá *albergue* beag bunúsach san fhothrach go fóill. Comhrá agam le bean ón Danmhairg atá tar éis an oíche a chaitheamh ann. Deir sí liom gur thug an *hospitalero* an-aire do na hoilithrigh a bhí ag fanacht ann aréir. D'ullmhaigh sé béile dóibh agus thug sé amach i rith na hoíche iad chun na réaltbhuíonta a thaispeáint dóibh. Cibé rud a dúirt nó a rinne sé, chuaigh sé i gcion go mór uirthi.

Leath i ndiaidh a hocht. Tógaim grianghraf nó dhó den áirse agus cuirim chun bóthair arís. Radharcanna áille thart orm. Barra na n-ard agus na gcnoc lasta suas ag gathanna órga na gréine. Ní fada go dtugaim **Castrojeriz** faoi deara amach romham - an *castro* (dún Ceilteach) ársa, soilsithe ag grian na maidine, é ina sheasamh go suntasach ina shuíomh cosanta ar barr cnoic go hard os cionn an bhaile. Ní fhéadfadh namhaid ar bith teacht aniar aduaidh ar chosantóirí an dúin seo agus radharc uaidh ar an gceantar ar fad mórthimpeall. Na Ceilt-Ibéaraigh a thóg an dúnfort ar dtús. Ghabh na Rómhánaigh seilbh air. Thóg na Viseagotaigh uathusan é. Níos déanaí fós bhí sé ina láthair chogaidh idir na Múraigh agus Críostaithe na Spáinne.

Crainn ag fás ar thaobh na láimhe clé den bhóthar an bealach ar fad idir San Antón agus Castrojeriz. Tugann siad scáth do chosán na n-oilithreach atá ag rith le hais an bhóthair mhóir. D'ardódh cantain na n-éan iontu croí an duine ba dhuairce, cé nach duairc atáim ar an lá fíorálainn, spéirghlan seo. Ag bun na spéire ó dheas tá slua de mhuilte bána gaoithe ag bagairt orm lena gcuid lián fada. Nach trua nach bhfuil Don Quijote agus Sancho Panza i láthair chun comhrac a chur orthu! I bhfad ó thuaidh tá na beanna geal-liatha do mo leanúint go fóill.

Gabhaim thar **Eaglais Santa María del Manzano** ar imeall an bhaile. Ó fhinscéal a fhaigheann sí a hainm. Bhí San Séamus féin ag gabháil an bhealaigh ar a chapall nuair a chonaic sé íomhá na Maighdine Muire i gcrann úll (*manzano*). Bhí an oiread sin gliondar air gur léim sé ar dhroim an chapaill. D'fhan rian na gcrúb sa leac atá anois os comhair doras na heaglaise. Creid é nó ná creid, tá an fhianaise ansin go fóill. Eaglais an-mhór í i gcomparáid le méid an bhaile féin. Ní hamháin sin ach tá dhá eaglais eile ann freisin – la Iglesia de Santo Domingo agus la Iglesia de San Juan de los Caballeros a tógadh sa 13ú haois. Tá samplaí den stíl Múdejar le sonrú sna síleálacha inti. Taispeánann siad chomh tábhachtach agus a bhí an baile sna meánaoiseanna. Tá uaimheanna tochailte sa chnoc taobh thiar den bhaile ina gcoimeádtaí an fíon agus nithe eile san fhionnuaire sular tháinig ann don teicneolaíocht nua-aimseartha.

An tóchar Rómhánach

Fágaim Castrojeriz i mo dhiaidh agus ní fada go mbím ar stráice de sheanbhóthar nó de thóchar Rómhánach ardaithe os cionn chorcach ghleann an Odrilla. É beagnach leathuair tar éis a naoi agus mé ag trasnú an Odrilla thar dhroichead íseal meánaoiseach. Suas liom ansin in aghaidh an aird ghéir go dtí **Alto de Mostelares** (Ard na mBíomaí Bána). Tá lochtáin ar thaobh an aird ar a mbíodh barraí ag fás i ré atá imithe le fada. Gleann torthúil an Ordilla ag síneadh amach fúm ar thaobh na láimhe clé. Glacaim sos ag barr an aird san áit ina bhfuil cúpla bord picnice agus déanaim féasta beag ann. Is léir go bhfuilim ar an ardchlár ollmhór anois. Tá an cosán bán ag síneadh amach

romham go bun na spéire. Is
beag pointe suntasach a bheidh
fágtha sara i bhfad ar an taobh
tíre sceirdiúil seo mar go bhfuil
innealra ag obair de shíor, ag
leagadh na dtulach, ag míntíriú
na talún agus ag glanadh na
gcloch agus na gcarraigeacha.

La meseta, an cosán go híor na spéire

Tagaim go bóthar pábháilte ag deich chun a haon déag. Amach romham
feicim ceithre shráidbhaile scoite amach óna chéile i stua de chiorcal a
bhfuil crainn ag fás air, rud a thaispeánann go bhfuil abhainn ag sní tríothu
go léir. An Pisuerga atá ann, sílim. Tamall i ndiaidh a haon déag, siúlaim
thar **el Hospital de San Nicolás**. Ospidéal oilithreachta a bhí san
fhoirgneamh seo sa 13ú haois. *Albergue* á reáchtáil ann anois ag Cairde San
Séamus na hIodáile. Scaitheamh gearr eile agus táim an an **Puente de Itero**
(Puente Fitero), droichead a bhfuil aon stua dhéag ann thar an **Pisuerga**.
Alfonso VI a thóg sa 12ú céad. Táim ar an teorainn anois idir la provincia
de Burgos agus la provincia de Palencia. Ag druidim le leathuair tar éis a

El Hospital de San Nicolás

haon déag bainim **Itero de la
Vega** amach. Sráidbhaile é nach
bhfuil mórán ann ach la Ermita
de la Piedad ón 13ú céad ina
bhfuil dealbh de *Santiago
Peregrino* agus Eaglais San Pedro
ón 16ú haois. Ar imeall an

bhaile tá arbhar indiach á bhaint le haghaidh sadhlais.

Ligim scíste i gcaifé sa sráidbhaile. Arán bán, *tortilla Española* agus Coca-Cola agam. Triúr oilithreach eile istigh - Sualannach, a bhean chéile agus

Puente de Itero

fear ón bPolainn. Agus mé ag fágáil an bhaile gabhaim thar ghort mór biatais atá á uisciú. Crann cumhachta tarracóra atá ag oibriú na gcaidéal. Fíonghort nó dhó sa cheantar seo freisin. Nach taitneamhach, fionnuar í torthúlacht abhantrach an Pisuerga i ndiaidh coinleach an ardchláir? Cuid mhaith den talamh thart anseo treafa, fuirsithe agus réidh do bharraí na bliana nua.

An albergue in Boadilla del Camino

Cuirim thar ar ocht gciliméadar eile díom faoi spalpadh na gréine sula mbainim **Boadilla del Camino** amach. Seo ceann den iliomad bailte ar an mbealach go Santiago a bhfuil an focal *Camino* mar chuid den ainm acu. Mé tuirseach go maith agus gan fonn orm dul níos faide inniu. Aimsím an *albergue* gan stró. Cuireann an *hospitalero*, fear óg a bhfuil a ghruaig fhada ceangailte siar in 'eireaball chapaillín' aige, fáilte chroíúil romham. Déanann sé gníomh ansin a eascraíonn as traidisiún fada – na cianta – de chúram na n-oilithreach.

Santa María de la Asunción, Boadilla del Camino

Aithníonn sé go bhfuilim spíonta. Beireann sé greim ar mo mhála agus iompraíonn sé trasna na faiche go dtí an suanlios é. Mothaím go bhfuil fáilte romham. *Albergue* álainn atá anseo. Gairdín fairsing ag dul leis, ina bhfuil linn snámha agus píosaí dealbhóireachta nua-aimseartha d'oilithrigh. Tá féar na faiche méith. Is léir go ndéantar é a uisciú go rialta. Taitníonn an áit go mór liom. Táim 'sa bhaile' anseo.

Níos déanaí tráthnóna buailim amach faoin mbaile. Tá **Eaglais Santa María de la Asunción** ón 15ú haois déag díreach taobh amuigh de gheata an *albergue*. Taobh léi, tá an **rollo gótico** a bhfuil an aois chéanna aige. Deir cuid de na leabhair eolais gur cros atá ann. Ceapaim féin nach bhfuil ann ach colún sorcóireach atá chomh hornáideach sin gur deacair sin a aithint. Siombail ar chumhacht na n-údarás áitiúil is ea an *rollo*. Tá na colúin ornáideacha seo le feiceáil i mbailte eile sa Spáinn freisin, iad i gcónaí mar shiombail ar urlámhas na n-údarás. Anseo, taobh leis an *rollo*, ghearrtaí pionós ar choirpigh agus ar chiontóirí den uile chineál. Anseo freisin a chuirtí daoine chun báis. Ní ródheas an smaoineamh é ach doirteadh fuil agus céasadh daoine san áit ina bhfuilim i mo sheasamh.

Béile an tráthnóna ag ochtar againn ag bord fada amháin san *albergue*. I láthair tá beirt bhan Fhrancacha, Brasaíleach mná, Spáinneach mná, an bhean Danmhargach ar bhuail mé léi ag San Antón mar aon le Francach fir agus a mhac. Fraincis, Spáinnis, Portaingéilis agus Béarla á labhairt. An Brasaíleach an duine is caintí orthu. Ní thógann sí sos ó thosach deireadh an bhéile cé nach bhfuil aici ach Portaingéilis agus roinnt bheag Spáinnise. Ardmheas agam uirthi. Bíonn drogall orm teanga a labhairt mura mbíonn líofacht agam inti. An iomarca béime ar an ngramadach i múineadh na dteangacha in Éirinn, b'fhéidir. Béarla den scoth ag an Danmhargach. Dhá thuras tugtha aici ar Éirinn – uair amháin leis na banóglaigh nuair a bhí sí ina cailín óg agus níos déanaí mar ghnáth-thurasóir. Eagarthóir bia ar iris éigin is ea í. Cloisim í ag insint do dhuine eile go bhfuil sí tar éis an post a thabhairt suas agus go bhfuil obair a thabharfadh níos mó sásaimh di á lorg aici. Obair i dtír éigin neamhfhorbartha, b'fhéidir. Tréimhse mhachnaimh atá sa turas go Santiago di.

Lá 16

17 Meán Fómhair

Boadilla del Camino –

Carrión de los Condes

Cathair / Baile / Sráidbhaile	Fad (Ciliméadar)	Airde (Méadar)
Frómista	6	795
Población de Campos	10	790
Revenga de Campos	13	790
Villalcázar de Sirga	20	809
Carrión de los Condes	26	835

Fiche tar éis a seacht. Ar an mbóthar arís in aer cuisneach na maidine. Spéir ghléghlan. Brat ceo ina luí go híseal os cionn dhromchla na talún in áiteanna. Drúcht trom ar an bhféar agus ar dhuilliúr na gcrann óg le hais an chosáin. Is leor solas na gealaí chun na saigheada buí a aithint.

Ag deich chun a hocht tagaim go dtí canáil uisce. As sin amach leanann an *Camino* bruach na canála atá ar leibhéal níos airde ná an talamh máguaird. Planda atá thar a bheith cosúil le feileastram na hÉireann, ach é i bhfad níos mó, ag fás go tiubh ar imeall an uisce. Na céadta éan ag cantaireacht i measc na ngiolcach. Mé sona, sásta. Lúcháireach, déarfainn. Más mar seo atá Neamh, beidh mé an-sásta leis. 'Céard faoi radharc Dé?' a deir guth as clúid éigin. Nach bhfuil Sé nó Sí anseo i siosarnach na ngiolcach, i gcór na n-éan, i ndrithliú na mbraonta drúchta, i monabhar an uisce, san eagla atá i mo chroí nach bhfuil sa rud ar fad ach seal. Spléachadh ar an bhfíoráilleacht trí ghág nó scoilt a dhúnann go tobann díreach nuair a bhíonn tú ar tí do dhá lámh a shíneadh amach Chuige nó Chuici. Folús arís.

Tamall tar éis a hocht feicim **Fromista** romham amach. Casaim ar dheis, trasnaím **el Canal de Castilla** ar dhroichead na gcoisithe. Seasaim ar an droichead ag baint lán na súl as an éacht innealtóireachta. Cuireadh tús le tochailt na canála seo sa bhliain 1753. Cuireadh críoch léi in 1848. Céad bliain i mbun obair thógála. Céad bliain in úsáid mar bhealach iompair. Cuireadh deireadh leis na báid chanála sa bhliain 1959. An tírdhreach ar fad athraithe aici, áfach. Leanann stráice d'fhásra úrghlas, crannmhar dhá thaobh na canála ó thosach go deireadh.

El Canal de Castilla

Isteach liom go lár an bhaile. Suím ag bord i gcaifé. Ocras orm ó mhaidin ag siúl faoin aer úr. Fear an tí ag caint le custaiméir eile atá ag ól caifé ag an gcuntar. Imíonn trí nó ceithre nóiméad thart agus tuigim nach bhfuil sé chun teacht chugam. Ní mór do Mhaois dul chuig an sliabh mar sin, a deirim liom féin. Seasaim ag an gcuntar ach leanann an chaint eatarthu. 'Me hace el favor de servirme un café con leche y un croissant, Señor,' arsa mise gan fanacht le bearna sa chomhrá. Ní bhogann sé chun gnímh ar feadh scaithimh. Shílfeá go bhfuil drogall air freastal orm. Táim ar tí siúl amach nuair a leagann sé an caifé agus an croissant ar an gcuntar. Tá orm éirí arís chun iad a bhailiú. Iad dhá oiread níos daoire ná áit ar bith eile. Mo thuairim faoin mbaile agus mo dhearcadh ina leith an-diúltach de dheasca iompar an fhir seo. D'fhéadfá a rá nach luíonn sin le réasún ach tugann sé léargas dom ar an tionchar a bhíonn ar thurasóirí ag iompar daoine i mbun mionchúraimí.

Baile nua-aimseartha is ea Frómista ach is fiú cuairt ghearr a thabhairt ar **la Iglesia de San Martín**, eaglais Rómhánúil a tógadh sa bhliain 1066, a bhfuil túr mór ochtagánach agus dhá thúr chruinne uirthi. Deirtear go bhfuil sí ar an sampla is fearr agus is luaithe de na heaglaisí Rómhánúla a tógadh faoi thionchar na bhFrancach ar an g*Camino* ar fad. Faigheann **Plaza San Telmo** a hainm ón naomh féin a rugadh an an mbaile seo. Éarlamh na mairnéalach is ea San Telmo. Tá *barrio* an tseanchalafoirt i mBuenos Aires na hAirgintíne ainmnithe ina dhiaidh. Bhí dlúthbhaint ag an gcéad dream d'Éireannaigh a shocraigh síos san Airgintín leis an m*barrio* úd.

Tamall taobh amuigh den bhaile tagaim ar chomhartha mór a tógadh ansin, gan amhras ar bith, chun uchtach a thabhairt don oilithreach tuirseach, tnáite. Deir sé 'Carrión de los Condes 18km – Santiago de Compostela 475 km'. An talamh máguaird cothrom go maith. Briseann goirt bhiatais, arbhair indiaigh nó lus na gréine liostacht agus ionannas an choinligh. Ealtaí móra d'éin bheaga ag déanamh creiche ar shíolta dubha aibí lus na gréine. Shílfeá go bhfuil a fhios acu nach fada go mbeidh an t-inneall bainte anseo chun an fómhar a bhaint agus nach mór dóibh an deis a thapú. Ag pointí straitéiseacha ar feadh an chosáin tá mullaird tógtha chun cosc a chur ar tharracóirí é a úsáid.

Leathuair tar éis a naoi. Grianghraf á thógáil agam de **la Ermíta de San Miguel** i lár garráin, foirgneamh a théann siar go dtí an 13ú céad. De ghnáth, is tearmann nó séipéal, amuigh faoin tuath é an *ermita* cé go mbíonn corrcheann sna bailte freisin. Tamall beag ina dhiaidh sin bainim **Población de los Campos** amach. Níl mórán sa sráidbhaile ach la Ermita del Socorro (13ú céad) agus la Ermita de San Miguel. Ar an taobh eile den sráidbhaile gabhaim thar pháirc mhéith a bhfuil an tseamair ag fás go tiubh inti. Ní thabharfainn suntas ar bith dá leithéid in Éirinn ach anseo i lár na réimsí coinligh, ardaíonn an radharc croí an tsiúlóra. Bláth álainn gorm le tabhairt faoi deara anseo is ansiúd, áit ar bith a bhfuil dóthain fliuchrais sa talamh. Ar an mbealach go dtí **Revenga de Campos** siúlaim thar scioból mór lán de chaoirigh. Tá múrmhaiseachán d'oilithreach péinteáilte ar bhalla sa sráidbhaile agus dealbh oilithrigh ar thaobh na sráide. Taispeánann na nithe seo tábhacht an Camino do na bailte beaga go léir. Is cuid shuntasach dá n-oidhreacht é.

Na blianta ó shin chuir duine éigin fadbhreathnaitheach crainn le hais an chosáin a thugann scáth iontach don siúlóir ón ngrian scalltach. Is mór an chabhair a leithéid ar lá mar seo. Fágaim **Villarmentero de Campos** taobh thiar díom ag ceathrú chun a haon déag. Sráidbhaile talmhaíochta de réir cineáil is ea é – caoirigh ag méileach sna scióbóil, gadhair ag tafann agus innealra curadóireachta ina luí anseo is ansiúd. Níl scáth ar bith sa chéad stráice eile den bhóthar ach an ghrian do mo ghoradh. Seacht gciliméadar le déanamh agam fós go ceann scríbe.

Tógaim sos in **Villalcázar de Sirga**. Na cosa ag éirí pianmhar, iad ag géilleadh faoi dheireadh don dá chileagram déag breise ar mo dhroim agus don tsíorthuargaint in aghaidh na talún ar feadh sé lá dhéag as a chéile.

Buailim isteach i gcaifé. Tá sé de mhí-ádh orm arís don dara huair inniu go bhfuil duine de mhuintir na háite ag comhrá leis an bhfreastalaí. Níl duine ar bith eile istigh ach mé féin. Caithim tamall fada i mo shuí, mé cráite cheana féin ag an ocras agus na cosa nimhneacha. Déanaim iarracht i ndiaidh a chéile aird an fhreastalaí a tharraingt orm. Faoi dheireadh, éirím i mo sheasamh. Táim ar buile. Murach gur oilithreach diaganta mé déarfainn leis cá bhféadfadh sé lón uimhir a sé ar an mbiachlár a shá. Ardaím an paca in airde ar mo dhroim agus táim ar tí imeacht nuair a ghlaonn sé orm. Leanfainn orm ach go bhfuil eagla orm nach mbeidh beár nó caifé eile ar oscailt sa sráidbhaile agus go mbeidh orm filleadh go humhal uiríseal. Is le 'Pablo el Mesonero' an beár, fear a bhfuil sé de cháil air go dtugann sé bia saor-in-aisce d'oilithrigh. Sin a deir na leabhair eolais ar aon nós. Áthas orm gur fhan. Is iontach an leigheas iad *tortilla de patatas*, arán bán Francach agus buidéal nó dhó Coca-Cola chun beocht a chur ar ais i siúlóir traochta.

Sall liom ansin go dtí **Eaglais Santa María la Blanca** (na Maighdine Báine). Beannaím ar an mbealach do bheirt fhear ag ól beorach ag bord faoin aer. Ar chúis éigin, sílim gur Sasanaigh iad. Eaglais mhór Rómhánúil is ea Santa María la Blanca a thóg na Teamplóirí, más fíor, sa 13ú céad cé nach raibh siad lonnaithe sa bhaile ach ar feadh tamaill bhig. Sa bhliain 1755, rinne an chrith talún a scrios Liospóin damáiste di. Taobh istigh, tá dealbh na Maighdine Báine le feiceáil sa *retablo* i séipéal San Séamus. Faoin rósfhuinneog, tá tuamaí ón 13ú céad ina bhfuil Don Felipe, mac le Fernando III (San Fernando) agus deartháir le hAlfonso X, agus Doña Leonor, a bhean chéile, curtha.

Amach liom faoin aer arís. Na cosa ag dó go fóill. Bainim na buataisí agus na stocaí díom agus déanaim iarracht mo chosa a fhuarú ar leaca na heaglaise atá faoi scáth ón ngrian. Cheannaigh Siobhán, mo bhean chéile, glóthach a thugann faoiseamh ó phianta sna matáin dom sular fhág mé an baile. Bainim triail as don chéad uair. Fad atáim i mo shuí ansin, thagann duine den bheirt fhear ar bheannaigh mé dóibh trasna chugam. Fiafraíonn sé díom an Éireannach mé. Dreas comhrá againn. Duine de cheathrar deartháireacha ó Bhaile Átha Cliath atá ann a bhfuil codanna den *Camino* á ndéanamh acu in aghaidh na bliana. Beirt acu imithe chun cinn an lá áirithe seo. Is fearr i gcónaí do bhaill de ghrúpa siúl ina n-aonar nó ina mbeirteanna agus teacht le chéile ag deireadh an lae. Deirtear liom gur minic a tharlaíonn imreas nó easaontas nuair a fhanann grúpa mór le chéile. Duine ag siúl rómhall nó róthapa. Sos ó dhuine ámháin. Duine eile ag deifriú chun cinn. Fágaim slán ag an oilithreach Éireannach seo agus cuirim chun bóthair arís. Feabhas mór ar na cosa. Cleas iontach simplí é iad a fhuarú ar leaca fuara.

Leanann cosán na n-oilithreach anois trí limistéar ar a dtugtar **Tierra de Campos** (Tír na bPáirceanna). Loime, seisce agus uaigneas thart orm. Meán Fómhair atá ann, ar ndóigh. An fómhar bainte. Coinleach, coinleach, coinleach. Bheadh cuma eile air, gan amhras, san earrach agus geamhar glas méith na cruithneachta tagtha aníos, nó i Mí Iúil nuair a bhíonn na barraí órga aibí ag luascadh sa ghaoth. An t-oilithreach ina dhíseart féin ag gabháil trí thaobh tíre mar seo agus raidhse ama aige chun inbhreathnú a dhéanamh.

Thart ar a haon a chlog tagaim go barr aird agus nochtann **Carrión de los Condes** chugam. Ó thuaidh agus chun tosaigh tá an sliabhraon ar a dtugtar la Cordillera Cantábrica níos cóngaraí agus níos suntasaí ná mar a bhí go dtí seo. Údar faoisimh agam an talamh máguaird a bheith treafa, fuirsithe agus curtha in oiriúint don bhliain nua. Ar an mbealach isteach sa bhaile féin gabhaim thar el Convento de Santa Clara a théann siar go dtí an 13ú céad. Deirtear go bhfuair Naomh Proinsias féin dídean ann ar a bhealach go Santiago. Bhí Carrión i bhfad níos mó sna meánaoiseanna nuair a bhí an oilithreacht faoi lánseol. Go deimhin féin, thug an clamhsánaí Aymeric Picaud ardmholadh dó. Baile gnóthach, treallúsach a bhí ann dar leis, ina raibh an t-arán, an fheoil, agus an fíon le fáil go flúireach. Tá dóthain caiféanna agus mionmhargaí ann go fóill ach é deacair torthaí sásúla a cheannach iontu. Nuair a chuirim m'iontas faoi sin in iúl d'oilithreach Spáinneach, deir sé liom go bhfuil sé de nós acu torthaí a choimeád i stóras fuar agus go loiteann sin iad.

Ar an taobh thoir den bhaile atá **Eaglais Santa María del Camino** suite. Tógadh í sa dara haois déag agus dódh í sa bhliain 1809 i rith Chogadh na Leithinse. Deirtear go bhfuil íomhánna snoite ar dhoras theas na heaglaise, cé gur deacair iad a aithint, a léiríonn scéal atá mar chuid shuntasach de sheanchas na háite. Is é sin gur éiligh na Múraigh cáin i bhfoirm 100 maighdean in aghaidh na bliana ar na Críostaithe. Ghéill an Rí Mauregatos dóibh agus d'íoc sé an cháin ar an láthair ina bhfuil an eaglais suite. Mar gheall ar an iompar náireach sin a troideadh Cath Clavijo sa bhliain 844AD nuair a fuair Ramiro I, Rí Asturias an lámh in uachtar ar Abd al-Rahman III le lámh chúnta ó *Santiago Matamoros* (Séamus, Marfóir na Múrach). Bhí an cath á chailliúint ag na Spáinnigh nuair a tháinig fear ard, maorga ar muin chapaill agus bratach bhán a raibh cros dhearg uirthi go láthair an chatha. Cé a bheadh ann ach *Santiago Matamoros?* Rinne sé sléacht ar na Múraigh agus bhí an lá leis na Críostaithe. Loit fórsaí Napoléon Eaglais Santiago freisin ach mar sin féin téann an aghaidh iartharach lena chuid fríos siar chomh fada leis an 12ú céad.

Is í **Mainistir San Zoilo** seoid ailtireachta Carrión de los Condes. Bunaíodh an mhainistir Bheinidicteach seo sa bhliain 1047. Tá sí suite ar an taobh thall den abhainn, faoin tuath ar an mbealach amach as an mbaile. Is fiú cuairt a thabhairt uirthi chun na clabhstraí a dhear Juan de Badajoz sa bhliain 1537 a fheiceáil. Ar ndóigh, ní mainistir a thuilleadh í ach óstán galánta agus foirgneamh de chuid oidhreacht náisiúnta na Spáinne. Is inti atá na cuntaí adhlactha. Faigheann an baile a ainm ón gCarrión, an abhainn a shníonn tríd agus ó na cuntaí (*los condes*) a luaitear sa dán eipiciúil *'El Cantar del Mío Cid'*. Insítear sa dán gur phós na cuntaí iníonacha El Cid ach nuair a bhí an saibhreas a thug na cailíní leo mar spré ídithe, thug na fir chéile drochíde dóibh. Ní róshásta a bhí el Cid, ní nach ionadh, agus dhúnmharaigh sé an bheirt.

Tá cur sios in *Bealach na Bó Finne* le Dóirín Mhic Mhurchú ar cheangal idir Éire agus Carrión de los Condes. Deir sí gur rugadh mac tabhartha do Sheán Ó Néill, mac le hAodh Mór Ó Néill, Iarla Thír Eoghain sa bhliain 1633. Aodh Eoghan an t-ainm a bhí ar an leaid óg. Bhí an oiread sin measa ag Rí na Spáinne ar Sheán Ó Néill, go ndearna sé mac dlisteanach d'Aodh Eoghan agus bhronn sé na tailte agus na cíosanna a bhí ag a athair i gceantar Carrión de los Condes air nuair nach raibh sé ach seacht mbliana d'aois.

Lá 17

18 Meán Fómhair

Carrión de

los Condes – Lédigos

Cathair / Baile / Sráidbhaile	Fad (Ciliméadar)	Airde (Méadar)
Calzadilla de la Cueza	17	860
Lédigos	21	883

Ar an mbóthar ag leath i ndiaidh a seacht. Sách dorcha. Is é mo dhícheall na saigheada buí a aimsiú. Lánúin Spáinneach romham amach. Iad á leanúint agam. Má théann siad ar strae beimid go léir i bponc. Athbheocht ionam arís i ndiaidh chodladh na hoíche. Toisc an t-aer a bheith chomh glan, gléineach, cuisneach tá taispeántas mórthaibhseach réaltaí os mo chionn in airde. Leanann an *Camino* an bóthar mór ar feadh scaithimh. Arbhar Indiach chomh hard le súil eilifinte, mar a deir an t-amhrán as *Oklahoma*, ar an dá thaobh. Cór na n-éan ag cur fáilte roimh an lá nua. Cuireann torann faon tráchta ar mhótarbhealach i bhfad uaim i gcuimhne dom go bhfuil saol eile ann seachas saol neamhchasta an oilithrigh.

Fiche chun a hocht. Scarann an *Camino* ón mbóthar agus leanann sé ar chosán gairbhéil. Vácarnach lachan ag teacht chugam ó loch beag nó *pantano* ar thaobh na láimhe deise. I mbreacsholas na maidine, tig liom cruthanna cheathar siúlóirí a dhéanamh amach chun tosaigh orm. Tá sé tábhachtach don oilithreach a luas féin a shocrú agus gan meon iomaíoch a chothú. Is minic a bhuailim le daoine - Gearmánaigh agus Francaigh don chuid is mó - a bhíonn i gcónaí i gcomórtas lena chéile. Ní fhéadfaidís duine a fheiceáil rompu gan dul thairis nó thairsti.

An ghrian os cionn íor na spéire anois agus is léir go bhfuil lá aoibhinn, grianmhar i ndán dúinn. Nach ait an scéal é go mbíonn rud éigin ann i gcónaí chun lá foirfe a loit ar dhuine! Bhuail smaoineamh duine éigin - Santo Domingo de la Calzada nó San Juan de Ortega dár linn féin - dromchla nua a chur ar an gcosán. Chuaigh sé go dtí an abhainn ba chóngaraí. Rug sé ar ais leis cúpla tonna méadrach de na clocha cruinne sin a bhíonn ar ghrinneall na habhann. Chaith sé ar an gcosán iad gan rud ar bith a mheascadh leo. É beagnach dodhéanta siúl orthu. Casann agus lúbann na rúitíní orthu amhail is dá mbeifeá ag siúl ar liathróidí gailf. Is deacair a chreidiúint go bhféadfadh duine a bheith chomh hamaideach sin. Cuid mhaith de na crainn óga atá curtha le hais an chosáin tar éis bás a fháil i ngeall ar an easpa uiscithe. An dúramán céanna ina bhfeighil, is dócha.

Fonn orm le tamall na clocha úd a raideadh leis an lánúin Spáinneach thuasluaite. Cé go bhfuil siad ag siúl taobh le taobh chloisfeá ag caint iad sa domhan thoir. Teipeann orm éalú uathu. Iad chun tosaigh orm tamall, scaitheamh eile taobh thiar díom. Stopann siad chun chun rud éigin a chur isteach nó a thógáil amach as na málaí agus ansin tugann siad sciuird tharam arís. Seasann siad chun deoch a ól agus as go brách leo arís ansin. An rud atá do mo chrá anois, áfach, ná go bhfuil siad ag casadh *Oh mammy, mammy blue. Oh mammy blue* go hardghlórach. Níl siolla thar an méid sin ar eolas acu ach canann siad arís agus arís eile é go dtuigim céard iad na smaointe a ghabhann trí aigne an dúnmharfóra sula ndéanann sé an gníomh uafáis. Is mór an náire nach bhfuil líne nó dhó breise ar eolas agam féin. Dá mbeadh Siobhán – a bhfuil amhráin uile na seascaidí agus na seachtóidí ar eolas aici – anseo, d'fhéadfaimis an scéal a leigheas, b'fhéidir.

Ag druidim le leathuair tar éis a naoi, tógaim sos le greim a ithe. As sin amach táim ar stráice fada bóthair gan bhaile, gan sráidbhaile, gan ghráig. Sílim nach mbeidh deireadh go deo leis - réimsí fairsinge de choinleach, de thalamh treafa anseo is ansiúd agus corrghort lus na gréine leis an liostacht a bhriseadh. Ar thaobh na láimhe deise, tá fear ag scaipeadh leasú tacair éigin atá meilte chomh mion mín sin go gceapfá gur púdar bán atá ann. Tá sé ag imeacht ar an ngaoth ar nós deataigh. Faoi dheireadh, feicim túr eaglaise trí nó ceithre chiliméadar amach romham. Sráidbhaile, arsa mise liom féin. Dul amú orm, áfach. Níl ann ach *ermita* agus reilig a bhfuil balla mórthimpeall uirthi. Nuair a thagaim go dtí iad, nochtann baile beag chugam i ngleann íseal glas a bhfuil líne fhada de chrainn úrghlasa ag gabháil tríd. Is léir go bhfuil abhainn á n-uisciú. Ar an taobh thall den bhaile tá cnoic choillteacha mar chúlra ag an ngleann. **Calzadilla de la Cueza** atá ann. Tá *albergue* sa bhaile a bhfuil pictiúr d'oilithreach ag tógáil sosa péinteáilte ar a haghaidh. Is leor an nod domsa.

Isteach liom i mbeár agus bainim an-sásamh as ceapaire agus Coca-Cola. Amach liom faoin aer arís. Caithim na bróga díom chun faoiseamh a thabhairt do na cosa. Ní dhéanfadh sé cúis iad a bhaint laistigh.

Gabhann an-chuid rothaithe tharam i rith na maidine. Nílim rófhada ar an mbóthar arís go gcastar teaghlach Meiriceánach orm – athair, máthair agus iníon nach bhfuil os cionn deich mbliana. Rothar beirte atá ag an athair agus an cailín beag laistiar. Gan a leithéid feicthe agam riamh cheana. An roth cúil i bhfad níos lú ná an ceann tosaigh agus an diallait agus na cluasa cúil curtha in oiriúint do pháiste. Níl cuma róchompordach ar an ngirseach agus déarfainn féin nach róchiallmhar an gléas taistil atá acu. Ní fheiceann na tuismitheoirí greann ar bith ann nuair a thosaím ag cur comhairle ar an bpáiste ligean don seanleaid obair na dtroitheán a dhéanamh.

Siúlaim thar **Santa María de las Tiendas** go gairid tar éis a haon déag. Ar thaobh na láimhe clé tá seanfhoirgneamh atá ag titim as a chéile agus cros mhór déanta as bairillí tarra. A leithéid de shaothar ealaíne! Mainistir áit éigin sa cheantar ón 12ú céad de réir an leabhar eolais. An lá thar cionn. Siúlóirí amach romham agus i mo dhiaidh. Trasnaím abhainn – an **Cueza** a thugann a hainm do Calzadilla de la Cueza - agus ar feadh scaithimh fhada táim ag tiaráil liom in aghaidh an aird. Ceantar cnocach, crannach thart orm. Bainim an mullach amach faoi dheireadh agus fágaim abhantrach an Cueza taobh thiar díom. Amach romham tá limistéar fairsing de thalamh cothrom, treafa. Réimsí móra gan teorainn ach amháin corrchlais nó canáil uisce. Feicim baile i bhfad uaim. Mé díreach ag rá liom féin go dtógfadh sé os cionn uair an chloig orm an t-aistear go dtí é a shiúl nuair a fheicim sráidbhaile i bhfad níos cóngaraí tar éis dom tulach eile a chur díom.

Lédigos atá ann. Mé ann roimh mheán lae. Foirgneamh dóibh measctha le tuí atá san *albergue*. An t-ábhar tógála céanna i dtithe eile an tsráidbhaile. Ní thaitníonn an t-*albergue* dóibh garbhdhéanta rómhór liom ar dtús. Clós nó *patio* i lár baill agus na seomraí thart air. Amuigh ar chúl tá páirc bheag ghlas agus sreang tuartha ina lár. Cith breá te agam. Na suanliosanna níos compordaí ná mar atá sna brúnna eile. Mígréin nó freanga cinn orm tar éis an *siesta*. Mar gheall air sin caithim an tráthnóna ag breathnú ar irisí sa seomra suite.

Comhrá fada agam le lánúin Shualannach. Seo an dara huair dóibh an *Camino* a shiúl. Deir siad liom go bhfuil an-díomá orthu mar gheall ar na hathruithe atá feicthe acu ó bhí siad anseo cheana. Dar leo go bhfuil rialtais na bPobal Neamhspleách ag iarraidh turasóirí agus siúlóirí a mhealladh ar an g*Camino* agus dá dheasca sin go bhfuil spriorad na hoilithreachta á chailliúint. Gan aon amhras, tá méadú suntasach tagtha ar líon na siúlóirí idir an dá linn. An ceart acu go pointe áirithe. Ach ní ceart a dhearmad go raibh bailte an *Camino* sna meánaoiseanna i bhfad níos mó agus níos saibhre nuair a bhí an oilithreacht faoi lánseol. Beatha á saothrú ag cuid mhór daoine as cúram na n-oilithreach. An tsaint ann i gcónaí. Seachas na Sualannaigh, Gearmánaigh ar fad atá mar chomhaíonna agam san *albergue*.

Béile na hoíche agam le fear lách, cineálta ó Barcelona. Juan an t-ainm atá air. Gnó tirimghlantóra aige i gceann de bhruachbhailte na cathrach sin. Níl ach saoire seachtaine aige agus déanann sé stráice den *Camino* gach aon bhliain. An-áthas air comhluadar a bheith aige. Tá na Spáinnigh tréadúil. Ní maith leo bheith gan chuideachta. Nuair a bhíonn an béile thart tugann sé cuireadh dom caifé a ól leis. Ní ceart caifé a ól, a deir sé, gan *un chupito de orujo* a chaitheamh siar in éineacht leis. Tomhaisín (*un chupito*) de phoitín (*orujo*) na Spáinne atá i gceist aige. Cé go bhfuil a fhios agam a leithéid a bheith ann, níor bhlais mé riamh é. Iarrann sé tomhaisín an duine dúinn. Déantar go dleathach agus go mídhleathach é, a deir sé, agus is annamh nach mbíonn buidéal den stuif ceart faoin gcuntar. Míníonn sé dom go bhfuil cineálacha éagsúla le fáil – *orujo blanco* atá geal ar nós an phoitín, *orujo con hierbas* a bhfuil meascán de luibheanna ann agus *orujo casero* a dhéantar *en casa* (sa bhaile). As craicne na gcaor fíniúna a dhéantar é tar éis iad a fháisceadh sa chantaoir fíona. Deoch den scoth atá ann. Tús curtha agam le ré nua i mo shaol. Bhí na 'Cappuccino years' ag Adrian Mole. Tá 'blianta an *orujo*' romham amach. Níl Juan ag fanacht san *albergue* ach i dteach lóistín mar go gcuireann an tsrannfartach as go mór dó. Deir sé liom go ndúirt bean an tí leis nach bhfuil ach lánúin óg amháin agus beirt pháiste fágtha sa sráidbhaile as daonra de bheirt is fiche.

19 Meán Fómhair

Lédigos –

Burgo Ranero

Cathair / Baile / Sráidbhaile	Fad (Ciliméadar)	Airde (Méadar)
Terradillos de los Templarios	3	882
Moratinos	6	855
San Nicolás del Real Camino	8.5	840
Sahagún	16	829
Calzada del Coto	20.5	820
Berciano del Real Camino	26	855
El Burgo Ranero	34	833

Maidin Domhnaigh. Deich chun a hocht. Mé beagáinín déanach ag bualadh bóthair. Leoithe fhuar ghaoithe ag séideadh anoir thar an *meseta*. Scamaill doininne ag bailiú. Gan fuaim le cloisteáil ach glaoch na gcoileach agus ceol na mionéan. Gabhaim trí **Terradillos de Templarios**, gráig a raibh baint ag na Teamplóirí léi sna meánaoiseanna. Feirmeoirí agus oibrithe talmhaíochta is mó atá ina gcónaí anseo mar is léir ó na sciobóil agus ón innealra. Feicim ba bainne i scioból amháin agus tá cairn aoiligh taobh amuigh de roinnt eile. Ganntanas cloch sa cheantar. Tithe dóibe le tuí measctha tríthi mar ábhar snaidhmthe is mó atá le feiceáil. Brící rua atá san eaglais nua-aimseartha, áfach. Deirtear gurb é Terradillos an pointe lárnach idir Saint-Jean-Pied-de-Port agus Santiago de Compostela. Leath den *Camino* déanta agam. Leanaim orm. I m'aonar arís cé go bhfuil radharc agam ar shiúlóir nó beirt i bhfad amach romham. Corrchnoc agus garrán anseo is ansiúd ag briseadh ionannas an tírdhreacha. Ag deich chun a naoi, trasnaím sruthán. Leac ar thaobh an bhóthair ar a bhfuil 'Antiguo Poblado Medieval de Villaoreja' snoite uirthi.

Mé ag éisteacht le clár raidió faoi dhéagóirí na Spáinne a bheith ag éirí róbheathaithe. Fadhb choitianta sa domhan forbartha sa lá atá inniu ann. An rud a chuireann iontas orm, áfach, ná go bhfuil déagóirí na Spáinne beagnach ag bun an liosta de thíortha na hEorpa maidir le torthaí a ithe. Nach mór an náire é sin i dtír a tháirgeann réimse leathan torthaí. Is furasta é a thuiscint, áfach, nuair a chuirtear san áireamh a dheacra agus atá sé torthaí den scoth a fháil faoin tuath sa Spáinn.

'Teach Frodo', Moratinos

Mé in **Moratinos** ag deich tar éis a naoi. Deirtear gur bhaile *Mudéjar* (baile Múrach i ríocht Chríostaí) a bhí ann fadó. Tógaim grianghraif de na siléir neamhghnácha atá tógtha ag muintir na háite gar don bhaile. Is cosúil iad le tithe cónaithe na *Hobbits* sa scannán *Lord of the Rings*. Tulacha cré atá iontu ina bhfuil uaimheanna le doirse, simléir agus uaireanta fuinneoga. Is dócha go gcoinnítí earraí meatacha iontu roimh ré an leictreachais. Eaglais de bhrící rua atá sa sráidbhaile seo freisin. Siúl maith fúm anois. Bainim **San Nioclás del Real Camino** amach, sráidbhaile eile a raibh baint ag Ridirí an Teampaill leis. Spéir smúitiúil os mo chionn agus gaoth fhionnuar ag séideadh. Cuma na fearthainne air. Cé gurb é an Domhnach atá ann, feicim fear amuigh ar tharracóir agus é ag déanamh sraitheanna de bharr glas éigin nach bhfuilim ábalta a aithint. Alfalfa, b'fhéidir? Ach ní dóigh liom é. Beathaítear na ba bainne taobh istigh sa chuid seo den Spáinn ar shadhlas arbhair indiaigh agus ar bharraí ar nós alfalfa.

Mé ag barr aird ar an mbóthar ag ceathrú tar éis a deich. Sahagún le feiceáil cúig nó sé chiliméadar romham amach. An *meseta* ag síneadh amach i ngach treo. Shílfeá nach raibh críoch ar bith leis. Talamh treafa is mó atá ann. Is mór an faoiseamh ón gcoinleach é. Tamall sula mbainim an baile amach feicim aoire agus tréad mór caorach aige. Shílfeá go bhfuil na caoirigh oilte aige mar ní imíonn siad rófhada uaidh ach iad á leanúint ó áit go háit. Go gairid tar éis a haon déag, gabhaim thar staid na dtarbhchomhrac (plaza de toros) Sahagún. Trasnaím droichead os cionn an bhóthar iarainn. Táim anois i bproibhinse nua, la provincia de León. Tá clú agus cáil ar León mar gheall ar a chuid táirgí muiceola – liamhás leasaithe, *chorizos* (ispín téagartha spíosraithe deataithe) agus putóg dhubh. Is fearr iad a thriail, deirtear, le cáis agus *membrillo* (cainche).

Baile beag gnóthach is ea **Sahagún** a bhfuil daonra 3,000 ann. Sna meánaoiseanna bhí sé ceithre huaire níos mó ná mar atá sé faoi láthair. Téann stair an bhaile siar go haimsir na Rómhánach. Bhí baisleach Chríostaí ann a bhí tiomnaithe do naomh áitiúil, San Facundo (Sanctus Facundus, sa Laidin) nuair a bhí an Laidin fós á labhairt. Deirtear gur foirm thruaillithe den ainm atá san ainmfhocal Sahagún. Tá tréithe de stíl ailtireachta na *Mudéjar* le sonrú in Eaglais San Lorenzo (13ú céad) agus in Eaglais San Tirso (12ú céad). Thug Alfonso VI (Alfonso el Bravo), Rí León (1065-70) agus Castilla y León (1072-1109) comhthionól manach ó Chluny na Fraince chun mainistir a bhunú anseo. Ar feadh na gcéadta bliain bhí sí ar an mainistir ba chumhachtaí ar an g*Camino*. Bhí nócha mainistir eile ar fud na Spáinne faoina hurlámhas agus bhronn an Pápa na pribhléidí uile a bhí ag Cluny uirthi. Sa bhliain 1255 bhí naoi n-eaglais in Sahagún. Ceantar Francach agus ceantar Giúdach ann freisin. Bhí pobal beag Múrach - ceardaithe oilte ab ea an chuid ba mhó acu - ina

gcónaí i measc na gCríostaithe. Baile é a bhí i bhfad níos suimiúla sna meánaoiseanna ná mar atá anois.

Agus mé ag gabháil tríd an mbaile baintear stad asam. Teach tábhairne 'Éireannach' ar thaobh na sráide. Fíorchosúlacht idir é agus teach tábhairne nua-aimseartha sa bhaile. Fógraí i nGaeilge do leann dubh Guinness taobh amuigh. Cuireann sé iontas an domhain orm a leithéid a fheiceáil i mbaile beag iargúlta i lár an *meseta*. Faigheann an fhiosracht an lámh in uachtar orm agus buailim isteach. Iarraim *café con leche* agus *un chupito de orujo*. Is mé an t-aon chustaiméir amháin atá istigh.

Teach tábhairne Gaelach, Sahagún

Bainim comhrá as an mbean óg atá taobh thiar den chuntar. Deir sí liom nach bhfuil baint dá laghad ag úinéirí an ghnó le hÉirinn ach go bhfuil sraith de thithe tábhairne 'Gaelacha' acu

El Arco de San Benito, Sahagún

ar fud na tíre. Is féidir an t-ábhar tógála, an trealamh agus na fógraí a cheannach in aon ionad amháin. Fágaim slán aici agus tugaim cuairt ar an oifig thurasóireachta, áit a mbuailim le Juan ó Barcelona.

Sa plaza mayor tá busta de Fray Bernardino (1499-1590), bráthair Proinsiasach de bhunadh an bhaile a chuaigh ar misean go dtí an Domhan Úr sa 16ú haois. De réir mar a d'imigh na blianta thart, mhéadaigh a mheas ar chultúr na nAisticeach. D'fhoghlaim sé an teanga agus scríobh sé téacsanna inti. Thar aon ní eile, labhair sé amach go neamhbhalbh ar son cearta daonna na ndúchasach. Ní róshásta a bhí lucht rialtais agus na *conquistadores* i gcoitinne leis sin. Bhí siad tar éis talamh agus saibhreas na nAisticeach a bhaint uathu agus an cine ar fad i mbraighdeanas. Ní fhéadfaí na gníomhartha sin a chosaint ó thaobh na moráltachta de mura bhféadfaí a thaispeáint gur dhaoine barbartha iad nó go mb'fhéidir nach raibh anamacha acu. Chaith siad le Fray Bernardino mar fhear aighnis, mar fhear trioblóideach. Ba dhuine conspóideach é lena linn féin.

Ní hé an teach tábhairne bréige an t-aon cheangal idir Sahagún agus Éire. In Sahagún a thosaigh cúlú Sir John Moore agus fórsaí na Breataine i rith Nollaig na bliana 1808. Fuair Napléon an lámh in uachtar ar Fernando VII, Rí na Spáinne, i mí na Bealtaine 1808 agus chuir sé a dheartháir féin, Seosamh Bonaparte, faoi choróin ina áit. Tháinig rialtas na Breataine i gcabhair ar mhuintir na Spáinne agus cuireadh tús le Cogadh na Leithinse. Seoladh reisimint den arm a bhí lonnaithe i gCorcaigh go Liospóin na Portaingéile. Tar éis an chathair a ghabháil, thiomáin siad na Francaigh ar ais go dtí an Spáinn. I Mí Mheán Fómhair, cuireadh Sir John Moore i gceannas ar 22,000 fear sa Phortaingéil. Bhí 18,000 tar éis teacht i dtír in La

Coruña sa chúinne thiar thuaidh den Spáinn faoi cheannas Sir David Baird. Ba é an plean a bhí acu go dtiocfadh an dá arm le chéile in Valladolid. I Mí na Samhna, áfach, ní raibh Baird ach in Astorga ar an g*Camino Francés*. Bhí Moore sáinnithe in Salamanca. Bhí an aimsir go dona, ceann de na geimhrí ba mheasa i gcuimhne na ndaoine. Bhí ag éirí go maith le Napoléon ar pháirc an chatha. Tar éis coicíse in Salamanca bheartaigh Moore cúlú agus d'ordaigh sé do Baird an rud céanna a dhéanamh.

Ar 11 Nollaig, chuala Moore go raibh 20,000 saighdiúir Francach gar do Carrión de los Condes i ngiorracht 160 ciliméadar dó faoi cheannas an Mharascal Soult. Ghlac sé cinneadh láithreach iad a ionsaí. Chuir sé teachtaireacht phráinneach chuig Baird bualadh leis in Mayorga cóngarach do chathair León. Idir an dá linn, chuala Napoléon a bhí in Madrid faoin bplean. Rinne sé caol díreach ar Carrión de los Condes le 50,000 fear. Chomh luath agus a thuig Moore nach bhféadfadh sé buachan ar fhórsa chomh mór sin agus go raibh a bhealach éalaithe ó dheas dúnta air, chinn sé teitheadh siar go La Coruña, áit a raibh an cabhlach ar ancaire. Anseo in Sahagún a thosaigh an mhaidhm teite. Sular fhág siad an baile ghoid siad a raibh ag na hoifigigh Spáinneacha, mhaslaigh siad iad agus d'ól siad a raibh de bhairillí rum ar an mbaile. Cuid mhaith Éireannach ina measc a raibh tart mór orthu.

Máirseáil 400 ciliméadar roimh Sir John Moore agus a chuid fear ansin. Lean siad an *Camino Francés* an chuid is mó den bhealach. Aimsir millteanach fuar a bhí ann. Sneachta go dtí na glúine orthu. Bhí siad ag súil le soláthairtí bia agus éadaí mar aon le háiseanna iompair in Astorga. Nuair a bhain siad an baile amach bhí na damhchairteacha imithe agus na soláthairtí imithe leo. Stráice fada eile bóthair rompu ansin go Villafranca del Bierzo sula mbeadh faoiseamh le fáil. Bhain siad an baile sin amach ar Lá Caille 1809. Bhí na fir ar chiondálacha laghdaithe agus diansmacht i bhfeidhm. Ghearrtaí pionós 500 lasc as mí-iompar den chineál ba lú. Chreach na saighdiúirí Villafranca. Nuair a tháinig na Francaigh, rinne siad an rud ceannann céanna. Deirtear gur chaith saighdiúirí na Breataine cófraí óir le haill áit éigin sa cheantar sin. Fuair suas le 1,000 fear bás idir Villafranca agus Lugo. Bhí La Coruña bainte amach ag Moore nuair a tháinig na Francaigh suas leis. Maraíodh é fad a bhí a chuid fear á gcur ar bord loinge aige. Scríobh an tÉireannach, an tOirmhinneach Charles Tone, fear gaoil Theobald Wolfe Tone, 'The Burial of Sir John Moore', dán fada a dhéanann comóradh ar bhás agus ar adhlacadh Moore.

Ag druidim le meán lae trasnaím an Cea ar dhroichead ar a dtugtar **el Puente de Canto**. Fágaim an baile taobh thiar díom. Ar dhá thaobh an bhóthair tá garráin de phoibleoga arda. Binsí páirce le hais an chosáin. Ionaid champála ar dheis agus ar chlé. De réir an tseanchais, tugtar **los Campos de Carlomagno** (Páirceanna Shéarluis Mhóir) ar an áit seo ar fad. Bhí saighdiúirí Shéarluis Mhóir á n-ullmhú féin anseo chun cogadh a chur ar na Múraigh. Roimh dhul a chodladh dóibh an oíche roimh an gcath, sháigh siad sáfacha a gcuid sleánna sa talamh. Nuair a dhúisigh na saighdiúirí an mhaidin dar gcionn bhí coirt agus duilleoga ag fás ar chuid de na sáfacha. Ba chomhartha é sin go marófaí na saighdiúirí úd sa chath a bhí rompu. Ar an ábhar sin, d'fhág Séarlus Mór sa champa iad d'fhonn iad a choinneáil slán. Nuair a tháinig sé ar ais ó pháirc an áir, áfach, bhí sléacht déanta orthu ar fad.

Comhartha tamall ón mbaile a deir 'Santiago 315 km – Ultreia'. An *Camino* ag ardú an t-am ar fad. Tréad eile caorach agus an tréadaí á leanúint acu. Gabhaim trí áit ghlas mhéith a bhfuil loch ina lár. Ealta mhór lasracha coille ag ithe síolta na bhfeochadán feoite, radharc a thugann ardú meanman dom. Nach álainn ar fad na héiní iad, iad dubh, dearg, órga agus bán. Ceoltóirí iontacha iad freisin. Nuair a bhí mé i mo leaid óg b'annamh nach mbíodh ceann nó dhó i gcás nó i gcliabhán againn. Nárbh uafásach an saol é d'éan chomh hálainn. Cuirim luach i bhfad níos mó ar an saoirse anois. Cuireann saoirse an *Camino* lúcháir orm féin lá i ndiaidh lae. Sílim nach raibh tréimhse lúcháire chomh leanúnach agam riamh roimhe seo i mo shaol.

Lá meirbh agus leanaim ag baint súimíní as an mbuidéal uisce. Tagaim go gabhal sa chosán gar do **Calzada del Coto**. Leacht ag fógairt go bhfuil orm rogha a dhéanamh idir an dá bhealach. Tógaim sos deich noiméad agus bainim na buataisí díom. Gabhann Astrálach óg fionn, féasógach an bealach agus cailín in éineacht leis. Dreas comhrá agam leo. Ag obair i Londain atá siad agus saoire ghearr acu. Fanaim go mbíonn siad imithe píosa maith mar gurb é an tost luach saothair na haonaránachta. Beartaím ansin an bealach go Burgo Ranero a thógáil. Níl an t-ionannas céanna sa taobh tíre anois ach é breactha le garráin agus coillte. Feicim an rosc catha 'León sin Castilla' (León gan Castilla), *graffito* atá coitianta go maith sa taobh seo tíre, ar thaobh an chosáin. Aontaíodh an dá sheanríocht seo, agus scaradh óna chéile arís iad go minic i rith na meánaoiseanna. Pósadh in aghaidh toil mhuintir León a bhíodh ann i gcónaí. Nuair a cuireadh le chéile iad san aon *Comunidad Autonóma* amháin i 1983, ní mó ná sásta a bhí dreamanna áirithe in León, rud atá intuigthe. Dá nglacfadh rialtas na hÉireann cinneadh Corcaigh agus Ciarraí a chur le chéile in aonad riaracháin amháin, bheadh sé ina chogadh dearg láithreach.

Go gairid tar éis a dó a chlog, táim ag siúl isteach i m**Berciano del Real Camino**, sráidbhaile feirmeoireachta agus talmhaíochta lena chuid scioból agus innealra feirme. Tamall tar éis an sráidbhaile a fhágáil, tagaim go leacht cuimhneacháin don Ollamh Millan Bravo Lozano 'a thug grá do na ceantair seo agus don *Camino*'. Fuair sé bás in Valladolid sa bhliain 1997. Ba é a scríobh ceann de na leabhair eolais is fearr ar an gCamino - *A Practical Guide for Pilgrims: The Road to Santiago* (Everest) – leabhar atá léite agus seanléite agam. Ar an taobh eile den bhóthar tá lochán mór a bhfuil éagsúlacht éanlaith uisce ann.

Albergue Domenico Laffi, Burgo Ranero

Beagnach a ceathair a chlog sula mbainim **El Burgo Ranero** amach. Breis agus sé chiliméadar is tríocha curtha díom agam inniu. Faighim leaba in Albergue Peregrino Domenico Laffi, brú nár úsáideadh mar ábhar tógála sna ballaí ach dóib agus tuí. An díon déanta de bhíomaí seanda garbhshnoite. Ní bhraithim go bhfuil mo bheatha i mbaol am ar bith ar an g*Camino*. Níorbh amhlaidh a bhí an scéal ag oilithrigh na céadta bliain ó shin. Gar don bhaile seo tháinig Domenico Laffi ar chorp oilithrigh á alpadh ag mic tíre. Ní bhíodh an tsláinte chomh maith ag na hoilithrigh anallód is atá ag siúlóirí an lae inniu. Cuid acu lagaithe go mór ag an turas fada de shiúl na gcos óna dtíortha dúchais. Ba mhinic dóibh titim le taobh an bhealaigh.

D'eascair fadhbanna óna mbás gan choinne agus bhí ar na húdaráis dlíthe a reachtáil le réiteach a fháil orthu. Cé a bheadh freagrach as a n-adhlacadh? Céard a dhéanfaí lena gcuid balcaisí, giuirléidí agus airgid? Sa bhliain 1228, moladh d'oilithrigh uacht a dhéanamh sula dtosóidís amach ar an aistear. De réir na reachtanna nua, dá bhfaigheadh oilithreach bás gan tiomna a dhéanamh, d'fhéadfadh an t-óstóir a phríomhbhall éadaigh a choinneáil mar chúiteamh ach b'in an méid. Thit freagracht an adhlactha agus na ndeasghnáth a ghabh leis ar chompánaigh an oilithrigh, má bhí a leithéid aige. Bhíodh orthusan móid a ghlacadh os comhair an tsagairt, cibé bagáiste agus airgead a bheadh fágtha i ndiaidh na costais a íoc a thabhairt abhaile go dtí gaolta an fhir mhairbh. Mura raibh compánaigh ag an oilithreach, thit na dualgais ar an sagart agus ar an óstóir. Glanadh na costais as cibé rud a bhí i seilbh an oilithrigh. Dá mbeadh farasbarr ann, roinntí go cothrom é idir an Rí, an t-óstóir agus an eaglais inar cuireadh é. Is léir go raibh óstóirí mí-ionraice coitianta go leor ag an am mar rinneadh dlíthe chun an t-oilithreach a chosaint orthu. Mar shampla, cuireadh iachall ar an óstóir a chinntiú go raibh a chuid giuirléidí ar fad bailithe ag an oilithreach sula bhfágfadh sé an teach ósta.

Fear deas fáilteach é an *hospitalero*. Tugann sé deis do na hoilithrigh na sluaite ag feitheamh i scuainí fada taobh amuigh den ardeaglais in Santiago de Compostela a fheiceáil beo beathach ar an idirlíon. I bpáirc in aice leis an *albergue* tá dealbh de Fray Pedro del Burgo (1467). Rugadh sa bhaile seo é. Ab, dealbhóir agus ailtire ab ea é. Baint aige le ceann de na mainistreacha in Sahagún. Go luath san oíche buailim isteach i mbialann an bhaile. Tá Jean Paul, Francach ó Montpellier, ina shuí ag bord leis féin. Glaonn sé orm agus tugann sé cuireadh dom suí ina theannta. Tá a fhios agam go bhfuil a bhean chéile ag siúl leis ach, ar chúis éigin, níl sí i láthair ag an mbéile sa bhialann. An-taitneamh á bhaint agam as a chomhluadar. An Béarla maith go leor aige. Deir sé liom go bhfuil cosúlachtaí idir an chuid den Spáinn ina bhfuilimid agus an ceantar thart ar Montpellier. Tá siad ag baint trialach arís as dóib mar ábhar tógála sna tithe ina cheantar féin. Iad níos feiliúnaí ó thaobh na héiceolaíochta de. Ar mo nós féin tá sé tagtha amach ar pinsean agus obair dheonach ar siúl aige ag cabhrú le hinimircigh ó thíortha Ioslamacha cultúr na Fraince a thuiscint agus socrú síos i sochaí Eorpach atá an-éagsúil leis an gceann atá fágtha ina ndiaidh acu. Obair iontach tábhachtach í, sílim. Thug Jean Paul cuairt ar Éirinn sna 1970idí nuair a bhí ceol traidisiúnta agus seisiúin na mbailéad i mbarr a réime. Na tithe tábhairne lán go doras. Piontaí á gcaitheamh siar sa tslí go gceapfadh eachtrannach go raibh bairille in áit boilg ag gach fear. Sin an íomhá d'Éirinn a rug Jean Paul leis abhaile go dtí an Fhrainc ar chaoi ar bith. Casann sé stéibh nó dhó de *Whiskey in the Jar* dom. Ní féidir leis creidiúint nach bhfuil na véarsaí ar fad ar eolas agam. Síleann sé gur Éireannach easnamhach, easpach mé.

Lá 19

20 Meán Fómhair

El Burgo Ranero –

Mansilla de las Mulas

Cathair / Baile / Sráidbhaile	Fad (Ciliméadar)	Airde (Méadar)
Reliegos	13	878
Mansilla de la Mulas	19	779

Glaoch na gcoileach agus vácarnach na lachan ag fágáil slán agam agus mé ag cur chun bóthair ag a seacht a chlog ar maidin. Leoithne fhuar ghaoithe ag séideadh. É deacair go leor na saigheada buí a fheiceáil. 'Astorga 100 km' scríofa le péint ar dhromchla an bhóthair. Machaire mór thart orm. Cuid de treafa, cuid eile faoi choinleach.

Crucero, oilithrigh ag ligean scíthe

Go gairid tar éis a hocht, éiríonn an ghrian os cionn íor na spéire. Lá álainn spéirghlan. Na sléibhte ó thuaidh agus chun tosaigh níos airde agus níos cóngaraí ná riamh roimhe seo. Gabhaim thar thréadaí, a mhadra agus a thréad caorach. Nach luath atá sé ar a chois? Siúlaim thar ionad traenála do phíolótaí agus níos faide ar aghaidh tá oibreacha ollmhóra. Táthar ag leagan píopaí atá chomh mór sin go bhféadfainn siúl tríothu. Ag ceathrú chun a naoi táim ag máirseáil liom thar ghort mór arbhair indiaigh ar dheis. Tá **Villamarco** timpeall ciliméadar uaim ar chlé. Leathuair eile ar an mbóthar agus trasnaím bóthar iarainn. I ngeall ar na hoibreacha cuirtear timpeall orm. Níl a fhios agam an bhfuilim ar an mbóthar ceart nó nach bhfuil. Ní fada, áfach, go bhfeicim **Mansilla de las Mulas** i ngleann atá thart ar sé chiliméadar uaim. Leanaim ar aghaidh céad méadar eile agus nochtann baile beag chugam achar gearr uaim ag bun an aird a bhfuilim i mo sheasamh air. Cuireann sin ionadh orm mar ní raibh mé ag súil leis. **Reliegos** an t-ainm atá air. Tá beocht éigin le sonrú sa bhaile seo. Tithe dóibe, cuid eile déanta de bhrící rua mar aon le tithe breátha nua-aimseartha atá ann. É cóngarach go leor do chathair León le go mbeadh oibrithe ag taisteal idir an dá áit. Táimid ar ais i saol *Lord of the Rings*. Ní chuirfeadh sé ionadh ar dhuine Frodo nó Bilbo Baggins a fheiceáil ag teacht as ceann de na siléir neamhghnácha. Ar ndóigh, rinne Frodo cineál oilithreachta freisin. Aistear fada lán de chontúirtí, é i nguais bháis go minic.

Café con leche agus trí bhorróg agam le Juan ó Barcelona agus cúpla oilithreach eile. Mé ag bualadh bóthair arís ag ceathrú chun a deich. Tugaim faoi deara go bhfuil córas uiscithe ar thaobh an chosáin le fréamhacha na gcrann atá ag fás lena ais a uisciú. Crainn iad seo a cuireadh le scáth a thabhairt do shiúlóirí ó ghrian loiscneach na Spáinne go háirithe i rith míonna an tsamhraidh.

Sula mbainim **Mansilla de las Mulas** amach, tagaim go dtí plásóg ghlas, mhéith a bhfuil boird picnice agus clár eolais inti. Gabhaim thar

dhroichead os cionn an bhóthair
mhóir agus táim i lár an bhaile
roimh leath i ndiaidh a haon
déag. Bhí baile daingnithe ag na
Rómhánaigh anseo a raibh
'Mansiella' mar ainm air. Deir
roinnt de na saineolaithe staire
gurb ón ainm sin a thagann

Mansilla de las Mulas

Mansilla ach táthar ann freisin a deir gur 'Mano-en-silla' (Lámh-ar-dhiallait) an bunús atá leis. Tá léiriú ar an míniú deireanach seo ar armas an bhaile atá le feiceáil ar Halla an Bhaile. Leagadh agus atógadh na múrtha cosanta sna meánaoiseanna. Deirtear gurbh é Fernando II a thóg an múr, a bhfuil cuid mhaith de ina sheasamh go fóill, sa bhliain 1181. Bolláin agus dóib na hábhair tógála a úsáideadh. Tá na cíora lámhaigh le feiceáil ar bharr an mhúir go fóill.

Tugaim suntas do neadacha na gcorr bán ar chlogás na heaglaise, rud nach bhfeicfeá riamh in Éirinn. Iad folamh ag an tráth seo den bhliain agus na gearrcaigh tógtha. Nuair a bhainim an *albergue* amach tá capall oilithrigh ceangailte lasmuigh den doras. Comhrá fada le bean Phléimeannach agus le deartháir a céile atá sa suanlios céanna liom. Iar-phríomhoide bunscoile is ea í. Níl Béarla aici, ach tá Spáinnis ar a toil aici toisc go bhfuil a hiníon pósta le fear ó Costa Rica agus tréimhsí caite aici sa tír álainn sin. Ní mó ná sásta atá siad beirt go gcuirtear iachall ar pháistí scoile Pléimeannacha, Fraincis a fhoghlaim mar dhara teanga cé nach mbíonn ar lucht labhartha na Fraincise sa Bheilg,

Pléimeannais a fhoghlaim. Bíonn sé de chead acusan Béarla a fhoghlaim más mian leo é.

Tréimhsí caite ag Laura, an *hospitalera*, i gCorcaigh agus i Luimneach. An-mheas aici ar mhuintir na hÉireann. Iarrann sí orm rialacha an *albergue* a aistriú go Gaeilge. Tá siad scríofa cheana féin i roinnt mhaith teangacha eile ar chairteacha ar na ballaí. Faraor, níl am agam an t-aistriúchán a dhéanamh di inniu.

Lá 20

21 Meán Fómhair
Mansilla de las Mulas
– León

Cathair / Baile / Sráidbhaile	Fad (Ciliméadar)	Airde (Méadar)
Villamoros de Mancilla	4	800
Puente de Villarente	6	800
Arcahueja	10.5	850
Valdelafuente	12	860
León	18.5	822

Mé ag trasnú an Elsa amach as Mansilla ag leath i ndiaidh a seacht. Cuma i bhfad níos mórthaibhsí ar an múr cosanta ag an am seo den mhaidin, é lasta suas ag soilse cumhachtacha ar an talamh faoi. Agus mé ag breathnú in airde air, samhlaím scata oilithreach meánaoiseach ag teacht trí gheata sa mhúr i ndorchadas na maidine, sábháilteacht an bhaile mhóir á fágáil ina ndiaidh acu. Amuigh ansin sa tír oscailte ní fios céard atá ag fanacht leo – bithiúnaigh i bhfolach sna coillte, ainmhithe allta, coirpigh ag taisteal ina measc i mbréagriocht an oilithrigh. Ocras. Tart. Aicídí tógálacha. Bás i bhfad ó bhaile. Tinte ifrinn mura mbíonn an t-anam glan ón bpeaca marfach. Ualach marfach an pheaca á iompar i gcónaí. Glanfar na hanamacha ar fad in Santiago. Is cosúla go mór a n-aistear le haistear Frodo ná le mo thuras féin. Rud marfach á iompar aige sin freisin, é de gheasa air a dhomhan a shaoradh ón olc. An choimhlint idir an mhaith agus an t-olc níos inbhraite, níos soiléire, níos feiceálaí sna meánaoiseanna. Níl contúirt ar bith romham ar an mbóthar. Ní baol dom an t-ocras, ná an tart ná na galair thógálacha. Is léir go bhfuil an t-olc ann, é ag brúchtaíl istigh ionam féin ó am go ham. Cogaí, coiriúlacht, gorta agus éagóir sa domhan ach iad i bhfad uaim. Is beag teagmháil a dhéanann siad liom i mo shaol laethúil.

Mé ag siúl anois trí réimse mór d'arbhar indiach in aer glasfhuar na maidine. An drúcht go trom. Níl ag cur as dom ach go bhfuil buaicthrácht na maidine go León ag milleadh an tsuaimhnis orm. Buíochas le Dia, táim i mbarr na sláinte, mé ag imeacht de thruslóga fada fuinniúla i dtreo ceann scríbe. Dúshláin inmheánacha amháin atá agam. Gan chontúirt fholaithe ar bith sa cheantar máguaird. Fuíoll amhrais istigh i mo chroí i gcónaí faoi chuid de na struchtúir agus faoi na cinnteachtaí ar ar bhunaigh mé mo shaol i gcaitheamh na mblianta.

Tá na sléibhte ó thuaidh agus chun tosaigh ag teacht níos cóngaraí agus ag dul i méid in aghaidh an lae anois. Gan ach trí chiliméadar siúlta agam nuair a fheicim tamall uaim ar dheis, taobh thiar de stáisiún peitril Agip, an cnoc ar ar troideadh Cath Lancia. Sheas Ceiltigh Asturias (*Astures Cismontanos*) an fód in aghaidh na Rómhánach sa dún a bhí acu ar an gcnoc úd go dtí 25RCh. Bhí orthu cúlú ansin. Bhí cathair Lancia san áit a bhfuil Villasabariego anois. Gabhaim trí **Villamoros de Mansilla**, sráidbhaile nach fiú trácht air, ag ceathrú tar éis a hocht. Siúlaim thar scioból mór a bhfuil tréad breá bó Freaslannach istigh ann. Tógaim sos ag caifé cois bóthair. Mé ag druidim le León anois. Méadú mór ar thithe agus ar fhoirgnimh den uile chineál. Trasnaím droichead fada thar an Porma, abhainn a bhfuil cáil uirthi toisc a fheabhas agus atá iascaireacht na mbreac inti. Feithiclí ag gabháil tharam anois faoi luas. Greim á choimeád agam ar mo hata chun nach scuabfadh an camfheothan atá á chruthú ag an trácht díom é. Tagaim go **Puente Villarente**, baile mór gnóthach. Is beag taitneamh atá le baint as bheith ag siúl trí bhailte dá leithéid.

Gabhaim thar fhógra ollmhór do **El Corte Inglés**, ceann d'ollmhargaí móra na Spáinne. Sin rud nach bhfeictear ach i bhfoisceacht na gcathracha móra. Os cionn dhá chiliméadar déag le dul fós agam go lár na cathrach, áfach. Tar éis Puente Villarente a fhágáil i mo dhiaidh, scarann an cosán ón mbóthar mór, rud a mhéadaíonn ar phléisiúr na siúlóide. Lá aoibhinn. Leoithne fhionnuar ghaoithe i m'aghaidh. Tá éagsúlacht sa tírdhreach – talamh chnocach, aimhréidh, chrannach ina bhfuil na tithe scoite amach óna chéile faoi mar a bhíonn in Éirinn. Scata géanna gar do theach amháin, rud a thug siar mé go laethanta m'óige nuair a bhíodh a leithéidí le feiceáil go coitianta thart ar gach teach feirme. Lá Domhanda Alzheimer atá ann inniu. An-chuid cainte faoi ar an raidió, rud a mheabhraíonn dom cé chomh hámharach is atá mo leithéidse a bhfuil sláinte choirp agus intinne againn go fóill. Nach minic clamhsánach muid faoi rudaí nach fiú tráithnín iad?

Fiche chun a deich. Mé ag siúl trí **Arcahueja**. Achar gearr ina dhiaidh sin gabhaim thar **Villafuente** ar thaobh na láimhe clé. Eastáit thionsclaíocha de gach sórt thart orm. Is gráin liom iad. Mothaím strus, brú agus teannas an tsaoil ag cúngú isteach orm. An chontrárthacht idir suaimhneas na tuaithe agus fuile faile agus broid oibre na cathrach rómhór agus róthobann. Mé ag siúl ar thaobh mótarbhealaigh ar feadh tamaill. Tagaim go barr cnoic agus ansin ag síneadh amach romham tá cathair León faoi bhrat tiubh truaillithe.

Trasnaím droichead gorm le haghaidh na gcoisithe os cionn an mhótarbhealaigh. Ag leath i ndiaidh a deich, gabhaim thar áras de chuid Caja de España (banc) a bhfuil faiche álainn bhearrtha os a chomhair agus scairdeáin uisce ag éirí aníos as na fuaráin ina lár. Is aoibhinn, suaimhneach an radharc é i ndiaidh seisce na talún i rith na maidine. Leanaim ar aghaidh trí **Puente Castro**, baile atá slogtha ag cathair León. *Barrio* Giúdach a bhí anseo sna meánaoiseanna. Éiríonn liom léarscáil den chathair a fháil ag oifig thurasóireachta sula dtrasnaím an Torío ag ceathrú chun a haon déag. Tógann sé cúig nóiméad déag orm siúl go dtí an ardeaglais i lár na cathrach. Seomra curtha in áirithe agam gan mhoill in Óstán París ar an Calle Ancha. Tar éis cith agus *siesta* a thógáil buailim amach arís chun an chathair a iniúchadh.

Deirtear go bhfuil **León** ar cheann de na cathracha is áille i dtuaisceart na Spáinne agus go bhfuil ailtireacht den scoth ann. Thosaigh an chathair amach mar dhúnfort Rómhánach sa bhliain 68 AD. Tógadh é mar bhunáit don Legio VII Gemima (an seachtú léigiún) san áit ina dtagann dhá abhainn – an Bernesga agus an Torío – le chéile. Is foirm thruaillithe den fhocal *legio* an t-ainm atá ar an gcathair anois. Glacadh leis an gCríostaíocht in León sa tríú haois agus tá sí ar cheann de na heaspagóideachtaí is sine in iarthar na hEorpa. Bhí sí faoi cheannas na nGotach sa séú agus sa seachtú céad go dtí gur ghabh na

Múraigh í. Cuireadh an ruaig orthusan sa bhliain 850 AD agus bhí cúirt Ríthe Asturias agus León lonnaithe ann ón 10ú céad. Ba mhinic na Múraigh ag déanamh ionsaithe uirthi gur tháinig Alfonso V, El Noble, (994-1028) i gcumhacht.

Tugaim cuairt ar an Ardeaglais, sárshaothar Gotach, atá i gcóngar an óstáin. Cuireadh tús le tógáil na hardeaglaise seo thart ar 1255 anuas ar fholcadáin theirmeacha Rómhánacha. Ní raibh mianach na cloiche a úsáideadh san ardeaglais sásúil. Chuir sé sin, mar aon leis an méid gloine atá inti, le neamhsheasmhacht struchtúr an fhoirgnimh. Thit cuid den díon sa bhliain 1631. Ó shin i leith go dtí an 19ú haois bhí ailtirí éagsúla de shíor ag déanamh leasuithe uirthi. Ní dócha gur gá don oilithreach a chlogad buí a chaitheamh taobh istigh níos mó. Líonann an rósfhuinneog mhór agus fairsingeacht na gloine daite an ardeaglais le solas agus le dathanna den uile chineál a athraíonn de réir mar a bhogann an ghrian trasna na spéire. Is fiú seasamh siar ón bhfoirgneamh féin chun breathnú ar aghaidh na hardeaglaise – an dá chlogás agus túr an chloig. Tá tuama an Rí Ordoño II, fear a raibh pálás aige ar shuíomh na hardeaglaise, taobh istigh agus scáthlán *plateresco* álainn ar an mballa taobh thiar de. Tá liosta fada ar bhalla na córlainne de na sagairt agus de na mic léinn sagartóireachta a dúnmharaíodh le linn an Chogaidh Chathartha. An oiread sin drochmheasa anois ar dheachtóireacht Franco go ndéantar dearmad uaireanta ar na huafáis a rinneadh in ainm na Poblachta.

Ardeaglais León

Amach liom faoin aer arís agus leanaim seanmhúr cosanta na cathrach timpeall go dtí Baisleach Rómhánúil **San Isidoro el Real** a théann siar go dtí an 11ú céad. Shílfeá gur tógadh í mar chuid den mhúr. Agus duine ag féachaint ar aghaidh an fhoirgnimh, feiceann sé dhá dhoras. Is ceann de dhoirse an mhaithiúnais (Puertas del Perdón) an ceann ar dheis. Oilithreach a bheadh róthinn leis an aistear go Compostela a chríochnú, d'fhéadfadh sé maithiúnas ar a chuid peacaí a fháil agus na loghanna ar fad a thuilleamh ach dul tríd an doras seo. Cheiliúrtaí deasghnátha an mhaithiúnais ansin. Tugtar Doras an Uain (Puerta del Cordero) ar an gceann ar chlé. Os a

San Isidoro el Real, León

chionn tá íomhá d'íobairt Abrahám. Is fiú cuairt a thabhairt ar an iarsmalann agus ar an Panteón Real ina raibh aon cheann déag de ríthe León agus a dteaghlaigh adhlactha gur chreach fórsaí Napoléon na tuamaí sa bhliain 1808.

Ar aghaidh liom ansin go dtí **el Convento de San Marcos**. Mainistir agus ospidéal do na hoilithrigh a bhí ann ar dtús. Tá an foirgneamh roinnte anois idir el Museo de León agus El Parador (óstán) costasach. Is fiú an tsiúlóid chun aghaidh na mainistreach a fheiceáil. Deirtear go bhfuil sí ar cheann de shárshaothair stíl *plateresco* na Spáinne. Fillim ansin ar **Casa Botines**, ceann de shaothair an ailtire Chatalónaigh Antonio Gaudí. Shílfeá ó na túir agus na túiríní cruinne atá air gur tógadh as leabhar síscéalta do pháistí é. Is le banc an foirgneamh anois agus cé go mbíonn taispeántais de chineálacha éagsúla thíos staighre ó am go ham ní bhacaim le dul isteach. Mé chomh spíonta agus chomh hocrach anois nach bhfuil ach rud amháin ar m'aigne – bialann dheas a aimsiú. Cuireann uair an chloig sa chathair níos mó tuirse orm ná cúig huaire ag siúl faoin tuath.

Suím tamall ag léamh giotaí as *Bealach na Bó Finne*. Tá scéal suimiúil ag Dóirín Mhic Mhurchú sa leabhar mar gheall ar eachtraí a tharla i gCandás, baile beag iascaigh ar an gcósta díreach ó thuaidh ó Léon. Sa bhliain 1530, bhí iascairí ón

Casa Botines, León

mbaile sin ag seilg míolta móra gar do chósta na hÉireann nuair a tháinig siad ar chros mhór adhmaid ar snámh san fharraige. Bhí na mainistreacha agus na heaglaisí á scrios ag an am. Thug siad ar bord í agus nuair a d'fhill siad abhaile chroch siad í ina n-eaglais áitiúil féin. Scaip ráflaí go raibh míorúiltí ag tarlú agus, mar is dual, níorbh fhada go raibh *romería* (oilithreacht) go dtí an eaglais ar siúl gach Meán Fómhair. I rith an Chogaidh Chathartha, srac saighdiúirí de chuid arm na Poblachta an chros anuas. Bhain siad an íomhá de agus d'imir siad peil leis an gceann ar an trá. Chaith siad an chros adhmaid féin isteach san fharraige. Scuab sruth na farraige í go Cudillo, sráidbhaile atá 50 ciliméadar níos sia siar. Nuair a bhí an cogadh thart, chuir muintir an bhaile íomhá nua de Chríost ar an gcros agus d'iompair na fir ar a nguaillí í an bealach ar fad go Candás, áit a bhfuil sí le feiceáil go fóill.

Bhíodh Ardeaglais San Salvador in Oviedo atá tamall ó thuaidh uainn anseo i gcomórtas le hArdeaglais Santiago fadó. Bheadh sé níos cruinne a rá go mbíodh muintir Oviedo ag iarraidh sochar a bhaint as na hoilithrigh a bhíodh ar a mbealach go Compostela. Bhíodh a gcuid gníomhairí in Léon agus an rann seo leanas á aithris acu:

> Quien va a Santiago
> Y no a Salvador
> Visita al Criado
> Y deja al Señor

(An té théann go Santiago / agus nach dtéann go Salvador (Ardeaglais an tSlánaitheora in Oviedo) / tugann sé cuairt ar an searbhónta / agus ní bhacann sé leis an Tiarna.) Dúmhál de chineál a bhí ann, ar ndóigh.

D'fhágadh cuid d'oilithrigh na meánaoise an *Camino Francés* anseo agus théidís ó thuaidh chun cuairt a thabhairt ar an Cámara Santa in Ardeaglais San Salvador. Thuillidís breis loghanna tríd an aistear breise a chur orthu féin. Leanaidís go Santiago ar bhealach eile. Thóg Jacob Sobieski, athair Eoin III, Rí na Polainne agus na Liotuáine, an bealach seo sa bhliain 1611. Lean sé ar aghaidh go Santiago ansin ar bhealach an chósta.

Lá 21

22 Meán Fómhair

León – San Martín
del Camino

Cathair / Baile / Sráidbhaile	Fad (Ciliméadar)	Airde (Méadar)
La Virgen del Camino	7.5	905
Valverde de la Virgen	10.5	881
San Miguel del Camino	11.5	905
Urbanización de Santiago	17	900
Villadangos del Páramo	18.5	890
San Martín del Camino	22.5	870

É fós dorcha ar maidin agus mé ag siúl síos Avenida Ordóno II go dtí an
Bernesga. Casaim ar dheis agus leanaim bruach na habhann go mbainim
Plaza San Marcos amach. Trasna an tseandroichid liom ansin. An chéad
saighead buí aimsithe agam agus táim ar mo bhealach. Na glantóirí sráide
gnóthach agus trácht na maidine ag méadú. Tamall ina dhiaidh sin, casaim
ar dheis suas Camino de la Crúz. Tuilleadh siléar as *Lord of the Rings*. Iontas
orm iad a fheiceáil chomh cóngarach do lár na cathrach. Uair an chloig ag
siúl agus táim fós sa chathair. Ag a hocht a chlog, tar éis gabháil trí cheantar
tionsclaíoch gránna den chathair, sroichim **La Virgen del Camino**, baile atá
slogtha ag León. Tugaim cuairt ar an eaglais nua-aimseartha (1961) ar
thaobh an bhealaigh. Ceann de na gnéithe is suntasaí den fhoirgneamh is ea
an trí dhealbh déag – den Mhaighdean Mhuire (La Virgen del Camino) agus
den dá aspal déag - ar aghaidh na heaglaise. Tá gach aon cheann acu thart ar
sé mhéadar ar airde.

Cúig nóiméad is fiche ina dhiaidh sin táim fós sna bruachbhailte agus gan oilithreach ná siúlóir feicthe agam ó d'fhág mé Hotel París. Mé ag ceapadh nach n-éireoidh liom éalú ón gcathair seo choíche nuair a thagaim go lúbra de bhóithre agus de mhótarbhealaí. A Thiarna Dia. Tá sé soiléir láithreach go bhfuilim imithe ar strae. De réir an leabhar eolais, scar an *Camino* ón mbóthar go gairid i ndiaidh La Virgen del Camino. Ní theastaíonn uaim filleadh an tslí chéanna. Léimim thar na bacanna agus tar éis cúpla nóiméad scaollmhar éiríonn liom an mótarbhealach a thrasnú. Níl sé rófhurasta cor gearr a thabhairt do charr faoi lánluas agus mála trom ar do dhroim. Seans go mbeidh tiománaithe León ag caint ar feadh scaithimh faoin ngealt d'oilithreach a chonaic siad ag trasnú an mhótarbhealaigh. Roghnaím bóthar amháin. Tarlaíonn go bhfuil an t-ádh liom. Táim ar an N120, an sean-*Camino*.

Gabhaim thar chailín beag in éide scoile ag feitheamh ag doras a tí leis an mbus scoile agus a seanathair ag coinneáil súil uirthi. Mar a chéile ar fud an domhain. Nach minic a chonaic mé radharc den cineál céanna sa bhaile. Siúlaim thar seisear ban in áiteanna éagsúla ar an mbóthar, iad go léir gléasta i bhfeisteas atá thar a bheith cosúil – brístí, seaicéid agus scaifeanna. Shílfeá ón bhfeisteas gur lá seaca atá ann. A mhalairt atá fíor, áfach. Lá álainn grianmhar gan scamall sa spéir atá ann agus mé ag sileadh allais cheana féin.

Ag leathuair tar éis a naoi, fágaim **San Miguel del Camino** taobh thiar díom. Táim ag siúl le hais an N120 go fóill, an t-uafás tráchta air. Tithe agus eastáit thionsclaíocha ar gach taobh díom. Tar éis trí chiliméadar déag a chur díom feicim comhartha a deir 'Villadangos del Páramo - 2km'

agus 'Astorga -29km'. Díreach trasna an bhóthair tugaim caifé faoi deara.
Tá sé in am sos a thógáil. Bainim an-sásamh as *tortilla de patatas* agus
Coca-Cola. Tá meá taobh amuigh den doras agus fágaim mo mhála anuas
air. Dhá chileagram déag díreach atá ann. Níl pléisiúr ar bith le baint as
bheith ag siúl ar bhóthar mar seo, é i bhfad níos tuirsiúla ná bheith ag
gabháil in aghaidh aird an tsléibhe. Nuair a bhainim Villadangos del
Páramo amach, tá cinneadh le déanamh agam. An gcaithfidh mé an oíche
anseo nó ag gcuirfidh mé cúpla ciliméadar eile díom? Ní hé go bhfuilim
tuirseach ach go bhfuil néal dubh, dorcha tagtha anuas orm - an ghruaim
a bhrúnn isteach ar dhuine ó bhruachbhailte gránna, salacha, deannachúla
agus ón trácht atá ar nós dordán míle beach ag gabháil thar mo chluasa
gan stad. Seo an lionn dubh a mhothaím uaireanta tar éis botún
amaideach a dhéanamh, nuair a bhraithim go bhfuilim sáinnithe ar
bhealach nach bhfuil éalú i ndán dom, i ngaiste m'intinne féin. Imíonn an
fuinneamh agus an spleodar asam. Tá an *albergue* ar oscailt. Buailim
isteach ach níl rian ar bith den *hospitalero*. Tógaim sos gearr agus cuirim
chun bóthair arís go mífhonnmhar.

Díreach taobh amuigh den bhaile tugaim bualtrach bó úr faoi deara ar
an gcosán. Tá se an-deacair é seo a mhíniú do dhuine ar bith, fiú amháin
dom féin, ach tugann an cac bó seo ardú croí thar na bearta dom.
Braithim spreagadh sna coiscéimeanna arís, an dóchas ag méadú ionam.
Níl de mhíniú air ach gur siombail atá sa bhualtrach ar shaoirse na
tuaithe, ar an dúlra gan é truaillithe ag an duine agus go bhfuil fuascailt
i ndán dom. Níos mó ná sin, b'fhéidir, gur rud diamhair é an tsiombail
seo trína dtagann grásta chugam. Mise a chaith m'óige ar fad ar fheirm i

measc na mbó agus na ngamhna. Níl radharc chomh suaimhneasach, creidim, le treád bó ina luí ag cogaint na círe. Agus mé ag siúl ar aghaidh tagann píosa scríbhneoireachta a léigh mé na blianta fada ó shin chun cuimhne. Giota a scríobh Leonardo Boff, Brasaíleach agus duine de dhiagairí na fuascailte, faoi bhás a athar ina thír dhúchais fad a bhí sé féin ina mhac léinn sa Ghearmáin. Ní raibh sé ábalta filleadh abhaile don tsochraid. Bhí an-ghean aige i gcónaí ar a athair agus ag a athair air. Lean tréimhse dóláis agus dobróin scéala an bháis. I rith an ama sin fuair sé beart beag óna dheirfiúr sa Bhrasaíl. Bhí bun an toitín deiridh a bhí á chaitheamh ag a athair sula bhfuair sé bás i mbosca folamh lasán sa bheart. Choimeád Boff an bosca beag i dtarraiceán a bhinse scríbhneoireachta. Uair ar bith a d'fhéach sé ar bhun úd an toitín, bhí a athair chomh beo beathach sa seomra leis agus a bhí nuair a bhídís le chéile agus é ina leaid óg. Mhothaigh sé grá a athar dó, agus líon a chroí le gean agus buíochas dá athair. Sacraimint, sa bhrí is leithne den fhocal, a bhí ann a dúirt sé. Nach iontach an rud é gur féidir le grásta teacht chugainn trí an rud is uirísle. Ag an nóiméad sin tagann fear óg aníos an cosán agus tréad bó Freaslannach – sé cinn déag acu – á thiomáint aige.

Ag ceathrú chun a haon, bainim **San Martín del Camino** amach. Glacaim cinneadh an oíche a chaitheamh sa bhaile beag seo ina bhfuil eaglais an pharóiste tiomnaithe do Naomh Máirtín Tours, iarshaighdiúir Rómhánach agus pátrún ar dheoise Tours. Tá faiche an *albergue* uiscithe go maith agus cuma ghlas mhéith uirthi. Cé gur brú mór é níl ach deichniúr ag fanacht ann anocht. Níl duine ar bith i bhfeighil an tí nuair a shiúlaim isteach. Tógaim leaba dom féin. Tar éis tamaillín, áfach, tagann an *hospitalera* ar a rothar ach i bhfaiteadh na súl tá sí imithe arís. Tá roinnt mhaith inimirceach ón Nigéir lonnaithe sa bhaile agus tagann na mná isteach san *albergue* chun glaonna gutháin a dhéanamh. Tithe breátha daingne sa bhaile, cuid acu de bhrící rua. Díreach trasna ón *albergue* tá mionmhargadh ar an tseanstíl. Ithim dinnéar liom féin i mbeár sa bhaile mar go bhfuil na hoilithrigh eile ag ullmhú a gcuid béilí sa bhrú. Den chéad uair ar an aistear mothaím beagáinín uaigneach. Nach aisteach nach mothaím uaigneas riamh nuair a bhím amuigh faoin tuath go hiomlán i m'aonar! Buaileann an aonaracht mé, áfach, anseo i measc na ndaoine. Baile marbhánta is ea San Martín agus tá an chuid is mó de na hoilithrigh imithe ar an gcosán nua go Villar de Mazarife nó Villavante. Níl leigheas air ach dul a chodladh go luath.

Lá 22

23 Meán Fómhair
San Martín del
Camino – Astorga

Cathair / Baile / Sráidbhaile	Fad (Ciliméadar)	Airde (Méadar)
Hospital de Óbrigo	7	819
Villares de Óbrigo	9	820
Santibañez de Valdeiglesias	11.5	845
Crucero de Santo Toribio		905
San Justo de la Vega	19.5	847
Astorga	23	860

Fágaim San Martín del Camino thart ar leath i ndiaidh a sé. Na milliúin réaltaí ag drithliú os mo chionn. Ní fhaca riamh cheana spéir réaltógach mar iad siúd atá feicthe agam ar an *meseta*. Ba bhreá liom luí ar mo dhroim ar an talamh agus tamall fada a chaitheamh ag breathnú in airde ar an radharc neamhaí os mo chionn. Fiú sa dorchadas is léir gur arbhar indiach atá ag fás ar dhá thaobh an bhóthair. Ag deich chun a hocht, gabhaim thar aonad tionsclaíoch de chuid SEAT (*recambios originales*) ar thaobh na láimhe deise.

Ní fada go mbainim **Puente de Óbrigo** amach - droichead Gotach ilstuach. Tá sé os cionn 200 méadar ar a fhad agus tá, ar a laghad, scór áirse ann. Tar éis dom é a thrasnú beidh mé in **Hospital de Óbrigo**, baile a thóg a ainm ón ospidéal oilithreachta a bhí tráth ina sheasamh le hais an Óbrigo, an abhainn atá ag sní fúm agus mé i mo sheasamh ar an droichead is cáiliúla ar an *Camino* ar fad. Tógadh ar dtús é in aimsir na Rómhánach agus thar na blianta troideadh roinnt cathanna tábhachtacha ar an láthair. Sa bhliain

900 AD, tharla cath anseo idir Alfonso III agus Cailif Córdoba. Is é an rud a tharraing clú ar an droichead, áfach, ná eachtra neamhghnách, barrúil, áiféiseach a tharla sa Bhliain Naofa 1434. Is dócha go raibh an iomarca de shaothar an *amour courtois* léite ag

Puente de Óbrigo le breacadh an lae

Don Suero de Quiñones, ridire de chuid ríocht León. D'fhógair sé don domhan mór go raibh sé ina phríosúnach ag an ngrá a bhí aige do bhean anaithnid éigin. I gcuideachta naonúr compánach a bhí chomh *loco* leis féin, shuigh sé ar a chapall ag ceann an droichid fhada seo agus thug sé dúshlán gach ridire a rinne iarracht é a thrasnú. Ní scaoilfí as príosún an ghrá é go mbeadh 300 lansa briste aige i mbabhtaí giústála, a dúirt sé. Is annamh nach féidir le duine dream atá chomh mearchiallach leis féin a bhailiú timpeall air. D'fhoghlaim mé é sin i rith na mblianta a chaith mé ag múineadh scoile – agus ní ag caint ar na daltaí amháin atáim. Ar feadh 30 lá, idir 10 Iúil agus 9 Lúnasa, tháinig ridirí ón uile chearn den Eoraip agus ghlac siad leis an dúshlán. Tugtar an *Paso Honroso* ar na heachtraí úd. Nuair a bhí 300 lansa briste aige, lean Don Suero leis go Santiago, áit ar fhág sé bráisléad luachmhar dá ghrá geal. Tá sé ann fós a deirtear liom.

Tá fásra úrghlas thart ar an mbaile. Cóngar na habhann agus an córas uiscithe is cúis leis sin, is dócha. Ábhar iontais dom an méid tithe a bhfuil úlloird bhreátha ag gabháil leo. Agus mé ag gabháil thar an *albergue* céard a fheicim ach beirt oilithreach ar muin capaill taobh amuigh, iad ar tí cur chun bóthair. Is cosúil go bhfuil siad tar éis na capaill a choimeád i stábla nó i gclós de chuid an *albergue*. Ní féidir gan suntas a thabhairt do neadacha na gcorr bán ar chlogás na heaglaise, iad folamh anois, ar ndóigh, mar go bhfuil séasúr an ghoir thart. Tar éis Hospital de Óbrigo a fhágáil tagaim go gabhal sa chosán agus tá orm bealach amháin a roghnú. Tógaim an cosán ar chlé.

Cnoic arda os mo chomhair amach agus is léir go bhfuilimid ag druidim le teorainn thiar thuaidh an *meseta*. Ag fiche tar éis a hocht, tagann an ghrian aníos. Lá álainn spéirghlan arís. Scáth fada á chaitheamh agam amach romham. Comhluadar de chineál atá ann. Is cuimhin liom scéal a léamh faoi fhear a bhí ag iarraidh éalú óna scáth. Ní hamhlaidh domsa. Bainim sólás as. Is iad na scáthanna inmheánacha a ghoilleann orm ó am go ham. Uair an chloig an an mbóthar anois. Stadaim chun breathnú ar fhíonghort beag atá difriúil leis na cinn atá feicthe agam áit ar bith go dtí seo. Is gnách go n-úsáidtear cuaillí nó sáiteáin agus sreanga miotail mar thaca do na fíniúnacha, iad ardaithe méadar nó níos mó os cionn na talún. Sa chás seo, áfach, níl taca ar bith leo ach iad ina luí ar an talamh. Cuirim cnoc nó dhó díom. Coillte darach thart orm. Amach romham ar íor na spéire tá líne fhada de mhuilte geala gaoithe. An Spáinn an-dáiríre faoi fheidhm a bhaint as cumhacht na gaoithe chun leictreachas a ghiniúint. Baintear stangadh asam nuair a fheicim comhartha a deir 'Astorga 6km'. Ceann eile feicthe agam uair an chloig ó shin a thug le tuiscint go raibh deich gciliméadar idir mé agus ceann scríbe. Táim cinnte go bhfuilim ag siúl níos tapúla ná ceithre chiliméadar san uair.

Agus mé ag druidim le hAstorga feicim siúlóirí agus rothaithe tamall uaim ar thaobh na láimhe deise. Tá dhá chosán a scar óna chéile ag Hospital de Óbrigo ag teacht le chéile arís ag áit ina bhfuil *crucero* ag comóradh imeacht

Santo Toribio as Astorga sa séú céad. Bhí sé ina easpag ar an deoise ach tharla conspóid idir é agus lucht leanúna na heiriceachta a bhunaigh an Spáinneach Priscilliano. Cuireadh an ruaig air, de réir dealraimh. San áit ina bhfuil an chros anois, deirtear gur thit sé ar a ghlúine chun slán a fhágáil ag an mbaile. Tógaim grianghraf agus imím liom. Faoin am seo tá Astorga le feiceáil thíos fúm. B'fhéidir gurbh fhearr a rá go bhfuil gleann idir mé agus an chathair agus go bhfuil Astorga féin in airde ar chnocán.

Ar mo bhealach síos isteach sa ghleann, cuireann seanfhear críonna, feosaí forrán orm. Cuireann sé an *Ancient Mariner* i gcuimhne dom. Fiafraíonn sé díom cén fáth nach bhfuil *bordón* á úsáid agam. Deirim leis nach bhfuil sé de nós ag muintir na hÉireann dul i muinín maide siúil go mbíonn siad anonn go maith sna blianta. Bliain nó dhó eile le dul agam. Ní ghlacann sé leis sin, áfach. Deir sé liom go dtugann an *bordón* an-tacaíocht do na glúine agus go ndéanann sé éascaíocht don té a bhíonn ag iompar ualaigh ar a dhroim. Leanann sé air ag áireamh deathréithe an bordón agus greim an fhir bháite aige ar mo mhuinchille. Nach deas an rud é go bhfuil an seanóir seo ar a dhícheall ag iarraidh comhairle mo leasa a chur orm, a deirim liom féin. Gabhaim buíochas leis agus casaim ar mo sháil le himeacht uaidh. Ní scaoileann sé a ghreim, áfach. An le rún oilc nó urchóide atá an seargán seo do mo stopadh? 'He holds me with his skinny hand. He holds me with his glittering eye.' 'Tá togha na m*bordón* istigh anseo agam,' ar seisean, 'agus tabharfaidh mé ceann duit ar phraghas maith'. 'Hold off! Unhand me greybeard loon.' Ar ndóigh, ní mar sin a labhraím leis. Nach ormsa atá an fhéasóg liath. Nach mise an gealt a thug sciuird trasna an mhótarbhealaigh maidin inné. Gabhaim buíochas arís leis agus imím liom.

Ag leathuair tar éis a deich, tagaim go **San Justo de la Vega**, sráidbhaile ar imeall na cathrach. Tá garraí breá glasraí taobh le gach teach. Nach aisteach nach bhfeicimid a leithéidí in Éirinn níos mó? Trasnaím an Tuerto, abhainn a thagann anuas ó na Montes de León, ag cúig chun a haon déag agus siúlaim thar mhonarcha a bhfuil *Cocido Maragato* (Stobhach Maragátach) scríofa air. Ar an taobh eile den chosán tá triúr fear ag baint prátaí i ngort mór. Is é an rud a thugann siar na blianta mé go laethanta m'óige ná boladh na ngas feoite á ndó. Nuair a bhíodh na prátaí bainte againn ba ghnách linn carn a dhéanamh de na gais agus tine a cur leo, an rud atá ag tarlú anseo os mo chomhair. Tá boladh faoi leith ó dheatach na ngas atá éagsúil le boladh ar bith eile. Cuireann sé iontas orm i gcónaí an dlúthcheangal atá idir boladh agus áit san inchinn ina bhfuil pictiúir agus cuimhní na hóige i dtaisce. Ar feadh nóiméid nó dhó táim i mo sheasamh le m'athair i ngort dubh i measc na gcnoc ar imeall na Boirne san fhómhar agus puthanna deataigh ag éirí ó chairn na ngas feoite. Tá an pictiúr chomh soiléir gléineach sin gur deacair a chreidiúint nach bhfuilim ar ais sna 1950idí. Tagann na deora chugam.

Bainim an *albergue* in Astorga amach am éigin roimh mheán lae. Brú beag atá ann taobh le páirc phoiblí a bhfuil La Sinagoga mar ainm uirthi os cionn múrtha ársa cosanta na cathrach. Tá gairdíní áille ar fad inti agus radharcanna iontacha ar an gceantar máguaird. Léiríonn an t-ainm go raibh comhthionól Giúdach agus sionagóg san áit tráth. Ní fheadar an de dheasca géarleanúna atá an pháirc álainn anseo anois! Is olc an ghaoth... Na tascanna déanta, tugaim m'aghaidh ar lár na cathrach. Ar an mbealach isteach tugaim faoi deara go bhfuil tochailtí seandálaíochta ar siúl gar don *albergue* a nochtann ballaí, draenacha, folcadáin, agus foinsí teirmeacha Rómhánacha.

Tháinig Astorga (Asturica Augusta) chun suntais i ré na Rómhánach mar lárionad riaracháin don cheantar ina raibh na mianaigh cháiliúla óir. Tá príosún na ndaor – an Estrágula – le feiceáil taobh leis an Ayuntamiento go fóill, é in úsáid go dtí cúpla céad bliain ó shin. 'Cathair mhórthaibhseach' a thug Plinias (Gaius Plinius) ar Astorga i gceann de na tagairtí a rinne sé di. Tháinig sé bhóthar Rómhánacha le chéile ann. Tá sé ar cheann de na bailte in iarthuaisceart na hIbéire is túisce a thiontaigh chun na Críostaíochta. Ba bhaile Viseagotach é ar feadh tamaill freisin. Tháinig meath ar Astorga i rith ré na Múrach go dtí gur spreag Ordoño II, Rí León, daoine chun cur fúthu ann arís thart ar 860 AD. D'fhás an daonra agus ar feadh achair fhada bhí sé ar cheann de na bailte ba thábhachtaí ar an *Camino*. Bhí aon ospidéal oilithreachta is fiche ann sna meánaoiseanna. Is dócha gurbh í an chúis a bhí leis sin ná go raibh dhá chosán oilithreachta - an *Vía de la Plata*, nó *el Camino Mozárabe* mar a thugtar air uaireanta, bealach a thagann aneas ó Sevilla agus an *Camino Francés* - ag teacht le chéile sa bhaile. Sa bhaile seo freisin a chas Aodh Rua Ó Domhnaill ó dheas i dtreo Valladolid go gairid roimh a bhás. Sa bhliain 1810, ghabh fórsaí Napoléon Astorga agus thóg sé dhá bhliain ar na Spáinnigh é a athghabháil.

Is é **Astorga** príomhbhaile cheantar na Maragátach (**La Maragatería**, sa Spáinnis). Cine mistéireach is ea na Maragátaigh (Los Maragatos) a d'áitrigh agus a áitríonn fós an dúiche atá lastall den bhaile. Tá díospóireacht ar siúl leis na cianta idir na saineolaithe staire maidir le *los Maragatos* agus cárbh as a dtáinig siad. Tá staraithe ann a deir go bhfuil gaol acu le Beirbirigh thuaisceart na hAfraice. Tá dream eile ann a chreideann gur de shliocht na bhFéiníceach iad agus dream eile fós a deir gur shíolraigh siad ó na sclábhaithe a thug na Rómhánaigh go dtí an ceantar chun na mianaigh óir a thochailt. Táthar ann freisin a deir gur de shliocht na dtreibheanna Gearmánacha iad, gur fágadh an Rí Viseagotach Mauregatos agus fuílleach a threibhe scoite amach sa cheantar iargúlta seo sa seachtú haois. Is í fírinne an scéil nach bhfuil a fhios ag duine ar bith go cinnte cér díobh iad.

Níl amhras ar bith, áfach, ná go raibh clú agus cáil orthu mar ghiollaí miúileanna na Spáinne, iad ag iompar earraí ó cheann ceann na tíre, ach go háirithe sa tuaisceart. Choinnigh na Maragátaigh chucu féin i gcónaí. Ní phósaidís taobh amuigh dá gcine féin go dtí le déanaí. Níor lig siad do strainséirí páirt a ghlacadh i scléip ná i siamsaí a gcuid féilte. Chaitheadh na Maragátaigh cultacha traidisiúnta: babhlaeir agus veisteanna dearga ar na fir agus seálta nó scaifeanna ar na mná. Deir Arnold von Harff (1496-98) ina chuntas go mbíodh an-chuid seod á gcaitheamh acu. Bhí ailtireacht a gcuid tithe éagsúil leis an gcineál a bhí coitianta thart orthu. Dá mbeadh am le spáráil ag an oilithreach, b'fhiú dó cuairt a thabhairt ar cheann de shráidbhailte na Maragátach ar nós **Castrillo de los Polvazares** nó **Murias dc Rechivaldo** atá cóngarach go leor don *Camino*. Fad a bhíodh na fir imithe ag iompar lastaí ar fud na tíre lena gcuid miúileanna, d'fhanadh na mná ag saothrú na talún. Shíl na fir gur náireach an rud é slí bheatha de chineál ar bith eile a leanúint. Bhí a gcuid féiniúlachta mar threibh ceangailte go dlúth leis an tseirbhís a bhí á tabhairt acu don tír agus iad fíorbhródúil aisti.

Bhí, agus tá fós, cáil ar stobhach na Maragátach (el cocido Maragato) – meascán ina bhfuil éagsúlacht feola – sicín, uaineoil, muiceoil agus ispíní – mar aon le glasraí piseánacha agus cabáiste. Murab ionann is daoine eile, tógann na Maragátaigh a gcuid anraith ag deireadh an bhéile. Tá an *cocido Maragato* coitianta go leor ar bhiachláir sa chathair.

Thug George Borrow (1803-81), taistealaí, teangeolaí agus scríbhneoir Sasanach, cuairt ar Astorga sa bhliain 1840. Dhá bhliain ina dhiaidh sin d'fhoilsigh sé *The Bible in Spain*. Deir sé sa leabhar úd go ngabhadh cuid mhór d'earraí trádála na Spáinne trí lámha na Maragátach ag an am. Bhí a n-ainm in airde, a deir sé linn, mar gheall ar a ndílseacht don iontaoibh a chuir lucht trádála iontu. Bhí muinín chomh mór sin ag na ceannaithe astu nach mbídís riamh idir dhá chomhairle i dtaca le tonna d'earraí luachmhara a sheoladh faoina gcúram ó Bhá na Bioscáine go Madrid.

Bhí siad fós i mbun a gceirde i lár na haoise seo caite. Sa bhliain 1954, nuair a bhí Walter Starkie (1884-1976), an chéad Ollamh le Spáinnis i gColáiste na Tríonóide, ar a cheathrú oilithreacht go Compostela, fuair sé síob ar *carromato* (trucail nó vaigín clúdaithe) a bhí á thiomáint ag duine de na *Maragatos* áit éigin ar an mbóthar go Villafranca del Bierzo. Miúileanna a bhí á tharraingt. Bairillí fíona a bhí mar lasta agus bhí scáthbhrat os a gcionn lena gcosaint ón ngrian. Bhí bearta agus burlaí ar crochadh ó shlabhraí faoi íochtar na trucaile. Deir Starkie go bhfaca sé rincí traidisiúnta na Maragátach á ndéanamh i gceann de chearnóga Astorga.

An lá an-bhrothallach, an-mheirbh ar fad. Um mheán lae, tá grian loiscneach ag spalpadh anuas ar an gcathair. Mé ag gabháil thart faoi scáth na bhfoirgneamh. Siúd liom ag spaisteoireacht os cionn an mhúir ón *albergue* thar Clochar Las Claristas go dtí an ardeaglais. Cuireadh tús le tógáil na hardeaglaise thart ar 1471 agus thóg sé os cionn trí chéad bliain lena críochnú. Mar gheall air sin tá tréithe Gotacha, tréithe Barócacha agus gnéithe den tréimhse Nua-Chlasaiceach le sonrú inti. Is fiú súil a chaitheamh ar *retablo* na príomhaltóra, sárshaothar de chuid Gaspar Becerra, ealaíontóir ó dheisceart na Spáinne a d'fhoghlaim a cheird san Iodáil.

Trasna liom ansin go dtí seoid ailtireachta na cathrach, **el Palacio Episcopal** (Pálás an Easpaig) atá in aice láimhe. Sa bhliain 1887, ainmníodh Catalónach, Joan Bautista Grau y Vallespinós ina easpag ar Astorga. D'fhostaigh sé ailtire cáiliúil óna chathair dhúchais féin, Antonio Gaudí, chun pálás nua a dhearadh dó. Bhí dhá shaothar mhóra – Palau Güell agus la Sacrada Familia - idir lámha ag Gaudí in Barcelona ag an am. Faoi mar a rinne seisean i gcás *Casa Botínes* i gcathair León, chruthaigh sé caisleán a d'fheilfeadh do leabhar síscéalta do pháistí, lán de thúir agus de thúiríní. Cé gur theastaigh ón easpag fostaíocht a chur ar fáil do mhuintir na cathrach san obair thógála, bhí uafás orthu nuair a chonaic siad an pálas a bhí á thógáil. Fuair Grau y Vallespinós bás sular críochnaíodh é agus níor chónaigh easpag ar bith ann ó shin i leith. D'éirigh idir Gaudí agus muintir Astorga agus thréig sé an obair. Níor críochnaíodh an foirgneamh go hiomlán go dtí thart ar chaoga bliain ó shin. Iarsmalann oilithreachta – el Museo de los Caminos - atá ann anois.

Leanaim orm ansin go dtí Eaglais Ord na Slánaitheorach. Díreach lasmuigh di tagaim ar thochailtí seandálaíochta ina bhfuil iarsmaí de

Cearnóg in Astorga

theach agus d'fholcadáin Rómhánacha. Tá píosa breá mór d'urlár mósáice agus é caomhnaithe go maith le feiceáil ann. Tamall ansin ar mo mharana san eaglais sula bhfillim ar Halla an Bhaile (Ayuntamiento). Tugaim tamall fada anseo i mo shuí i gcaifé sa chearnóg (Plaza Mayor) os a chomhair ag ól caifé agus ag ithe *mantecadas maragatas* (borróga ime) ar mo shuaimhneas. Aghaidh Bharócach álainn ón 17ú céad atá ar an Ayuntamiento. Nuair a bhuaileann an clog buille na huaire tagann dhá dhealbh mheicniúla den chine Maragátach amach leis an am a fhógairt. Tá dhá iarsmalann sa chathair – el Museo Romano agus el Museo de Chocolate. Ní bhacaim leo. Táim spíonta ag teas an lae. Agus mé ag filleadh ar an *albergue* cuireann an líon tuismitheoirí atá tagtha amach i

bhfionnuaire an tráthnóna chun bheith ag súgradh lena gcuid páistí óga sna páirceanna ionadh orm. Is annamh a fheictear a leithéid in Éirinn. Is álainn an radharc é. Taitníonn Astorga go mór liom.

Lá 23

24 Meán Fómhair

Astorga –

Foncebadón

Cathair / Baile / Sráidbhaile	Fad (Ciliméadar)	Airde (Méadar)
Murias de Rechivaldo	5	882
Santa Catalina de Somoza	10	976
El Ganso	14	1025
Rabanal del Camino	21	1150
Foncebadón	27	1490

Fágaim slán ag an *albergue* ag cúig chun a seacht ar maidin. Leanaim barr an mhúir go dtagaim ar chomharthaí an *Camino*. Spéir ghlan os mo chionn. I ngeall ar shoilse na cathrach níl na réaltaí chomh suntasach agus a bhíonn faoin tuath. Níl mórán difríochta idir an chathair agus na sráidbhailte maidir le fuaimeanna na maidine – coiligh ag glaoch agus clingireacht chloig na n-eaglaisí.

Tar éis uair an chloig ar an mbóthar bainim **Murias de Rechivaldo** amach. Beannaíonn fear dom agus é ag fágáil a thí chun dul ag obair agus guíonn sé *Buen Camino* orm. Cnoic ísle thart orm. Na toir agus na toim craptha, cranda. Chuirfeadh sé móinteach nó caorán sléibhe i gcuimhne do dhuine. An féar fada iompaithe dath éigin idir buí agus crón. Anseo agus ansiúd tá an ghiolcach shléibhe go flúirseach. Corrchrann darach freisin nach bhfuil méid rómhór iontu. Níl rian ar bith de churaíocht nó de thalmhaíocht. Breis is ciliméadar ón g*Camino* anseo tá **Castrillo de los Polvazares** ina bhfuil an t-atmaisféar Maragátach is fearr sa cheantar. Tithe de ghaineamhchloch rua. An tsráid pábháilte leis an gcloch chéanna. Bhunaigh an scríbhneoir cáiliúil Spáinneach Concha Espina a húrscéal, *La Esfinge Maragata* (1914), sa bhaile beag seo. Rugadh Concha in Santander sa bhliain 1869. Saothar raidhsiúil – suas le dhá scór leabhar – tagtha óna peann sula bhfuair sí bás i 1955. Duaiseanna iomadúla liteartha bainte aici.

An ghrian éirithe os cionn íor na spéire ag ceathrú tar éis a hocht. Caitheann sí scáthanna fada amach romham. Táim i gceantar na Maragátach (La Maragatería) anois ó ghabh mé trí Murcias de Rechivaldo. Anseo agus ansiúd feictear banracha nó páirceanna beaga, cuid acu níos mó ná a chéile. Ballaí cloch thart orthu. Ní fheadar an iontu siúd a choimeádtaí na miúileanna fadó? Dhá uair an chloig ar an mbóthar agus táim ag druidim le **Santa Catalina de Somoza**. Coillte ar na cnoic anois. Corrghort treafa freisin. Thart ar an sráidbhaile tá an-chuid páirceanna beaga a bhfuil ballaí cloch thart orthu. Áiteanna in Éirinn a mheabhrófaí do dhuine. Tógaim sos ann agus bainim an-taitneamh as *café con leche* a ullmhaíonn freastalaí lách dom. I ndiaidh Santa Catalina a fhágáil feictear garráin, crainn aonair agus corrghort treafa anseo agus ansiúd. Is breá liom na sléibhte a fheiceáil amach romham arís.

Ag deich chun a deich, tagaim go sráidbhaile **El Ganso**. A leithéid d'ainm! D'fhéadfadh dhá bhrí a bheith leis – 'an gandal' nó 'an dúramán'. Páirc

La Maragatería, scáth fada an údair

pheile an bhaile loite. Shílfeá go raibh scór caochán tar éis bheith ag tochailt inti. Ag fágáil an bhaile dom castar bean orm a bhfuil tréad bó á thiomáint aici. Ní fhéadfainn a dhéanamh amach cén pór eallaigh atá i gceist, iad go léir dubh, donn nó donnbhuí. Is cosúil iad leis an bpór gearr-adharcach a bhíodh coitianta in Éirinn nuair a bhí mise óg. Adharca orthu ar fad, rud nach bhfeicfeá in Éirinn anois. Níl aon ró-iontaobh agam as an dá ghadhar Alsáiseach atá lena taobh. Ní bhacann siad liom, áfach. Tamall gearr ina dhiaidh sin feicim tréadaí eile agus tréad mór caorach aige. Ní dócha go bhfuil muinín ar bith ag an bhfear seo as leacht ná ungadh cosanta in aghaidh na gréine mar tá scáth fearthainne mór dubh os a chionn aige. Cneas leochailleach aige, b'fhéidir. Déarfainn go bhfuil ar a laghad cúig nó sé cinn de mhadraí caorach ag smachtú na gcaorach dó.

Ag fiche chun a haon déag feicim **Rabanal del Camino** amach romham. Ar thaobh na láimhe deise anois tá coillte fairsinge giúise. Giolcach shléibhe agus fraoch atá ar an taobh eile. Aimsir bhrothallach gan oiread is puth gaoithe ann. Táthar tar éis cosán a ghearradh tríd an gcoill ar feadh ciliméadair nó mar sin roimh Rabanal. Toisc nár baineadh na fréamhacha amach i gceart tá an dromchla aimhréidh go maith. D'fhéadfaí rúitín a ghortú go furasta nó imeacht ar bhaithis do chinn thar stocán fréimhe. Ar imeall an bhaile gabhaim thar dhá scioból mhóra, caoirigh i gceann acu agus eallach sa cheann eile. Tá innealra feirme i ngach aon áit. Banracha agus páirceanna beaga lena mballaí cloiche thart timpeall ar an mbaile ar fad. Athrú mór ar an tírdhreach anois. Tá deireadh leis an gcoinleach. Níl fíonghort ná biatas ná lus an bhalla le sonrú áit ar bith. Eallach agus caoirigh agus coillte giúise ina n-áit.

Ar ndóigh, tá an *Camino* ag ardú an t-am ar fad. **Los Montes de León** mar chonstaic nó mar dhúshlán amach romham.

Ní raibh *albergue* nó *refugio* ar bith anseo ar feadh na mblianta. Ansin i 1991, chuir Cumann Chairde San Séamus cóir ar sheanteach an pharóiste agus bhunaigh siad *Refugio Gaucelmo*. Sa bhliain 1997, bhuaigh an brú seo *Premio Elías Valiña*, duais a bhronntar ar an gcumann a mbíonn an cion oibre is suntasaí déanta aige ar mhaithe leis an g*Camino*. Téann thart ar 8,000 oilithreach tríd na mbrú seo in aghaidh na bliana. Sa bhliain 1999, tháinig triúr manach óga anseo ó Santo Domingo de Silos agus bhunaigh siad an mhainistir taobh leis an *refugio*. Cloistear canadh Gréagórach anois ag amanna áirithe den lá san eaglais ársa taobh thiar díom anseo.

Tamall fada caite agam ag feitheamh go n-osclódh an *albergue* atá taobh leis an mainistir Bheinidicteach, mé i mo shuí faoi scáth crainn mhóir ag doras Eaglais Santa María. Deirtear go

An Mhainistir Bheinidicteach, Rabanal del Camino

raibh baint ag na Teamplóirí leis an eaglais Rómhánúil seo. Ailtireacht den stíl Mharagátach atá i dtithe an bhaile, ballaí de ghaineamhchloch rua, díonta slinne – rud nach bhfeictear i mórán áiteanna sa Spáinn – agus ballaí arda thart ar na clóis. Bainim díom na buataisí agus ligim do na cosa fuarú ar na leaca. Comhrá fada agam le Spáinneach mná atá anonn go maith sna blianta. Tháinig sí féin agus cara léi i ngluaisteán. Tá camchuairt á déanamh acu ó mhainistir go mainistir agus tá beartaithe acu fanacht sa mhainistir Bheinidicteach má fhaigheann siad cead ón ab. Anois agus arís téann sí trasna go doras na mainistreach agus buaileann sí cnag air. Freagra ar bith ní bhfaigheann sí, áfach. Í ag éirí mífhoighneach. Gach dealramh ar an scéal nach bhfuil na manaigh rófháilteach an mhaidin áirithe seo. Buaileann an smaoineamh mé go mb'fhéidir go bhfuil súmaireacht de shórt ar siúl ag na mná.

Mé ag cur ama amú ag feitheamh anseo. Ní osclóidh an *refugio* go dtí leath i ndiaidh a dó. Bainim triail as brú príobháideach ach tá siad ag lorg €35 ar an leaba gan aon bhricfeasta. Buailim fúm i mbeár an bhrú agus caithim siar Coca-Cola nó dhó chun an tart a mhúchadh. Agus mé ann, tagann bean na camchuairte isteach ag lorg leithris. Cloisim í ag fiafraí os ard den fhreastalaí cá bhfuil an leithreas. Ar eagla nach mbeadh a fhios ag an bhfear bocht cén fáth go bhfuil a leithéid d'áis uaithi, deir sí, *'Quiero hacer pis'*, aguisín atá rud beag míbhanúil dar liom i mbéal na mná galánta a raibh mé ag caint léi tamall gearr ó shin. Deirim liom féin gur maith an rud nach gnó éigin eile a bhí á thabhairt ann. Lena ceart a thabhairt don bhean, níl an focal *pis* chomh mímhúinte sa Spáinnis agus atá sa Bhéarla.

Agus mé ar mo bhealach amach, castar cailíní áille, fionna, gealchraicneacha ón Danmhairg orm, iad beirt ag cuardach lóistín ar mo nós féin. Iad feicthe agam lena dtuismitheoirí lasmuigh de *Refugio Gaucelmo* níos luaithe. Fágaim slán acu. Cuirim forrán ar bheirt sheanfhear agus fiafraím díobh cé mhéad ciliméadar atá idir Rabanal agus Foncebadón. Iompaíonn duine acu a dhroim liom agus imíonn sé gan focal a rá. Ní thugann an fear eile aird ar bith orm. Tá iompar dá leithéid neamhchoitianta go leor sa Spáinn. Ní fheadar an doicheall na Maragátach atá i gceist nó an bhfuil siad míshásta toisc nach bhfuilim chun fanacht ina measc. Ní haon ionadh gur scríobh an t-oilithreach meánaoiseach Konig von Vach 'Seachnaígí Rabanal ar ais nó ar éigean.' Croithim deannach an bhaile de mo chosa agus seo liom in aghaidh an aird i dtreo Foncebadón, sráidbhaile atá 1,440 méadar os cionn leibhéal na farraige. Nuair a bhainim amach é, beidh mé gar go leor don phointe is airde ar an g*Camino* ar fad. Tá Foncebadón an-chóngarach do mhullach **Monte Irago**.

Buíochas le Dia, táim ag mothú go breá fuinniúil. Mé cinnte go mbeidh mé ábalta an sé chiliméadar in aghaidh an aird a chur díom gan stró. Maidir le tírdhreach – sléibhte, ballaí cloch, sceacha, raithneach agus fraoch - tá dealramh mór ag an gceantar seo le Cill Mhantáin. Ar an mbealach in airde tagaim suas le hAnneta, Danmhargach meánaosta, a dá chois sáite aici i seandabhach folctha a úsáidtear chun uisce a thabhairt don eallach. Na cosa trí thine ar mo nós féin is dócha. Deir sí liom go bhfuil súil aici nach gcuirfidh blas nua an uisce isteach ar na beithígh. Mar mhac feirmeora agus mar shaineolaí ar na cúrsaí sin, geallaim di nach gá di a bheith buartha faoi.

Ag deich chun a dó, táim ar imeall Foncebadón. Bathlacha de thithe feirme is mó atá ann cé go bhfuil corrcheann á athchóiriú mar theach saoire anois. Tá feirm amháin ar a laghad ag feidhmiú go fóill mar is léir ón tréad breá bó agus ón eallach seasc atá sna páirceanna glasa thart ar an sráidbhaile. Clingireacht na gclog le cloisteáil fiú agus iad ag cogaint na círe go síochánta. Ní bhaintear na hadharca de na gamhna anseo faoi mar a dhéantar in Éirinn. Tá óstán bunúsach anseo le beár agus bialann ag bun an bhaile. Taobh leis tá sean-*palloza* athchóirithe. Tá cineál bialainne á reáchtáil istigh ann ag fear óg a bhfuil folt fada gruaige air agus é ceangailte siar in 'eireaball capaillín' aige.

Palloza in Foncebadón

Ag féachaint ar na fothracha anois tá sé deacair a chreidiúint go raibh Foncebadón ar cheann de bhailte tábhachtacha an *Camino* uair amháin. Bhí mainistir anseo sa 10ú haois agus tharla comhairle thábhachtach eaglasta inti faoi threoir Ramiro II, Rí León sa 10ú céad.

Bhunaigh an díthreabhach Gaucelmo ospidéal oilithreachta ar an taobh thall den sráidbhaile, áit a bhfuil an fothrach le feiceáil go fóill. Bean mheánaosta Ghearmánach, lán de spiorad an *Camino*, atá ina *hospitalera* san *albergue*. Ullmhaíonn sí anraith gairleoige (sopa de ajo) do na siúlóirí ar fad agus eagraíonn sí searmanas amuigh faoin aer. Tá sagart nó ministéir Gearmánach ag cuidiú léi um thráthnóna. Giotaí á léamh as leabhair agus iomainn á gcanadh. De réir dealraimh, tá roinnt mhaith sean-iomann agus amhrán a bhfuil an turas go Santiago mar théama iontu sa Ghearmáinis agus sa Fhraincis araon, rud nach bhfuil fíor i dtaobh an Bhéarla. Iad ar fad ar eolas ag na hoilithrigh.

Tá lánúin Ollannach anseo atá tar éis siúl an bealach ar fad óna dteach féin san Ollainn. Amárach beidh siad trí scór lá ar an mbóthar agus seo an dara huair dóibh an turas iomlán a dhéanamh. Bhuail mé leo cheana san áit ina dtagann an *Camino Francés* agus an *Camino Aragonés* le chéile. Tá an teaghlach Spáinneach a bhí liom san *albergue* i mBurgos anseo freisin. Deir an mháthair liom go bhfuil siad tar éis an bheirt dhéagóirí a thógáil as na scoileanna a bhfuil siad ag freastal orthu chun an *Camino* a dhéanamh. Síleann siad beirt go bhfuil an t-aistear fíorthábhachtach ó thaobh na staire, an traidisiúin agus an chreidimh de.

Deich tar éis a seacht tráthnóna. Táim amuigh ag spaisteoireacht ar thaobh an tsléibhe. An aimsir go hálainn. Tráthnóna samhraidh in Éirinn a déarfaí. Taitníonn síocháin agus suaimhneas an cheantair go mór liom. Braithim go

Fothracha in Foncebadón

bhfuilim sa bhaile anseo. Ag féachaint siar an bealach a tháinig mé inniu tá radharcanna áille ar an *meseta*, atá anois thíos fúm, siar chomh fada le León, a bhraithim. Tugaim cuairt ar láthair an ospidéil a thóg Gaucelmo. Níl mórán fágtha anois de ach an clogás. Fillim ar an *albergue* atá lán go doras anois, farasbarr na n-oilithreach ar thochtanna ar urlár an tséipéil.

Lá 24

25 Meán Fómhair

Foncebadón –

Ponferrada

Cathair / Baile / Sráidbhaile	Fad (Cilméadar)	Airde (Méadar)
Cruz de Ferro	2	1505
Manjarín	4	1445
El Acebo	11	1156
Riego de Ambrós	14.5	930
Molinaseca	19	600
Ponferrada	27	542

Fágaim Foncebadón thart ar a seacht ar maidin. Leanaim an cosán in aghaidh an aird i dtreo **Cruz de Ferro** (an Chros Iarainn). Mé i m'aonar. Gan mochóirí ar bith i measc na siúlóirí san *albergue* cé go raibh corrdhuine ag ullmhú an bhricfeasta agus mé ag imeacht. Tá sé de nós ag an *hospitalera* na hoilithrigh a thionlacan go dtí an chros gach maidin. Ní fhanaim leo. Cuireann aer glasfhuar na maidine beocht ionam i gcónaí. Casaim timpeall ó am go ham ag breathnú siar ar an *meseta* a bhí á thrasnú agam ó d'fhág mé Burgos. É dorcha go fóill. Dá bhrí sin tá soilse na mbailte agus na sráidbhailte le feiceáil go gléineach ar an ardchlár atá ag síneadh amach fúm go bun na spéire, áit a bhfuil léasacha tosaigh na maidine le sonrú.

Leath i ndiaidh a seacht. Táim i mo sheasamh ag bun Cruz de Ferro atá cúig mhéadar ar airde. Deirtear gurbh é Gaucelmo a chéadthóg an chros atá anois ina seasamh go hard i lár charn cloch mar a fheictear ar bharr sléibhte in Éirinn uaireanta. Ní chuirfeadh sé ionadh orm dá mbeadh an carn céanna ag dul siar go ré na gCeilteach. Tá fianaise ann go raibh sé anseo in aimsir na Rómhánach, ar chaoi ar bith. Thosaigh oilithrigh na meánaoiseanna ag leagan cloch ar an gcarn agus iad ag dul thar bráid. Leanann an nós go dtí ár linn féin. Is minic a bheireann oilithreach cloch leis óna bhaile dúchais féin le caitheamh ar an gcarn. Bíonn teachtaireachtaí nó ainmneacha daoine nó ainmneacha bailte ar chuid acu. Leagaim cloch do mo bhean chéile, Siobhán, ag bun na croise agus imím liom. Ná déan nós agus ná bris nós, a deirtear. Tá an chros ar thaobh na láimhe deise den bhóthar. Tamall isteach uaithi tá *ermita* nua-aimseartha a tógadh sa bhliain 1982. Ar an taobh eile den bhóthar tá ionad páirceála agus radharcanna áille uaidh, *mirador* mar a ghlaotar air sa Spáinnis. Tá ceantar na Maragátach (la Maragatería), fágtha i mo dhiaidh agam anois agus mé ag déanamh ar Ghleann El Bierzo.

Éiríonn an ghrian os cionn íor na spéire agus lasann sí beanna na sléibhte thart orm de réir a chéile. Is fíorálainn ar fad an radharc é. Is iontach an rud é bheith beo lá mar seo. Mothaím an cineál saoirse nach mbraithim ach amháin nuair a bhainim barr sléibhe amach. Mullaí agus beanna ag bagairt a gcinn thar dhroim a chéile, mar a deir an dán. Dath órga orthu anois. Ní fhéadfadh duine gan glóir an Chruthaitheora a bhrath anseo. Tagann freagra chugam anois a thug údar cáiliúil Éireannach nuair a fiafraíodh de ar chreid sé i nDia. 'Creidim ann,' ar seisean, 'nuair a bhím ar eitleán.' Paisinéir neirbhíseach a bhí ann. Ní dóigh liom go bhféadfadh aindiagaí seasamh anseo gan arraingeacha amhrais á chrá. Ar mhullach ard sléibhe eile dúirt Peadar le hÍosa tar éis glóir Dé a fheiceáil - 'Is maith mar a tharla dúinn bheith anseo; más é do thoil é, déanfaidh mé trí bhoth anseo, both duitse, both do Mhaois agus both d'Elía.'

Ag a hocht a chlog tagaim go dtí **Manjarín**, gráig nach bhfuil inti ach *albergue* suarach. Duine le Dia is ea an *hospitalero* – an t-aon duine atá fágtha sa sráidbhaile. Is léir go raibh sráidbhaile sách mór anseo tráth, suas le trí scór teach, b'fhéidir. Chuirfí fothracha na sráidbhailte a tréigeadh i rith an Ghorta Mhóir sa Ghaillimh agus i Maigh Eo, i gcuimhne do dhuine. 'Santiago 222km' a deir an comhartha. Mé anois ag siúl trí mhám go hard sna sléibhte. Mar sin féin, tá eallach adharcach donn agus donnbhuí i bpáirceanna glasa anseo agus ansiúd agus a gcuid clog ag clingireacht. Fásra sléibhe is mó atá thart orm – fraoch, giolcach shléibhe agus raithneach donnrua. Cúis iontais dom an líon daracha atá ag fás chomh hard seo. Is aoibhinn an tírdhreach é tar éis leimhe an ardchláir.

Shíl mé gurbh é Cruz de Ferro an pointe ab airde ar an g*Camino* ach níorbh é. Leanann an cosán ag ardú go Puerto Irago (Bearnas Irago). Go gairid tar éis Monjardín, gabhaim thar theach mór nua-aimseartha a bhfuil díon slinne air agus crainn aeróige nó chumarsáide os a chionn. Léigh mé in áit éigin gur ionad éisteachta míleata atá ann. Anseo táim breis agus 1500 méadar os cionn leibhéal na farraige, an pointe is airde ar an g*Camino* ar fad. Deirtear go raibh an ceantar sléibhtiúil seo lán de dhíthreabhaigh ón 5ú go dtí an 7ú haois. Faoi mar a tharla in Éirinn sa ré chéanna bhí na Críostaithe míshásta go minic leis an saol a bhí á chaitheamh acu. Theastaigh uathu a mbeatha a thabhairt do Dhia ar bhealach níos iomláine. Chuaigh siad isteach sna mainistreacha nó amach sna dísirt.

I bhfad thíos fúm ar thaobh na láimhe clé ar bhruacha an Meruelo tá seanmhainistir ina bhfuil ceárta mheánaoiseach (**la Herrería de Campludo**). Sa ré úd bhaintí feidhm as cumhacht shruth na habhann chun an t-ord mór agus na boilg a oibriú. **Campludo** an t-ainm atá ar an sráidbhaile. De réir dealraimh, tá an cheárta feidhmiúil go fóill. Is féidir Rabanal agus Foncebadón a sheachaint trí bhóthar Campludo a thógáil ach is beag siúlóir a dhéanann sin.

Ní fada go bhfaighim spléachadh ar ghleann torthúil El Bierzo thíos fúm. Tá mionaeráid dá chuid féin ag an ngleann glas, méith seo atá an-oiriúnach d'fhás na gcaor fíniúna. Thart timpeall an ghleanna ar íor na spéire, tá sliabhraonta - Sierra de Gristredo, la Cordilera Cantábrica, O Courel agus Los Ancares - mar mhúrtha cosanta aige, iad óraithe anois ag Rí na Réaltaí. Amuigh i lár an ghleanna i bhfad uaim feicim Ponferrada faoi bhrat truaillíochta. Ar an taobh ó thuaidh den chathair tá loch nó taiscumar uisce agus dhá shimléar arda ag brúchtadh deataigh nó galuisce san aer. Tá a fhios agam go bhfuil mianaigh ghuail i gcóngar na cathrach. Tógfaidh sé dhá lá orm El Bierzo a thrasnú. Tírdhreach an-difriúil ar fad atá romham.

Go gairid ina dhiaidh sin, tagaim go mala sléibhe agus tugaim díonta slinne **El Acebo** (An Cuileann) faoi deara, é neadaithe ar mhullach aird thíos fúm. Beagán níos faide ar aghaidh feicim sráidbhaile eile – Riego de Ambrós nó b'fhéidir

El Acebo thíos fúm

Molinaseca. Nílim róchinnte cé acu atá ann. Leanaim an cosán le fána, mé ag cruinniú luais ar t-am ar fad. Thart ar leathuair tar éis a naoi sroichim El Acebo. Tithe cloiche le balcóiní adhmaid crochta os cionn na sráide is mó atá sa sráidbhaile. Díonta slinne orthu. Dromchla na sráide déanta as coincréit agus clocha cruinne as grinneall abhann. Thug an lánúin Ríoga, Fernando agus Isabel, díolúine cánach do mhuintir an bhaile seo ar choinníoll go gcoimeádfaidís brú do na hoilithrigh agus go gcuirfidís 400 sáfach sa talamh idir El Acebo agus Foncebadón chun iad a threorú thar na sléibhte sa drochaimsir.

Tá píosa dealbhóireachta ar dhéanamh rothair ar thaobh na sráide in ómós do Heinrich Krause, oilithreach ar rothar a fuair bás anseo sa bhliain 1987. Níl mórán eile in El Acebo ach b'fhéidir dealbh daite de Santiago in eaglais an pharóiste. Leanaim orm le fána síos. Tá na cnoic agus na gleannta faoi chrainn. Ar dhá thaobh an chosáin tá driseacha, giolcach shléibhe agus sceacha madra go flúirseach. Tugaim faoi deara go mbíonn an ghiolcach shléibhe ina tor breá mór nuair a bhíonn sí fásta go hiomlán.

Mé i mo sheasamh ag baint taitnimh as áilleacht na dúiche nuair a thagann beirt shiúlóirí Spáinneacha an bealach. Fir sna tríochaidí atá iontu. Dreas comhrá againn le chéile. Dhá thréimhse samhraidh caite ag duine acu ag foghlaim Béarla i gCaisleán Cnucha agus é ina dhéagóir. Cuimhní sona aige ar na hamanna úd agus ba bhreá leis filleadh chun na háiteanna a ghnáthaigh sé a fheiceáil arís. Cúpla focal Gaeilge aige fiú amháin ar nós 'bruscar' agus 'Baile Átha Cliath'. Caithfidh mé a rá gur minic mé ag clamhsán faoin na sluaite mac léinn a thagann chugainn gach samhradh ón Spáinn. Mé ag rá gur cur amú airgid atá sna cúrsaí, gur beag Béarla a fhoghlaimíonn na daoine óga toisc go bhfanann siad le chéile i ngrúpaí móra, iad ag labhairt Spáinnise eatarthu féin. Is minic, áfach, ar an g*Camino* a bhraith mé an dea-mhéin i leith na hÉireann atá cothaithe trí na cúrsaí úd. Leabharlannaí ó Salamanca is ea an dara fear.

Ag fiche tar éis a deich, siúlaim trí **Riego de Ambrós**, sráidbhaile atá an-chosúil le El Acebo ar mhórán bealaí. Sráidbhailte de réir cineál na háite is ea iad. I ndiaidh Riego de Ambrós a fhágáil titeann an *Camino* le fána ghéar in áiteanna agus tá dromchla slinnteach an chosáin aimhréidh go maith. Ní furasta siúl air. Bheadh bachall an-fhóinteach anseo. Cén fáth nár éist mé leis an seargán a bhí ag iarraidh cúpla euro a bhaint díom taobh amuigh d'Astorga?

Tamall ina dhiaidh sin tagaim go limistéar ina bhfuil na céadta acra de chrainn duillsilteacha dóite ag tine foraoise. Briseann sé mo chroí fás na mblianta a fheiceáil loiscthe os mo chomhair, gan ach luaithreach agus cnámhóga in áit na gcrann. An rud a chuireann iontas orm, áfach, ná go bhfuil corrcheann de na crainn mhóra tagtha slán. An radharc róphianmhar. Brostaím liom. Táim anois i ngleann domhain in íochtar atá chomh húrghlas, méith le foraois bháistí. Abhainn bheag ag sní tríd. Ar chúis éigin níor shroich an dóiteán an gleann seo agus tá na crainn, na toir, na toim agus an fásra ar fad tagtha slán. Dealraíonn sé go bhfuil éin uile na foraoise loiscthe bailithe anseo agus ceolchoirm ar bun acu ag ceiliúradh a dteacht slán ón dóiteán. Ceol níos áille níor chuala mé le fada. Castar seanfhear orm i lár an ghleanna. Fanaim scaitheamh ag comhrá leis cé go bhfaighim deacair é a thuiscint. Deir sé liom gur Mí Lúnasa seo caite a tharla an dóiteán.

Molinaseca

Bainim béal an ghleanna amach ag ceathrú tar éis a haon déag. Tá díonta slinne **Molinaseca** le feiceáil thíos fúm.Tógann sé fiche nóiméad orm an baile a bhaint amach. Gairdíní áille glasraí taobh le cuid mhaith de na tithe. Buailim fúm tamall taobh amuigh de shéipéal Nuestra Señora de las Angustias (Muire na nDólás). Bainim mo bhuataisí díom mar go bhfuil mo chosa trí thine istigh iontu. Ithim greim fad atá na cosa ag fuarú. Tugaim faoi deara go bhfuil doras an tséipéil clúdaithe le miotal. Cosaint atá ann. Ar chúis éigin bhíodh na hoilithrigh ag baint scealpóg as. Deirtear go bhfágadh spailpíní ó Galicia a gcuid corrán san eaglais agus iad ag filleadh tar éis an fómhar a bhaint ar an ardchlár. Tá an-chosúlachtaí idir Galicia agus Éire, go háirithe i dtaca leis an imirce agus leis an spailpínteacht. Déantar Muire na nDólás agus San Roque a chomóradh ar 15 Lúnasa le Cath Uisce ar Shráid Real. Bíonn buicéad uisce ag gach 'saighdiúir'. Muintir an bhaile i gcoinne arm na gcuairteoirí.

Ón áit ina bhfuilim i mo sheasamh féadaim Eaglais San Nicolás de Bari a fheiceáil ar an taobh thall den abhainn. Trasnaím an Meruelo thar dhroichead meánaoiseach ar a dtugtar Droichead an Oilithrigh (Puente del

Peregrino). Ar thaobh na láimhe deise tá trá shaorga *(playa fluvial)* déanta trí chomhlaí uisce a chur san abhainn. Déarfainn go mbeadh an t-uisce fuar go maith ag teacht díreach anuas ó na sléibhte. Theith an pobal ar fad as Molinaseca nuair a rinne na Múraigh ruathar isteach sa cheantar. Thart ar an am ar thosaigh an oilithreacht go Santiago de Compostela, tugadh Francaigh agus Giúdaigh anseo chun an baile a áitriú arís. Bhíodh dhá ospidéal oilithreachta anseo sna meánaoiseanna – San Lázaro agus San Nicolás. Baile breá ar fad is ea Molinaseca anois, é lán de thithe móra, áille, nua-aimseartha a bhfuil gairdíní deasa ag gabháil leo.

Cuirim chun bóthair arís. Mé ar urlár an ghleanna anois. Is follas go bhfuil aeráid bhog chineálta anseo ina bhfásann na fíniúnacha gan stró. Ar an mbóthar idir Molinaseca agus Ponferrada tá na fíonghoirt go flúirseach. Ní fhástar na fíniúnacha ar thacaí

El Castillo de los Templarios, Ponferrada

ach iad ina luí ar an talamh Tá cáil ar an dúiche mar gheall ar an bhfíon dearg, na glasraí agus go háirithe na piobair a tháirgtear anseo.

Mé ar imeall **Ponferrada** ag ceathrú chun a haon. Tá an seanbhaile suite ar chnoc creagach idir dhá abhainn – an Boeza agus an Sil. Thóg na Rómhánaigh dúnfort san áit ina raibh *castro* Ceilteach cheana féin. Thug siad *Interamnium Fluvium* air. Bhí mianaigh óir acu sa cheantar. Sa bhliain 456 AD, rinne Teodorico, taoiseach na Viseagotach scrios ar an mbaile. Is é an *Camino*, áfach, a chuir Ponferrada ar a bhonnaibh arís. Thóg an baile a ainm ón droichead iarainn *(Pons Ferrata)* a thóg an tEaspag Osmundo ag deireadh an 11ú céad. Thóg Ridirí an Teampaill **el Castillo de los Templarios** (Caisleán na dTeamplóirí) ar an ard creagach sa 13ú haois chun na hoilithrigh a chosaint. Cé gur loisc na Francaigh an caisleán sa bhliain 1811 i rith Chogadh na Leithinse, tá sé go feiceálach fós ina sheasamh go hard os cionn na cathrach. Cathair thionsclaíoch is ea Ponferrada a bhfuil mianaigh ghuail, monarcha ina ndéantar lón cogaidh agus oibreacha cruach thart uirthi.

Nuestra Señora de la Encina, Ponferrada

Tar éis leaba a fháil don oíche in óstán sa chuid nua-aimseartha den chathair, tugaim cuairt ar an gcaisleán, ar an seanbhaile agus ar thúr Barócach an chloig (la Torre del Reloj). An-taitneamh bainte agam as taispeántas ilmheán den scoth a dhéanann cur síos ar an gcuid sin den *Camino* a ghabhann trí Ghleann El Bierzo agus go háirithe ar an gceárta mheánaoiseach in Campludo (la Herrería de Campludo). Sa seanphríosún ar a dtugtar anois el Museo del Bierzo atá an taispeántas lonnaithe. Fillim ansin ar Bhaisleach Santa María de la Encina a fuair a hainm ó dhealbh la Virgen de la Encina atá le feiceáil inti. Deirtear go bhfuair na Teamplóirí an dealbh seo den Mhaighdean Mhuire i gcrann toilm *(la encina)* sa bhliain 1200 nuair a bhí crainn á leagan acu chun an caisleán a thógáil.

Lá 25

26 Meán Fómhair

Ponferrada –

Villafranca del Bierzo

Cathair / Baile / Sráidbhaile	Fad (Ciliméadar)	Airde (Méadar)
Columbrianos	5	534
Fuentesnuevas	7.5	530
Camponaraya	9.5	500
Cacabelos	15	484
Villafranca del Bierzo	22	512

Ponferrada fágtha agam ag deich chun a seacht. An bealach marcáilte go measartha maith. Ar aon nós tá siúlóirí amach romham agus leanaim iad. Tá súil agam nach daill ag giollacht an daill agam é. Gabhaim thar charn ollmhór slaige agus ansin trí pháirc ina bhfuil gleo ard, grágach á dhéanamh ag ealta éan nach n-aithním. Ag ceathrú chun a hocht táim in **Columbrianos**, sráidbhaile atá anois ina bhruachbhaile de chuid Ponferrada. Maidin Domhnaigh, agus is beag duine atá ina shuí. Eanlaith chlóis ag an-chuid daoine agus coiligh ag fógairt an lae mar is gnách. Gairdíní áille ag gabháil le gach teach a bhfuil puimcíní, cabáiste, piobair agus éagsúlacht mhór glasraí ag fás iontu. Ag ceathrú tar éis a hocht, gabhaim trí **Fuentesnuevas**, sráidbhaile ina bhfuil tithe atá in anchaoi, a gcuid balcóiní ag titim as a chéile chomh maith le tithe breátha cloiche le balcóiní tarraingteacha. Slinnte míne breátha ar chuid acu agus slinnte cloiche nach bhfuil éagsúil le leaca Lios Cheannúir ar roinnt eile. Tithe nua-aimseartha atá sa chéad sráidbhaile eile, **Camponaraya**, ach iad gruama agus gan tréithe suntasacha iontu. Caithfidh mé a rá gur beag pléisiúr atá le baint as tírdhreach na mbruachbhailte. Seo liom faoi dheifir.

El Bierzo iathghlas

Ní fada, áfach, go mbainim lár na tuaithe amach arís. Cé gurb é an Domhnach é, tá tarracóirí den uile chineál agus a gcuid leantóirí clúdaithe le canbhás ag déanamh ar na fíonghoirt chun tús a chur le fómhar na gcaor fíniúna. Tá an uain tagtha. Ní féidir leis na saothróirí an

deis a ligean tharstu. Nuair a d'fhógair an tImpire Constaintín an *dies Solis* (an Domhnach) ina lá scíste thug sé cead do mhuintir na tuaithe a bhíodh ag gabháil den talmhaíocht obair a dhéanamh 'ar eagla go gcaillfí féile na bhflaitheas trí fhaillí a dhéanamh ar an ócáid thráthúil.' Ag a naoi a chlog, trasnaím an Naraya. Leanaim orm trí cheantar ina bhfuil na fíonghoirt go forleathan. Sílim gur baill d'aon teaghlach amháin – tuismitheoirí, déagóirí, páistí agus corr-sheanduine – atá i ngach meitheal. Is aoibhinn an radharc é. Cuireann sé laethanta m'óige i gcuimhne dom nuair a bhínn amuigh sa mhóinéar ag sábháil an fhéir. Baill an teaghlaigh thart orm. An rud céanna ag tarlú i ngach móinéar sa dúiche. Tréimhse shona i mo shaol a bhí ann. Filleann na mothúcháin ó na laethanta aeracha, neamhbhuartha úd. Mé slán sábháilte i gcuan foscúil an teaghlaigh. Gan mé ag seoladh go fóill ar fharraigí corraithe, coipthe, stoirmiúla na beatha. Uaigneas orm anois i ndiaidh cuid mhaith de na daoine a fheicim sna móinéir úd. Iad féin bailithe isteach in iothlainn Dé.

Leathuair an chloig ina dhiaidh sin, bainim Cacabelos amach. Síos Sráid na nOilithreach (Calle de los Peregrinos) liom gan stad. Tar éis dom abhainn an Cúa a thrasnú tagaim go dtí eaglais a bhfuil el Santuario de la Quinta Angustia (Tearmann an Chúigiú Dólás) mar ainm uirthi. Áit éigin anseo in Eanáir na bliana 1809, lámhaigh Thomas Plunkett, saighdiúir faoi cheannas Sir John Moore, an ceannfort a bhí i gceannas ar fhórsaí Napoléon. Chuir sin moill ar na Francaigh agus thug sé deis d'fhórsaí na Breataine teitheadh siar i dtreo La Coruña ag leanúint bealach na n-oilithreach.

Aifreann ag leathuair tar éis a deich san eaglais. Beartaím fanacht faoina choinne. Nach orm atá an t-aiféala! Tugann an sagart, gan áibhéil ar bith a dhéanamh, an seanmóir is faide dá bhfuil cloiste agam riamh i mo shaol. Chun an scéal a dhéanamh níos measa tugann sé cainteanna uaidh trí nó ceithre huaire i rith an Aifrinn. An eaglais plódaithe agus dá bhrí sin táim i mo sheasamh. Éiríonn muintir na háite féin corrthónach, fiú. Cloistear osna ard anois agus arís. Mo chuid smaointe ar strae go minic. Tugaim faoi deara íomhánna de Naomh Antaine agus an Leanbh Íosa ag imirt cártaí lena chéile, iad araon tuirseach de bheith ag éisteacht leis an sagart. Céard eile?

Rud a chuireann iontas orm ná a laghad de phobal Dé a ghlacann comaoineach. Cé go bhfuil cúpla céad duine i láthair, ní théann thar deichniúr go comaoineach. An peaca marfach i réim anseo go fóill. 'Éigean bruinneall, briseadh póstaí, craos is goid is iomad móidí,' mar a dúirt an file fadó. Gan toradh fónta ar na seanmóirí fada, de réir dealraimh. Ní bhraithim róchompordach mar go bhfuilim gléasta i mbrístí gearra atá stróicthe, T-léine atá báite in allas, agus buataisí lathaí.

Cuirim chun bóthair arís. Lá breá grianmhar ach é beagáinín róbhrothallach le haghaidh coisíochta. Ní fada go bhfágaim sráidbhaile **Pieros** taobh thiar díom. Tamall isteach ar chlé anseo tá iarsmaí de dhúnfort Ceilteach (Castrum Bergidum) ar **Cerros de Ventosa**. Gabhaim thar pháirceanna atá chomh glas méith lena macasamhail i Machaire Méith na Mumhan. I gceann acu ar dheis tá píosaí ollmhóra dealbhóireachta. Nach ait an áit dóibh é!

Villafranca del Bierzo

Thart ar a haon a chlog, bainim **Villafranca del Bierzo** amach. Faighim lóistín san *albergue* dhá stóras atá ar imeall an bhaile. Ansin siúlaim isteach go lár an bhaile thar an chaisleán ar a dtugtar el Castillo-Palacio de los Marqueses de Villafranca. Tá an chearnóg mhór lán de mhuintir an bhaile agus de thurasóirí an Domhnaigh. Ar chúis éigin táim stiúgtha leis an ocras. Buailim fúm ag bord amuigh faoin aer i Restaurante Compostela agus iarraim dhá phláta éagsúla – *chorizo* le sccallóga prátaí agus *paella*. Nuair a thagann an freastalaí leis an dá phláta in éineacht, tugaim faoi deara go bhfuil na daoine ag an mbord taobh liom ag stánadh orm agus alltacht ina súile. Níl a fhios agam an é an méid bia atá ag cur as dóibh nó an bhfuil cosúlacht idir mé agus dúnmharfóir aitheanta éigin atá tar éis éalú as príosún. Dhá euro déag atá ar an mbéile, lítear d'uisce drithleach san áireamh. Agus mé i mo shuí anseo, gabhann ceathrar marcach thar bráid ar a mbealach go Santiago, sliogáin an mhuirín ar a mbrollach ag gach fear acu.

Taitníonn an baile go mór liom. Tá seantithe cloiche agus armas na clainne ar chuid acu ar an taobh eile den chearnóg. Is léir go mbíodh uaisle ina gcónaí sa bhaile seo tráth. Is é an *Camino de Santiago* a chuir tús le forbairt Villafranca sa 9ú céad san áit inar tháinig dhá abhainn – an Burbia agus an Valcarce – le chéile ag bun na sléibhte atá mar theorainn idir el Bierzo agus Galicia. Is cosúil gur fhás an baile thart ar mhainistir Bheinidicteach a bhunaigh manaigh Fhrancacha ó Chluny thart ar an mbliain 1070. Tugann ainm an bhaile le fios gur lonnaigh inimircigh Fhrancacha san áit agus de réir an tseanchais, ba iad a bhunaigh tionscal an fhíona sa cheantar. Sna meánaoiseanna, bhí ar a laghad cúig ospidéal oilithreachta anseo. Déantar cur síos in anála Mhainistir Santiago ag deireadh an 15ú haois ar staid an bhaile. Bhí na sráideanna caol agus dorcha. Mar gheall air sin agus ar bhochtaineacht na ndaoine bhí an-chuid coiriúlachta ar na sráideanna i rith na hoíche. Bhíodh gnáthmhuintir an bhaile agus fiú na huaisle ag díol gach uile chineál bia – arán, fíon, éisc, torthaí, ola, tuí, eorna, feoil – leis na hoilithrigh ag doirse a dtithe. Déanann an t-oilithreach Herman Kunig von Vach tagairt d'fhíon an cheantair ina chuntas sa bhliain 1495. Tá gaol ag an teaghlach a chónaíonn sa seanchaisleán, los Álvarez de Toledo, le maithe agus móruaisle na Spáinne. Is de shliocht don Pedro Álvarez de Toledo iad. Bhí seisean ina fhear ionaid ag Rí na Spáinne i ríocht Napoli thart an an mbliain 1529. Nuair a ghabh Domenico Laffi trí Villafranca sa bhliain 1670 scríobh sé ina leabhar nótaí gurbh:

> …áit álainn é, crioslaithe in isleán idir cheithre shliabh fhíorarda; tagann dhá abhainn mhóra le chéile ann agus is é an baile deireanach é i ríocht León, cé go mb'fhéidir gur cheart cathair a thabhairt air

toisc é a bheith chomh mór sin. Tá mórchuid mainistreacha agus clochar ann mar aon le cearnóg mhór agus tithe fíoráille.

Sa bhliain 1589, scuab an phlá cuid mhaith de dhaonra an bhaile chun siúil agus ba bheag nár scuab tuile sna haibhneacha cuid den bhaile léi sa bhliain 1715. Sa bhliain 1832, scríobh an taistealaí Richard Ford go raibh cuma Eilvéiseach ar Villafranca. Chreach na Sasanaigh an baile trí huaire le linn Chogadh na Leithinse. Nuair a ghabh na Francaigh an baile rinne siad slad ar an gcaisleán, ghoid siad a raibh sna heaglaisí, thruailligh siad uaigh San Lorenzo da Brindisi agus tuamaí uaisle an chaisleáin. Rugadh an file cáiliúil Spáinneach Enrique Gil y Carrasco anseo sa bhliain 1825.

Agus mo bholg lán tugaim camchuairt ar na heaglaisí. Eaglais San Francisco ar dtús. Deirtear gur bhain sí le mainistir Phroinsiasach a bhunaigh Naomh Proinsias féin agus é ar a bhealach go Santiago. Ar aghaidh liom ansin go hEaglais Santiago ina bhfuil ceann de Dhoirse an Mhaithiúnais (las Puertas del Perdón). Dá ngabhadh oilithreach a bhíodh róthinn chun leanúint ar aghaidh go Compostela tríd an doras seo, mhaití a chuid peacaí dó agus bhronntaí air nó uirthí na loghanna uile a bheadh le fáil in Santiago féin. Is í an eaglais Ghotach ar a dtugtar la Colegiata de Santa María taobh leis an mBurbia an ceann is mó a thaitníonn liomsa. Tá eaglais ag na hÍosánaigh ar an mbaile freisin. É dúnta áfach nuair a thagaim chomh fada léi. A sé a chlog tráthnóna. An teocht fós os cionn tríocha céim. Fillim ar an *albergue* agus caithim an chuid eile den tráthnóna ag breathnú trí nuachtáin Spáinneacha an Domhnaigh. Níl mórán taitnimh le baint astu. Bíonn siad i gcónaí rud beag leamh, tur i gcomparáid lenár nuachtáin féin.

Lá 26

27 Meán Fómhair

Villafranca del

Bierzo – O Cebreiro

Cathair / Baile / Sráidbhaile	Fad (Ciliméadar)	Airde (Méadar)
Pereje	5	550
Trabadelo	8.5	585
Ambasmestas	13	600
Vega del Varcarce	15.5	630
Herrerías	16.5	700
La Faba	20	917
Laguna de Castilla	22	1150
O Cebreiro	24.5	1300

Mé ar an mbealach arís ag ceathrú tar éis a sé. Cuid mhaith ama curtha amú agam ag gabháil timpeall an bhaile ag lorg na saigheada buí amach as.

Castar triúr cailíní Spáinneacha orm agus an cuardach céanna ar siúl acu. Faoi dheireadh, buailimid go léir le bean atá ag dul ar Aifreann agus seolann sí ar an mbealach ceart sinn. Fearg orm liom féin nár chuir mé tuairisc an bhealaigh tráthnóna inné nuair a bhí dóthain solais ann. Gaoth fhuar ag séideadh. Fothain agam ón bhforaois a chlúdaíonn slios an tsléibhe. Tá eireaball iartharach an Cordillera Cantábrica (Sierra do Courel agus Sierra dos Ancares) idir mé agus Galicia. Lá iomlán siúil romham in aghaidh aird rite sula

Saighead buí ar an mbóthar

mbainim O Cebreiro, ceann scríbe an lae inniu, amach. Tá an sráidbhaile stairiúil seo suite go hard ar mhám idir O Courel agus Los Ancares.

Taitníonn na coillte agus na páirceanna beaga glasa go mór liom. Tá dealramh ag an gceantar le Gleann Dá Loch ach go bhfuil na sléibhte níos airde agus gur crainn duillsilteacha is mó atá ag fás anseo. Go deimhin féin, tá cosúlachtaí móra idir é agus áiteanna i dTirol na hOstaire ar shiúil mé tríothu.

Fiche tar éis a hocht. Táim ag druidim le sráidbhaile **Trabadelo** nuair a ritheann madra rua amach ar an mbóthar os mo chomhair. Leanann sé romham ar feadh scaithimh sula scinneann sé trí bhearna isteach i measc na gcrann. Tá crainn á ngearradh ar scála an-mhór thart anseo. Is léir go bhfuil muileann sábhadóireachta in aice láimhe in áit éigin. Trasnaím an Valcarce isteach sa sráidbhaile. Tar éis *café con leche* a ól, táim réidh don bhóthar arís. Dealraíonn nach n-itheann na fir áitiúla bricfeasta sa bhaile ach go dtéann cuid mhaith acu go dtí an caifé le haghaidh caifé na maidine.

Cé nach bhfuil scamall sa spéir tá an ghaoth atá ag séideadh anuas trí ghleann an Valcarce fuar go maith. Áthas orm go bhfuil mo sheaicéad olla agam. Bheinn préachta gan é. Tá dhá mhonarcha ar a laghad anseo ina ndéantar ispíní agus putóga *(fábricas de embutidos)* agus iad feicthe agam le taobh an bhealaigh mhóir. Nach ait an t-ionad é dá leithéid? Leanaim castaíocha an bhóthair in airde trí ghleann caol úrghlas a bhfuil sleasa géara, coillteacha ar an dá thaobh. Ba donna agus donnrua ar féarach sna páirceanna beaga méithe. Is é an crann castán is coitianta sna coillte. Os mo chionn in airde tá mullaigh na sléibhte lasta suas ag grian íseal na maidine ach tá na gleannta faoi scáth go fóill. An t-aon mhíghné den tírdhreach fíorálainn seo ná an mótarbhealach idir La Coruña agus Madrid a réabann an suaimhneas ó am go chéile.

Leanaim orm trí Portela de Valcarce. Tá dealbh d'oilithreach meánaoiseach (nó b'fhéidir de *Santiago Peregrino* féin) anseo ar thaobh an bhealaigh. Guíonn an inscríbhinn *Buen Camino Peregrino* orm. Deir sí liom freisin go bhfuil 190 ciliméadar le siúl agam go Santiago agus go bhfuil 559 ciliméadar curtha díom agam ó d'fhág mé Roncesvalles. Ar aghaidh liom go h**Ambasmestas**, i gcónaí i aghaidh an aird.

Bainim **Vega de Valcarce** amach gan stró, mé ag sú fuinnimh agus spleodair isteach ó áilleacht na tíre. D'fhan Carlos V anseo agus é ar a bhealach go Santiago sa bhliain 1520. Tá tithe áille lóistín agus bialanna ann go fóill. Caisleán (el Sarracín) ar chliathán sléibhe os mo chionn. Sráidbhailte beaga crochta go sciamhach iad sráidbhailte an ghleanna seo. Más mar seo a bheidh sna flaithis beidh mé sásta go leor. Ní mar sin a bhí sna meánaoiseanna, áfach. Bhíodh na hoilithrigh á gcreachadh ag tiarnaí agus uaisle an cheantair, iad ag baint cánacha agus dolaí iomarcacha díobh.

A deich chun a deich faoin am seo. Comhartha mór ar thaobh an bhealaigh ag fógairt go bhfuil trá abhann *(playa fluvial)* sa sráidbhaile. Tá claonadh sa duine, sílim, áilleacht nádúrtha na cruinne a lot. Sampla de anseo os mo chionn in airde. Mótarbhealach ag trasnú an ghleanna ar dhroichead atá i bhfad níos airde agus níos mórthaibhsí ná droichead an M50 os cionn na gCeapach Sú Talún. Coimeádaim mo shúile ar leibhéal níos ísle i dtreo nach mbíonn orm breathnú ar an torathar coincréite. Ní éiríonn liom torann an tráchta a dhúnadh amach, áfach. Bainim suaimhneas éigin as na garraithe glasraí. Is beag teach nach bhfuil ceann breá néata taobh leis. Nach trua nach bhfeictear a léithéidí in Éirinn níos mó ?

Graffiti ar na ballaí anseo atá feicthe agam ó am go ham chomh fada siar le Ponferrada ag éileamh *galego na scola* (go múinfí teanga dhúchais Galicia sna scoileanna, sílim). Nílim in Galicia go fóill ach in León. Deir *graffito* eile anseo, 'Ní sa Spáinn atá tú anois ach in Galicia'. Déarfainn nach róshásta a bheadh ríocht ársa León lena leithéid d'fhógra. Freagra tugtha ag muintir na háite anseo, áfach - *Bierzo sin Gallegos* (*sin* = gan), ag cur in iúl nach bhfuil fáilte rómhór roimh mhuintir Galicia in El Bierzo. Cuirtear ina luí orm gur tír ilteangach, ilchultúrtha agus ilchiníoch í an Spáinn cé go ndearna Franco gach iarracht idir 1939 agus 1975 an saibhreas cultúrtha sin a chur faoi chois.

Leathuair tar éis a deich. Táim ag siúl trí **Ruitelán**. Dhá dhroichead arda, ceann acu níos airde ná a chéile, ag trasnú an ghleanna os cionn chosán na n-oilithreach arís. Ligim orm nach bhfeicim iad. Go gairid ina dhiaidh sin tagaim go dtí **Las Herrerías** (Na Ceártaí), sráidbhaile i suíomh neamhaí. Bhí na ceártaí anseo go fóill nuair a ghabh Domenico Laffi an bealach sa 17ú céad. Stadaim chun dreas comhrá a dhéanamh le feirmeoir óg atá ag deisiú claí i gceann de na páirceanna beaga. Fiafraím de cén pór eallaigh lena mbaineann na ba donnrua atá le feiceáil ar fud an ghleanna. Pór ar a dtugtar *Rubia Gallega* (an Gailléagach Fionn) atá ann, a deir sé liom, ach go mbíonn pór Astúrach measctha leo uaireanta. Níl siad rómhaith chun bainne a thál ach, de réir dealraimh, tá siad an-oiriúnach don cheantar sléibhe seo. Iad an-chosúil leis na ba gearr-adharcacha a bhí coitianta in Éirinn fadó. Gan níos mó ná deich mbó le chéile in aon pháirc.

I ndiaidh Las Herrerías éiríonn an t-ard níos géire. An taobh tíre níos oscailte agus na radharcanna níos áille, áfach. Lá aoibhinn spéirghlan, rud is annamh sa cheantar sléibhtiúil seo, a deirtear liom. Fraoch, giolcach shléibhe agus raithneach ar dhath an fhómhair is mó atá thart orm. Castar duine de na Spáinnigh orm a raibh comhrá agam leo in El Acebo. Tá sé spíonta agus *albergue* á lorg aige.

Bainim **La Faba** amach. Seo an paróiste deireanach i ndeoise Astorga. Nílim ach ceithre chiliméadar nó mar sin ó cheann scríbe. Seasaim anois agus arís chun áilleacht na dúiche a shú isteach. Éagsúlacht datha ar chliatháin agus ar mhullaí maola na sléibhte – ó dhúghlas go húrghlas go huaine measctha le rua, donnrua agus buí an fhómhair. Téann Spáinneach óg tharam de thruslóga fada éasca. Tugaim faoi deara nach bhfuil mála ar bith á iompar aige. É seolta ar aghaidh go ceann scríbe i dtacsaí aige gan amhras. Ag a haon a chlog gabhaim trí ghráig a bhfuil **Laguna de Castilla** mar ainm uirthi. Shílfeá gur ag siúl trí chlós feirme a bhí tú, bualtrach bó ar fud na háite agus bolaithe feirme san aer. Táim in León go fóill. Cúig nóiméad déag ina dhiaidh sin, áfach, táim i mo sheasamh ag leacht a thaispeánann go bhfuil

Na sléibhte roimh O Cebreiro

teorainn Galicia bainte amach agam. An leacht clúdaithe le *graffiti*, drochnós atá coitianta in áiteanna sa Spáinn, faraor. *Galiza – Independéncia*. Ní gá a bheith i do shaineolaí ar an léann Spáinneach chun brí a bhaint as na focail sin.

Bainim O Cebreiro amach timpeall leath i ndiaidh a haon. Tá deichniúr romham ag doras an *albergue* agus ní fada go mbíonn na leapacha ar fad tógtha. Brú deas nua-aimseartha atá ann ina bhfuil stábla a thógfadh dhá chapall. Sráidbhaile álainn de thithe cloiche 1,293 méadar os cionn na farraige is ea O Cebreiro. Radharcanna fíoráille ar Ghleann El Bierzo atá fágtha i mo dhiaidh agam. Tírdhreach níos mealltaí, níos tarraingtí fós thíos fúm in Galicia. Shílfeá gur Cill Mhantáin a bhí romhat amach. Deirtear liom go bhfuil an t-ádh liom é a fheiceáil in aimsir atá beagnach foirfe. De ghnáth, is ceantar sceirdiúil, gaofar, fliuch é. Fiú amháin sa samhradh, bíonn corrstoirm sneachta anseo. Mharaigh an fuacht cuid mhaith de shaighdiúirí Sir John Moore sa cheantar agus iad ag teitheadh siar go La Coruña roimh fhórsaí Napoléon i lár an gheimhridh i rith Chogadh na Leithinse.

Sa bhliain 1072, thug Alfonso VI manaigh Fhrancacha ó mhainistir Saint Gérard d'Aurillac go dtí O Cebreiro, áit ar fhan siad go dtí 1486 nuair a rinneadh comhcheangal idir mainistir O Cebreiro agus Mainistir San Renito in Valladolid. D'fhág na manaigh an sráidbhaile ar fad sa bhliain 1854. Faoin am sin, bhí an oilithreacht imithe i léig. Tá eaglais réamh-Rómhánúil na mainistreach – la Iglesia de Santa María – anseo go fóill. Istigh inti tá cumhdach taisí a bhronn an Lánúin Ríoga Chaitliceach (Fernando agus Isabel) ar an mainistir agus iad ag gabháil trí O Cebreiro ar oilithreacht go Santiago sa 15ú haois. Tá cailís agus paiteana i dtaisce san eaglais freisin a théann siar go dtí thart ar 1300 nuair a tarla míorúilt éigin. Tugtar Maighdean na Míorúilte (la Virgen del Milagro) ar dhealbh ón 12ú céad a choimeádtar san eaglais freisin. Bhí sagart paróiste fuinniúil in O Cebreiro tráth, Don Elías Valiña Sampdero, a d'oibrigh go díograiseach chun ailtireacht thraidisiúnta an cheantair a chaomhnú agus suim san oilithreacht go Santiago a athmhúscailt. Tá a bhusta le feiceáil sa sráidbhaile.

Tá na *pallozas* is fearr dá bhfaca mé ar an turas in O Cebreiro. Tithe cloiche ceann tuí is ea iad a bhfuil déanamh cruinn nó ubhchruthach orthu. De réir an tseanchais, téann siad siar go haimsir na gCeilteach. Tá buntáiste faoi leith i gcruth

Palloza in O Cebreiro

seo an fhoirgnimh. Sleamhnaíonn an ghaoth thart air gan dochar a dhéanamh, rud atá an-tábhachtach i gceantar sceirdiúil sléibhe. Mar gheall ar stair an tsráidbhaile agus na radharcanna mórthaibhseacha, bíonn busanna lán de thurasóirí ag teacht agus ag imeacht an t-am ar fad. Agus mé amuigh ag spaisteoireacht sa sráidbhaile, cloisim ceol Gaelach ag teacht chugam ar an aer ó cheann de na siopaí. Faigheann an fhiosracht an lámh in uachtar orm agus buailim isteach. Fad atáim ag breathnú ar na maingisíní turasóireachta, labhraím le bean an tsiopa.

'Feicim go bhfuil ceol na hÉireann á sheinm agat,' arsa mise léi.

Is léir láithreach go ngoilleann an ráiteas sin uirthi.

'Ní hea in aon chor,' ar sise, 'ach ceol traidisiúnta Galicia atá ann.'

Galicia ó O Cebreiro

Léann sí an t-amhras ar m'aghaidh agus tógann sí an dlúthdhiosca as an seinnteoir. Ceoltóirí dúchais ar fad atá ainmnithe air. Táim beagnach cinnte, áfach, gur foinn Ghaelacha atá á seinm acu. Ní deirim sin léi, áfach. Tá fréamhacha an cheoil thraidisiúnta ag dul siar go dtí ré na gCeilteach in Galicia agus in Asturias. Seinntear an *gaita* (píb mhála) sa dá réigiún sin. Tá dlúthbhaint anois idir cheoltóirí Galicia agus grúpaí ceoil in Éirinn ar nós na Chieftains. Is minic Carlos Nuñez ag seinm leo. Tá DVD ar an g*Camino Francés* le fáil agus is é fonn *Grá Mo Chroí, Mo Pháistín Fionn* an ceol cúlra atá ag gabháil leis.

B'fhear é Aymeric Picaud nach raibh éasca a shásamh mar atá feicthe againn ón méid a dúirt sé mar gheall ar mhuintir Navarra. Ní raibh ach moladh aige do Galicia, áfach, agus dá muintir. Seo a leanas sliocht as an gcuntas a scríobh sé:

Níos déanaí, tar éis gabháil trí cheantar León agus Sliabh Irago agus Sliabh Cebreiro a thrasnú, tagtar go tír na nGallegos. Tá foraoiseacha go flúirseach inti agus is aoibhinn a cuid aibhneacha, a cuid móinéar, a cuid úllord niamhrach, a cuid torthaí breátha agus a cuid foinsí gléigeala uisce. Tá sí tearc i gcathracha, i mbailte agus i bhfeirmeacha. Tá sí gann in arán cruithneachta agus i bhfíon ach tá raidhse arán seagail agus ceirtlise inti, beostoic agus capall, bainne agus meala, éisc mhara idir bheag agus mhór. Tá flúirse óir agus airgid, éadaí fite agus seithí ainmhithe inti, agus go háirithe de shaibhreas na Saraistíní. Sa mhéid sin, tá na Gallegos níos cosúla lenár gcine Francach féin ná na ciníocha Spáinneacha eile a chleachtann nósanna míshibhialta ach tá siad colgach agus tugtha don dlí.

Na céadta bliain i ndiaidh Picaud, scríobh Domenico Laffi focail mholta i dtaobh Galicia freisin:

Thángamar go limistéar a bhí idir álainn agus thorthúil; bhí raidhse torthaí agus líon mór tithe, feirmeacha agus garraithe ann. Trasnaítear abhainn ar a bhfuil go leor muilte agus go gairid ina dhiaidh sin baintear Sarria amach.

Cathair/Baile/Sráidbhaile	Fad (Ciliméadar)	Airde (Méadar)
Liñares	3	1264
Alto de San Roque	4	1270
Hospital da Condesa	5.5	1270
Padornelo	7	1295
Alto do Poio	8.5	1336
Fonfría	12	1290
Biduedo	14.5	1200
Triacastela	21	665
San Xil	25	865
Alto de Riocabo	27	905
Calvor	35	520
Sarria	40	440

Lá 27

28 Meán Fómhair

O Cebreiro – Sarria

Fágaim O Cebreiro ag leath i ndiaidh a sé faoi spéir ghlan, réaltógach. Tá solas na gealaí chomh lonrach sin go bhféadfainn leabhar a léamh. Brat ceo íseal sna gleannta thíos fúm. Soilse na mbailte agus na sráidbhailte le feiceáil go soiléir. Ag a seacht a chlog tagaim go **Liñares**, sráidbhaile a raibh cáil air uair amháin i ngeall ar tháirgeadh an lín, i mbearna sléibhe. Stadaim tamall san áit ina bhfuil dealbh d'oilithreach in **Alto de San Roque**. Ansin tógaim an cosán ar thaobh na láimhe deise. Faoi cheann tríocha nóiméad táim in **Hospital da Condesa**. Bricfeasta de *café con leche* agus dhá *panes de leche* agam i mbeár deas nua-aimseartha sa ghráig. Beirt fhear óga ag ól caifé ag an gcuntar roimh thús a chur lena lá oibre, iad ag comhrá i nGalego le fear an tí.

Cúis iontais dom an méid Galego atá á labhairt. Tá sí in úsáid go coitianta ag na gnáthdhaoine ina saol laethúil. Tá Spáinnis ar a dtoil ag na daoine óga ach tugaim faoi deara go bhfreagraíonn na seandaoine i n*Galego* mé nuair a chuirim ceist orthu i Spáinnis. Cé gur rugadh agus gur tógadh

Franco in Galicia, rinne sé iarracht cosc a chur le húsáid na teanga faoi mar a rinne sé leis an mBascais agus leis an gCatalóinis. Tá sí in úsáid anois, áfach, mar mheán teagaisc sna scoileanna agus mar mheán cumarsáide sa tseirbhís phoiblí. Tá seirbhís iomlán radió agus teilifíse le fáil sa teanga. Táthar ann a deir nach teanga cheart í an Galego ach canúint de chuid na Portaingéilise. Tá an-chosúlacht idir an dá theanga.

Ní fada go mbuaileann ceathrar oilithreach óga isteach, beirt bhuachaillí agus beirt chailíní. Idir Bhéarla agus Ghearmáinis á labhairt acu. Nuair a bhuailim bóthar arís, tá an lá ag breacadh taobh thiar díom. Is cosúil é leis an láchaint ar chnoic ghlasa na hÉireann ach amháin go bhfuil an teocht ró-ard le seaicéad a chaitheamh fiú chomh luath seo ar maidin. Mé ag cur allais cheana féin. Is álainn ar fad na radharcanna atá thart orm agus thíos fúm – sléibhte lasta ag grian na maidine, gleannta doimhne, páirceanna glasa, méithe, ballaí cloch, sceacha geala, garráin faoi dhuilliúr. Tá Galicia ag síneadh amach romham.

Cuireann na coiligh ag fógairt an lae fáilte romham go sráidbhaile **Padornelo** timpeall ceathrú tar éis a hocht. Boladh na húire ón bhféar faoi dhrúcht. Ar aghaidh liom ansin go **Alto de Poio** atá 1337 méadar os cionn na farraige. Céad daichead a hocht ciliméadar atá idir mé agus Santiago de Compostela. A naoi a chlog. Táim in **Fonfría** (Fuarán Fuar), gráig ina bhfuil cúpla teach feirme agus sciobóil. Na bolaithe a mbeifeá ag súil leo ina leithéid d'áit. Gabhaim thar *palloza* cruinn ar thaobh na láimhe clé. Déarfainn gur beár nó caifé atá ann. Mo dhroim á théamh anois ag gathanna na gréine.

Anseo agus ansiúd, tá comharthaí ag fógairt *turismo rural*, rud nach bhfuil feicthe agam go dtí seo. Na cosúlachtaí idir Galicia agus Éire ag dul in iomadúlacht – crainn chaorthainn, crainn chuilinn agus iad araon clúdaithe le caora. Sméara dubha go líonmhar ar na driseacha. Clúdach plaisteach bán ar na cornaí sadhlais in ionad an chlúdaigh dhuibh a bhíonn coitianta in Éirinn. Mé ag dul le fána agus luas maith fúm. Siúlaim trí shraith de shráidbhailte agus de ghráigeanna. An chloch áitiúil mar ábhar tógála sna tithe feirme agus sna sciobóil. Díonta slinne orthu. **Biduelo** ag leathuair tar éis a naoi, **Filloval** daichead nóiméad ina dhiaidh sin. **As Pasantes** ag druidim le leath i ndiaidh a deich. Nuair a bhainim **Ramil** amach téann ceithre bhó dhéag de phór *Rubia Gallega* tharam sa treo eile. Iad á seoladh ag madra mór Alsáiseach. Gan duine ná deoraí le feiceáil. Fios a ghnó ag an madra úd gan aon agó.

I lár na maidine bainim **Triacastela** amach, baile atá ainmnithe as na trí chaisleán a bhí sa cheantar tráth. Níl rian díobh fágtha ach amháin ar armas an bhaile. Más féidir Aymeric Picaud a chreidiúint, bhíodh sé de nós ag oilithrigh a linne cnapán aolchloiche a iompar ó Triacastela go dtí Castañeda chun aol a chur ar fáil do thógáil na hardeaglaise in Santiago. Tar éis an aolchloch a dhó i dtiníleacha an bhaile úd, d'iompraítí an t-aol i gcairteanna go Compostela. Tógaim sos in Triacastela. Uibheagán blasta, arán úr Francach agus dhá bhuidéal Coca-Cola agam. Tá an cailín freastail ag clamhsán le triúr nó ceathar de mhuintir na háite faoi oilithreach a bhí drochbhéasach léi tamaillín ó shin. Insíonn sí dóibh freisin faoi ghrúpa turasóirí a d'éalaigh gan a mbille a íoc.

Nach suimiúil an t-ábhar cainte atá aici! Táim díreach ag léamh giota faoi phríosún a bhí anseo in Triacastela sna meánaoiseanna do bhréag-oilithrigh a bhíodh ag teacht i dtír ar choiriúlacht ar an gCamino. Ní gá a rá go ndéanaim iarracht bhreise a bheith dea-bhéasach leis an bhfreastalaí agus mo chuntas a shocrú sula bhfágaim an beár. Bhíodh an choimhlint chomh géar idir na hóstóirí in Santiago de Compostela in aimsir Aymeric Picaud go gcuiridís gníomhairí chomh fada le Triacastela chun stocaireacht a dhéanamh i measc na n-oilithreach. Ba mhinic a thugaidís bronntanais bheaga dóibh ar choinníoll go bhfanfaidís leo nuair a bhainfidís ceann scríbe amach. Dhéanadh na hóstóirí na hoilithrigh bhochta a chreachadh ansin.

Margadh tuaithe ar siúl anseo ar maidin. Caithim tamall ag siúl i measc na stainníní ina bhfuil éadaí, bróga, uirlisí, agus torthaí ar díol. Déanaim comhrá gearr le bean Mheiriceánach atá ag siúl cuid den bhealach go Santiago ach go bhfuil na spuaiceanna cos ag cur as go mór di. Tá dhá bhealach as Triacastela. Téann ceann acu go dtí **el Monasterio de Salmos**. Ní bhacaim leis.

Ag leath i ndiaidh a haon déag tá an baile fágtha agam agus m'aghaidh tugtha agam ar **San Xil**. Tá an cosán seo níos ciúine. Téim trí ghleann glas méith atá clúdaithe le brat caisearbhán. Is álainn ar fad an radharc é. Go gairid roimh mheán lae siúlaim trí **A Balsa** nach bhfuil inti ach tithe cloiche agus foirgnimh feirme. Leanaim ansin ar chosán suaimhneasach, síochánta faoi dhídean na gcrann castán agus na ndarach le hais na habhann ar a dtugtar an Valdeoscuro. Tá an stráice seo den Camino an-taitneamhach. Ciúnas. Sáimhe. Is breá liom diamhair na coille. Tá a mbealaí féin ag na crainn – go háirithe na crainn duillsilteacha – le sólás a thabhairt don anam, leis an mbrón, an duairceas, an fhearg a mhaolú, le faoiseamh a thabhairt don duine ó arraingeacha na mothúchán pianmhar. Is máthair í an fhoraois. Tógann sí an duine léanmhar ina baclainn. Drogall orm an áit a fhágáil.

Ag fiche tar éis meán lae, táim in San Xil, gráig nach bhfuil inti ach clós feirme clúdaithe le bualtrach. Tá sé tugtha faoi deara agam go gcoimeádtar na hainmhithe in íochtar an tí i gcásanna áirithe agus go mbíonn na daoine ina gcónaí sa chuid uachtarach. Na buidéil uisce imithe i ndísc orm. An t-ádh liom go dtagaim ar mheaisín dáileora uisce ar thaobh an bhóthair. Ní

fada go bhfágaim an Cordillera Cantábrica i mo dhiaidh. Talamh réchnocach, droimneach atá romham amach. D'fhéadfainn a bheith i gCo. an Chabháin ach go bhfuil níos mó coillte anseo. Iolar ar foluain os mo chionn. Má tá sé ag súil go dtitfidh an t-anam asam tá dul amú air. Mothaím go breá, fuinniúil, bríomhar, beoga. Má bhainim Sarria amach beidh daichead ciliméadar siúlta agam inniu. Má fhanann an t-iolar liom go dtí sin b'fhéidir gur scéal eile a bheidh ann.

Ag druidim lena haon a chlog, bainim **Alto de Riocabo** amach. Le fána síos ansin trí fhoraois ina bhfuil corrchrann castán measctha leis na daracha. Ar aghaidh liom trí shraith de ghráigeanna – **Montán, Furela, Brea, Pintín, Calvor, Aguada** – ar deacair idirdhealú a dhéanamh eatarthu. Is beag caifé nó beár atá sa cheantar seo gan an cosán a fhágáil. Faoi dheireadh, thart ar a trí a chlog tagaim ar bheár-chaifé amuigh i lár na tuaithe. Sílim go bhfuil sos tuillte agam. Cúig chiliméadar is tríocha déanta agam go dtí seo inniu. Bainim an-sásamh as *café con leche* agus uachtar reoite. Níl oilithreach ná siúlóir feicthe agam ó d'fhág mé Triacastela. Buailim bóthar arís. Ceithre chiliméadar ó **Sarria** castar Manuel, an leabharlannaí ó Salamanca, orm. Siúlaimid i gcuideachta a chéile go ceann scríbe.

Baile mór is ea Sarria atá lán de thithe nua-aimseartha agus d'árasáin. Tá sé suite ar ard i ngleann. Fáinne de chnoic agus de choillte thart air. Tá an baile 120 ciliméadar ó Santiago. Céad ciliméadar an t-íosfhad a chaithfidh an t-oilithreach a dhéanamh chun *Compostela* – an teastas Laidine - a thuilleamh. Mar gheall air sin tá méadú suntasach ar líon na n-oilithreach as seo amach. Tá caisleán meánaoiseach ar bharr an chnoic. Bhí *castro* Ceilteach ann tráth. Téimid beirt isteach san oifig thurasóireachta.

Deirtear linn go bhfuil an príomh-*albergue* lán go doras ach go bhfuil cúpla brú príobháideach a bhfuil leapacha le fáil iontu go fóill. Teastaíonn ó Manuel, áfach, triail a bhaint as *albergue* atá á reáchtáil ag ord rialta ar a dtugtar los Mercedarios in **El Convento de la Magdalena**. Bhunaigh Pedro Nolasco an t-ord seo in Barcelona sa bhliain 1218. Ord míleata de shórt a bhí ann. Ba é an misean a bhí ag na manaigh ná airgead fuascailte a bhailiú agus a íoc i dtreo go saorfaí príosúnaigh Chríostaí a bhí gafa ag na Múraigh. Le cois na ngnáthmhóideanna – bochtaineacht, umhlaíocht, agus geanmnaíocht – ghlac baill den ord móid bhreise - iad féin a thairiscint mar ghialla in áit na bpríosúnach Críostaí a bheadh i mbaol a gcreideamh a thréigean. Fad a bhí an bunaitheoir beo, d'éirigh leo 2,700 príosúnach a fhuascailt. Ciallaíonn an focal Spáinnise *merced*, 'trócaire' sa Ghaeilge. Ón bhfocal sin a tháinig ainm an oird. Caitheann na manaigh aibíd bhán agus crios leathan leathair a bhfuil slabhra ar crochadh uaidh.

Tógann sé tamall orainn an mhainistir a aimsiú. Tar éis scaithimh fhada a chaitheamh ag bualadh ar an doras mór adhmaid tuigim cén fáth nach bhfuil ráchairt rómhór air mar *albergue*. Dá mbeinn liom féin bheinn imithe faoi dhéin brú éigin eile ach tá Manual dianseasmhach. Faoi dheireadh, osclaíonn sagart an doras agus scaoileann sé isteach sinn. Tarlaíonn nach bhfuil ach an bheirt againn ag fanacht san *albergue* anocht. Ní chuireann sin iontas ar bith orm. Dhá scór ciliméadar siúlta againn beirt ó d'fhágamar O Cebreiro ar maidin. Fonn orainn cithfholcadh maith a thógáil. Go deimhin, tá scoth na gceathanna anseo, an t-uisce breá te agus brú láidir iontu. An t-aon mhíbhuntáiste a bhaineann leis mar *albergue* ná nach bhfuil áit ar bith le héadaí a thriomú. Áit an-stairiúil atá sa mhainistir féin. Téann an foirgneamh bunaidh siar go dtí an 13ú céad. Bhí ospidéal ag Ord Naomh Eoin Iarúsailéime ann tráth. Ó thaobh na hailtireachta de tá aghaidh álainn *Plateresco* air.

Amach liom chun greim bia a fháil agus cé a chasfaí orm ach an ministéir Gearmánach a ghlac páirt sa searmanas in Foncebadón. Tá sé ag taisteal ar na busanna anois mar go bhfuil athlasadh i dteannáin na gcos aige. Go leor bialann ina bhfuil bia na mara le fáil in Sarria. An-tóir in Galicia ar ochtapas - *pulpo*, sa Spáinnis. Tugtar *pulpería* ar an mbialann ina mbíonn an *pulpo* agus *calamares* (scuid) mar speisialtacht an tí iontu. Tá beartaithe agam triail a bhaint astu go dtí go bhfeicim *pulpo* mór, amh i bhfuinneog na bialainne. Baineann sin an dúil i mbia folláin na háite díom.

Nuair a fhillim ar an *albergue* tá Manuel ansin romham. Dreas fada comhrá againn. Fear óg machnamhach, spioradálta is ea é. Cosúil liom féin, is fearr leis siúl ina aonar an chuid is mó den am. Deir sé liom go gcuireann sé stuaic ar na hógánaigh Spáinneacha eile nuair a dhiúltaíonn sé dá gcuid cuirí. Fuair a athair bás nuair a bhí sé an-óg agus níl cuimhne ar bith aige air. Páiste aonair is ea é. Thug a mháthair agus a aintíní aire dó agus é ag fás aníos. Nuair a bhí sé seacht mbliana d'aois chuadar go léir ar saoire go Galicia. Tá cuimhne shoiléir aige ar chuairt a thug siad ar an ardeaglais in Santiago de Compostela agus ar na hoilithrigh ag teacht agus ag imeacht. É mar bhrionglóid aige ó shin i leith an *Camino Francés* a shiúl.

Táimid ar tí dul a luí nuair a bhuaileann an sagart atá ina uachtarán ar chomhthionól na mainistreach isteach. Ealaíontóir is ea é a bhfuil saineolas agus oilteacht aige ar dhéanamh mósáice. Scoil bunaithe in Sarria aige chun scileanna na healaíne a mhúineadh do dhaoine óga. Deir sé linn go bhfuil a shaothar féin agus saothair a chuid mac léinn le feiceáil in eaglaisí in áiteanna éagsúla sa Spáinn. An-chainteoir agus fear fíorspéisiúil é gan dabht. Faraor, táimid beirt tuirseach, traochta, spíonta agus tá gach dealramh ar an scéal nach n-imeoidh sé choíche. Tuigim anois chomh héifeachtach agus atá cosc ar chodladh mar mhodh le príosúnaigh a chéasadh. Imíonn sé go gairid roimh mheán oíche. Titim isteach sa leaba.

29 Meán Fómhair

Sarria – Gonzar

Cathair / Baile / Sráidbhaile	Fad (Ciliméadar)	Airde (Méadar)
Barbedelo	4.5	580
Peruscallo	9	640
Morgade	12	655
Ferreiros	13.5	480
Portomarín	22.5	355
Gonzar	30	558

Mé ar an mbóthar as Sarria ag leathuair tar éis a sé. An ghealach lán. Ag siúl in aghaidh an aird trí choillte darach atáim. Ní ligeann an duilliúr an solas tríd i gcónaí. Paistí diamhra, dorcha. Paistí eile ina bhfuil solas geal na gealaí ag déanamh gréasán trí chraobhacha scáinte na gcrann. Atmaisféar guanach den chineál a chruthaítear sna scannáin fantaisíochta. Scéal sí do pháistí a déarfaí. Uair an chloig ar an mbóthar. Tagaim go dtí *albergue*. Tógaim sos gearr chun criosanna mo mhála droma a shocrú i gceart, iad scaoilte beagáinín. Páirceanna oscailte anois. Brat íseal ceo ar nós flocas cadáis ina luí troigh nó dhó os cionn na talún. Lá eile gan scamall. Cé go bhfuil sé fionnuar, is leor T-léine. I mbreacsholas na maidine, d'fhéadfainn a bheith ag siúl sa bhaile. Tá na páirceanna, na claíocha, na sceacha agus an chaschoill an-chosúil lena macasamhail in Éirinn. Ceantar déiríochta atá ann. Go deimhin féin, braithim go bhfuilim sa bhaile anseo. Gan coimhthíos ar bith ag roinnt leis.

Siúlaim liom trí ghráigeanna ina bhfuil bolaithe aoiligh agus sadhlais go láidir iontu. Bualtrach bó ar na sráideanna. Coiligh ag glaoch. Tírdhreach réchnocach, droimneach. Crainn go flúirseach. Iad caomhnaithe go maith in Galicia. Táimid i bproibhinse **Lugo** anois ó d'fhágamar O Cebreiro. *Provincia* í a thógann a hainm ó Lú (Lugh nó Lugus), an dia Ceilteach. Ceilteachas le brath san aer anseo – sa cheol, i gceannaghaidh na ndaoine, sa tírdhreach. Léim sa treoirleabhar agus mé ag gabháil trí **Barbadelo** go raibh mainistir anseo tráth a raibh manaigh agus mná rialta inti, cleachtas a bhí coitianta i luathmhainistreacha na hÉireann freisin.

Go gairid tar éis a hocht gabhaim trí **Peruscallo**. Garraí glasraí ag gach aon teach agus úllord ag cuid mhaith acu freisin. Is minic crainn úll ag fás le hais an bhóthair, na húlla ina luí ar an bhféar san áit inar thit siad. An oiread sin díobh

Comhartha an Camino

ann nach mbactar lena mbailiú. De réir mar atáim ag imeacht siar tá caighdeán na talún, ó thaobh na feirmeoireachta de, ag feabhsú. Tréada bó den phór Freaslannach is mó a fheicim sna páirceanna anois. Dordán na n-inneall crúite le cloisteáil gach maidin agus tráthnóna. Is breá liom an fhuaim. Cuid mhaith de na feirmeacha scoite amach óna chéile mar atá in Éirinn. Gabhaim thar gharraí ina bhfuil ruacán caillí – í sna seachtóidí, déarfainn - i bhfeisteas dubh baintrí ag scaipeadh aoiligh le píce ceithre bheann. A macasamhail feicthe agam in Éirinn le linn m'óige nuair a bhí saol níos anróití ag na mná ná mar atá anois. Níl a fhios agam an ceart trua a bheith agam di nó áthas a bheith orm go bhfuil sí chomh neamhspleách agus atá. Tá a fhios agam nach malartódh mo mháthair féin a neamhthuilleamaí ar dhaoine eile ar mhaoin an tsaoil i rith blianta deiridh a saoil.

Go gairid ina dhiaidh sin bainim an cuaille céad ciliméadar amach. Nuair a shroichim **Morgade**, tógaim sos. Níl sa sráidbhaile ach beár-chaifé agus teach lóistín. Bricfeasta de *café con leche* mór agus cistí beaga milse agam. Is deacair na gráigeanna agus na sráidbhailte a aithint óna chéile. Tá siad scaipthe ar feadh an chosáin ar nós na gcloch ar phaidrín, gan chomharthaí ar an gcuid is mó acu. Seantithe cloiche, díonta slinne, cróite cloiche atá iontu. Ní fheictear tithe nua-aimseartha den chineál atá á dtógáil ar fud na tíre in Éirinn. Brostaím trí **Ferreiros** agus **Mirallos**. Ceithre chiliméadar déag curtha díom ar maidin ach mothaím go láidir, fuinniúil. Táim imithe chomh mór sin i dtaithí ar an gcoisíocht anois go dtagann sí go nádúrtha chugam. Ní smaoiním uirthi fiú. Nílim ag tnúth le deireadh an aistir. Is breá bheith ag siúl trí dhúiche ina bhfuil an oiread sin crann duillsilteach – daracha agus crainn castán. Neart éanlaithe le feiceáil agus le cloisteáil. Braithim go bhféadfainn leanúint mar seo go deo.

Suím faoi dhair mhór chun sos gearr a thógáil. Buaileann séideán gaoithe í agus titeann cith dearcán anuas orm. Baintear stad asam. Ar feadh bomaite, sílim go bhfuil duine éigin á gcaitheamh liom. Níl duine ná daonnaí le feiceáil. An sí gaoithe, a deirim liom féin. Agus mé i mo pháiste óg, nuair a bhímis amuigh sa mhóinéar ar lá breá samhraidh, ba mhinic a scuabadh camfheothan sop nó dhó den fhéar tirim leis. D'imídís leo de rothlam trasna an mhóinéir. An slua sí ag gabháil thar bráid, a deireadh m'athair. An sí gaoithe. Ba ghnách leis sop a chaitheamh san aer le himeacht leo. Nós é a bhí ag dul i bhfad siar sa seanchas. Nílim ach ar ais sa bhliain 2004 nuair a ghabhaim thar theach ina bhfuil bean ag tabhairt bia do scuaine bhreá turcaithe. Mé ar ais sna 1950idí arís. Tá rud éigin sa taobh tíre seo a dhéanann teagmháil le codanna na hintinne ina bhfuil na cuimhní is sia siar i mo cheann.

A deich a chlog, siúlaim trí ghráig eile. Rozas, déarfainn, ach ní fhéadfainn a bheith cinnte. Gan comhartha ar bith ag fógairt a hainm. Dromchla aimhréidh de chré agus de chlocha ar an gcosán anois. An chuma air go mbíonn tréada bó ag teacht agus ag imeacht air go rialta. Níor mhaith liom bheith ag siúl ann san aimsir fhliuch. Fiche chun a haon déag, táim ar mhullach cnoic ag féachaint anuas ar bhaile mór ar mhachaire thíos fúm. Cúig nó sé chiliméadar ar bhóthar tarráilte idir mé agus é. Portomarín atá ann, mo cheann scríbe don lá.

Síos liom le fána i dtreo an bhaile. Gort ina bhfuil cúigear ag baint prátaí faoi bhrothall an lae ar thaobh na láimhe clé. Agus mé ag druidim leis an droichead os cionn an Miño castar Joseph orm, an Beilgeach atá tar éis siúl an bealach ar fad óna theach féin ar theorainn na hOllaine. Cúig bliana agus trí scór slánaithe aige ach tá cuma níos óige air. Fear é a shiúlann ina aonar cuid mhaith den am. Bíonn cúpla focal againn le chéile anois agus arís.

Mé ag trasnú an droichid ag leath i ndiaidh a haon déag. Ag ceann an bhaile den droichead nua tá stua de sheandhroichead le feiceáil go fóill. Coimeádtar dealbh mhíorúilteach ar a dtugtar **la Virgen de las Nieves** (Maighdean an tSneachta) in Eaglais Santa María taobh leis. Baile deas is ea Portomarín. Taitníonn na foirgnimh de ghaineamhchloch rua liom i lár an bhaile. Baile é atá scór bliain níos óige ná mé féin. Idir na blianta 1956 agus 1962, chuir rialtas Franco damba leis an Miño agus cruthaíodh an **Embalse** (Taiscumar) **de Belesar**. Tá an seanbhaile ar ghrinneall an taiscumair anois. Sular bádh an ceantar, baineadh na foirgnimh stairiúla as a chéile agus atógadh iad ar ard os cionn leibhéal an uisce. Ina measc tá Eaglais San Juan a thóg na Spidiléirí sa 13ú céad nó níos luaithe. Is dócha gurb é sin an fáth go bhfuil cuma dúnfoirt ar an eaglais Rómhánúil sin. Ar chúis éigin tugtar la Iglesia de San Nicolás uirthi freisin. Tógadh baile nua timpeall ar an eaglais seo. Spidiléirí Naomh Eoin Iarúsailéime a bhí i gceannas ar an limistéar mórthimpeall an bhaile sna meánaoiseanna.

El Miño ag Portomarín

Beartaím áfach gan fanacht anseo ach leanúint ar aghaidh go **Gonzar** atá beagnach ocht gciliméadar suas an bóthar. Chuige sin tá orm an abhainn a thrasnú arís thar dhroichead na gcoisithe. Níl ach cúig céad méadar curtha díom agam nuair a chloisim sianaíl nó sceamhaíl taobh thiar díom. Na Fianna amuigh ag fiach. Bran. Sceolan. Iompaím thart. Guthanna daonna. Slua mór daltaí meánscoile ag déanamh orm faoi luas. Mo léan géar! Is léir gur ar oilithreacht go Santiago atá siad. Titeann an lug ar an lag orm. Táim tar éis éalú ó 1,200 dalta meánscoile. Mé sáinnithe anois ag an dream callánach seo. Níl fonn ar bith orm oícheanta a chaitheamh i mbrúnna plódaithe le déagóirí nach mbíonn fonn codlata orthu go mbíonn sé in am éirí ar maidin. Tá sé deacair go leor codladh na hoíche a fháil in ainneoin srannfach na ndaoine fásta. Siúlaim ar feadh tamaill le duine de na múinteoirí atá á dtionlacan. Fear cainteach, cuideachtúil é. Ceistíonn sé go mion mé i dtaca leis na fáthanna atá agam leis an g*Camino* a dhéanamh. Ar ndóigh, nuair a chloiseann sé gur iarmhúinteoir mé, tá míle ceist aige orm faoi chúrsaí oideachais in Éirinn. An-suim go deo aige sa dátheangachas. Tá Spáinnis agus Galego in úsáid sna scoileanna agus síleann seisean go bhfuil meascadh an dá theanga sa chaidreamh laethúil ag déanamh dochair don dá cheann. Agus é ag labhairt táim ag smaoineamh ar na cainteoirí líofa Gaeilge, go háirithe i gcás mhuintir Chonamara, a chloisim ar Raidió na Gaeltachta go rialta nach féidir leo abairt iomlán a rá gan feidhm a bhaint as focail agus téarmaí Béarla. Chuala mé duine éigin ag tabhairt 'Guérla' ar a leithéid de mheascán teangacha le déanaí. De réir dealraimh, tá an rud céanna ag tarlú anseo in Galicia. Ábhar iontais dom nach bhfuil málaí ná bagáiste ar bith ag na daoine óga ach faighim amach ón múinteoir go bhfuil scuaidrín gluaisteán á dtiomáint ag tuismitheoirí agus ag múinteoirí eile imithe ar aghaidh rompu ar an mbóthar mór.

Tar éis leathuaire nó mar sin, gabhaim leithscéal agus tógaim sos ar thaobh an bhóthair. Ar chúis éigin táim in ísle brí. Sé chiliméadar is fiche déanta agam le hais an daichid inné. Ithim greim agus buailim bóthar arís. Pian agam sa chois dheas anois le tamall. Dealraíonn gur athlasadh sna teannáin atá ag cur as dom. Rómhaith atá cúrsaí le cúpla seachtain anuas. Mé buartha i ndáiríre faoi. Tá súil agam nach bhfuilim i dtrioblóid anois agus gan ach ceithre scór ciliméadar fágtha agam go Santiago. Ghoillfeadh sé go mór orm dá mbeadh orm an bus a thógáil. Fadhb choitianta go leor i measc na n-oilithreach is ea an t-athlasadh. Duine nó beirt imithe abhaile mar gheall air cheana féin. Níl an dara rogha agam ach leanúint ag bacadaíl liom go malltriallach go mbainim **Gonzar** amach. Seachas *albergue* agus beár-chaifé níl mórán eile sa sráidbhaile. Brú deas atá ann ach ní éiríonn liom cith a fháil. An t-uisce gar go leor don reophointe.

Méadú suntasach ar na Spáinnigh óga atá ar an g*Camino* anois, iad callánach, míshibhialta. Ní bhacann siad le háit a thógáil i scuainí ná le rialacha na mbrúnna a choimeád. Slua díobh anseo anois sa bheár. Cé go bhfuil daoine ag feitheamh ag an gcuntar rompu, scairteann siad amach na horduithe bia agus dí os a gcionn. Caithfidh mé a admháil go gcuireann fear an tí smacht orthu. Is dócha go bhfuil cleachtadh aige ar a leithéidí. Béile breá agam. Ansin tógaim *siesta* fada le súil go mbeidh feabhas ar mo chois nuair a éirím. Thart ar a seacht a chlog tráthnóna, tugaim geábh go mall réidh go dtí **Castromaior**, gráig a bhfuil siopa inti tamall suas an bóthar. Teastaíonn uaim roinnt earraí a cheannach agus triail a bhaint as mo chois thinn. Faoin am a bhainim an *albergue* amach, tá an phian ar ais arís. Ní chodlaím go maith, mé ag dúiseacht ó am go céile. Cuimlím an glóthach a cheannaigh Siobhán den chois. Is iontach an leigheas é, mar tagann laghdú suntasach ar an bpian i rith na hoíche.

30 Meán Fómhair

Gonzar – Melide

Cathair / Baile / Sráidbhaile	Fad (Ciliméadar)	Airde (Méadar)
PCastromaior	1	590
Hospital de la Cruz	3.5	675
Ligonde	6.5	625
Eirexe	11	630
Palas de Rei	18.5	565
Casanova	24.5	485
Laboreiro	28	485
Melide	34	454

Fágaim Gonzar ag leathuair thar éis a cúig. Ceo ann agus an teocht chomh hard sin go gcaithim mo sheaicéad a bhaint díom. An chos ag goilliúint orm go fóill ach ní ghéillim di. Tagann feabhas uirthi de réir a chéile. Buíochas le Dia. Táim in **Hospital de la Cruz** ag leath i ndiaidh a sé. É dorcha go fóill ach dóthain solais chun coisíochta ann ar mo chompord. Ag druidim lena seacht a chlog, gabhaim trí **Ventas de Narón** agus tamall ina dhiaidh sin bainim A **Prebisa** amach. Cúpla feirm sa ghráig.

Dordán an innill chrúite le cloisteáil. Comhcheangal déanta i m'intinn idir *mantra* seo an innill agus *om* na manach agus iad ag machnamh san *ashram*. Seamsán a shuaimhníonn an intinn. Crónán na mbeach i móinéar lán de bhláthanna. Sáimhe anama. Faoiseamh ó bhuarthaí an tsaoil. É nasctha freisin leis an seascaireacht a mhothaínn ar saoire sa bhaile i dteach mo thuismitheoirí. Go tobann agus mé i lár coille baintear stad glan asam. Fuaim ard, uaigneach, neamhshaolta i ndiamhracht na ndarach. Fágtar i mo staic mé, an ghruaig ina seasamh ar mo cheann. Tógann sé tamaillín orm a aithint gur scréachach ulchabháin atá á chloisteáil agam. Lúcháir orm ansin. Glao é seo nár chuala mé riamh cheana ach amháin ar an teilifís. Gan é riamh chomh hard, gléineach. 'The moping owl doth to the moon complain.' Tuigim an tionchar a bhí ag glao an éin ar Thomas Gray agus é i lár reilige faoi tuath.

Bogaim liom. Éiríonn na comharthaí gann. Níl ag éirí liom iad a aimsiú sa doircheacht. Gan mé róchinnte an bhfuilim ar an gcosán ceart. D'fhéadfadh duine dul amú go mór anseo. Gréasán de chosáin tuaithe ag

Feirm in Galicia

lúbadh agus ag casadh idir na páirceanna. Mé ag éirí pas beag neirbhíseach. Níor mhaith liom bualadh ar dhoras ag an am seo den mhaidin. Ní dóigh liom go gcuirfí fáilte romham. Faoiseamh orm nuair a bhainim **Os Lameiros** amach. Deimhníonn sé go bhfuilim fós ar an g*Camino*. Go gairid ina dhiaidh sin tagaim go **Ligonde**, sráidbhaile scór teach. Bhí ospidéal oilithreachta ag Ridirí San Séamus anseo tráth. Gan aon rian de shaighead buí. Buailim isteach san *albergue* le heolas na slí a fháil. Taispeánann an *hospitalera* an bóthar dom. Ag an bpointe sin feicim scata siúlóirí timpeall 500 méadar uaim. Leanaim iad. Ar aghaidh liom trí shráidbhaile **Eirexe**. Níl léargas thar 300 méadar faoin am seo de dheasca an cheo. Díonta de thíleanna rua in **Portos**. Díonta slinne is mó a bhí le tabhairt faoi deara go dtí seo.

Leanaim trí **Lestedo**. Feirmeacha déiríochta is mó atá sna gráigeanna agus sna sráidbhailte. Bualtrach bó i ngach áit agus boladh an tsadhlais. Tugaim suntas do na leaca móra, ar cosúil iad le leaca an Mhothair i gCo. an Chláir. Baintear feidhm as na cinn mhóra le claíocha a dhéanamh, iad sáite sa talamh, ceann i ndiaidh a chéile. Ar imeall Lestedo tá *Turismo Rural* álainn. Teach cloiche atá inti a bhfuil díon de thíleanna rua air. Mé in **Valos** ag ceathrú chun a naoi. Astrálach óg, fear sna fichidí, romham amach. Ina chaint agus ina fheisteas chuirfeadh sé Crocodile Dundee i gcuimhne duit. Gabhaim thar ghort treafa ina bhfuil ithir bhreá, dhonn, thorthúil. Taobh leis, tá teach álainn nua-aimseartha de bhrící rua. Ceann slinne atá air agus cloch eibhir thart ar na doirse agus ar na fuinneoga. Ní rómhinic a fheictear teach nua-aimseartha mar seo amuigh faoi tuath sa chuid seo den Spáinn. In **A Brea** tá páirc mhór ina bhfuil boird picnice.

Ag leath i ndiaidh a naoi, tá **Palas de Rei** (Pálás an Rí) bainte amach agam. Ceithre huaire an chloig caite agam ag siúl gan sos, gan bhricfeasta. Beartaím sos fada a thógáil. Aimsím caifé gan stró. Bricfeasta agam ar mo shocracht. *Café con leche* breá mór, tósta, im agus subh. Cailín deas, béasach, cairdiúil ag freastal orm. Is mé an t-aon chustaiméir atá aici. Ceol traidisiúnta Galicia atá á sheinm. Ábhar iontais dom go fóill na cosúlachtaí idir é agus an ceol Gaelach. Nach iontach mar a mhair an ceol cé nach bhfuil rian de theanga Cheilteach sa réigiún. I logainmneacha mar Lugo, b'fhéidir. Tugaim aghaidh ansin ar shiopa poitigéara. Éiríonn liom ungadh agus táibléid fhrith-athlasta a cheannach gan oideas dochtúra. Tugann an poitigéir rabhadh dom, áfach, go bhfuil na táibléid dian ar an mbolg.

Tagaim ar 'Crocodile Dundee' ina shuí go hainnis ar chéimeanna Halla an Bhaile. An fear bocht. Tá tinneas boilg air agus athlasadh sna teannáin ina leathchois. Teastaíonn uaidh bus a thógáil go dtí **Ribadiso do Baixo**, sráidbhaile beag iargúlta ar an g*Camino*. Toisc nach bhfuil focal Spáinnise aige tá ag teip air é féin a chur in iúl. Cuirim tuairisc na mbusanna ar a shon ach is deacair eolas cinnte a fháil mar gheall ar iargúltacht na háite atá mar cheann scríbe aige. An-trua agam dó. Ní fhéadfadh an fear bocht na táibléid fhrith-athlasta a thógáil mar gheall ar an mbolg a bheith tinn cheana féin. Suím ar bhinse i bpáirc bheag taobh leis an halla agus bainim díom na buataisí agus na stocaí. Cuimlím an t-ungadh frith-athlasta den chois thinn agus ligim do na cosa fuarú.

Baile breá is ea Palas de Rei a d'fhás ar an mbóthar Rómhánach idir Astorga agus Lugo. Tá iarsmaí Ceilteacha agus Rómhánacha le feiceáil sa cheantar. Amhail cuid mhaith de bhailte an *Camino* bhí sé i bhfad níos mó agus níos tábhachtaí nuair a bhí an oilithreacht i mbarr a réime sna meánaoiseanna. Deir Aymeric Picaud go raibh an striapachas á chleachtadh go forleathan sa bhaile agus sa cheantar máguaird.

Na cailíní aimsire sna tithe ósta ar an mbóthar go Santiago a bhfuil sé de nós acu dul isteach i leapacha na n-oilithreach istoíche, bíodh sé ar son an airgid nó de dheasca na drúise, tá siad ag gníomhú faoi spreagadh an diabhail agus tuilleann siad daorbhreith. Agus i dtaca leis na striapacha a théann amach go dtí na coillte idir Portomarín agus Palas de Rei chun bualadh leis na hoilithrigh, ba chóir iad a chur faoi choinnealbhá, a bhfuil acu a bhaint díobh, a sróna a ghearradh díobh, agus ceap magaidh poiblí a dhéanamh díobh.

Oilithreach carthanach Críostaí ab ea Aymeric againne. Cuirim stocaí úra orm agus buailim bóthar arís. An ceo imithe. Spéir scamallach os mo chionn anois. Agus mé ag fágáil an bhaile, ag druidim le leath i ndiaidh a deich, tugaim faoi deara go bhfuil *hórreo* i ngairdín gach tí beagnach. Is é an *hórreo* an foirgneamh is coitianta ar fad in iarthar Galicia. Bíonn déanamh mionséipéil go minic orthu, tógtha in airde mar cholún a mbíonn caipíní orthu, i dtreo nach féidir le lucha nó le francaigh dreapadh in airde chun na barraí a bhíonn i dtaisce iontu a lot. Úsáidtear ábhair thógála éagsúla iontu – brící, adhmad, clocha. Cros go minic ar an dá bhinn. Tá siad den uile chineál sa bhaile seo. Cuid acu níos mó ná a chéile.

Hórreo

É ag éirí ceobhránach agus mé ag dul trí **Carballal** cúig nóiméad níos déanaí. Coillte eoclaipe coitianta go leor sa cheantar seo. Creidim go bhfuil siad as alt ar fad in Galicia. Fásann na crainn coclaipe go tapa ach ní fiú mórán an t-adhmad. Titeann an duilliúr de na craobhacha íochtaracha agus bíonn cruth lom míthaitneamhach orthu dá dheasca. Nuair a thiteann na duilleoga, aimridíonn siad an talamh agus loitear céimeanna íochtaracha slabhra an bhia. Is gráin liom iad. Deich tar éis a haon déag. Bainim **San Xulián** amach. Díonta de thíleanna rua, idir shean agus nua, is mó atá le feiceáil anois. Na díonta slinne imithe. Ar a laghad scór *hórreos* sa sráidbhaile cé go bhfuil sé deacair a dhearbhú cá gcríochnaíonn San Xulián agus cá dtosaíonn **Pallota**. Tuilleadh coillte eoclaipe.

Suím síos chun sos a thógáil taobh leis an gcuaille seasca ciliméadar. Go gairid i ndiaidh mheán lae táim in **Casanova**. Níl an taobh tíre chomh suimiúil anois. Briseann na scamaill ó am go chéile agus faighim corrspléachadh ar an ngrian. Lá an-fheiliúnach le haghaidh coisíochta atá ann. Go tobann, cloisim scread taobh thiar díom. Preabaim isteach sa chlaí. Scinneann ceathrar rothaí tharam faoi luas, iad ag dul le fána síos ar chosán caol, aimhréidh, clochach. Is beag nach dtiteann an t-anam asam. Dá léimfinn sa treo mícheart bheadh deireadh liom. Táim ar buile leo ach níl tada is féidir liom a dhéanamh faoi. Spáinnigh óga, leithleasacha ar cuma leo faoi chearta daoine eile.

Bhunaigh an scríbhneoir cáiliúil Emilia Pardo de Bazán (1853-1921) an saothar is fearr dá cuid – *Los Pazos de Ulloa* (1886) - sa cheantar seo. Úrscéal faoi mhuintir an tí mhóir agus an chosmhuintir. Pósann an Marqués de Ulloa cailín ón gcathair. Is gráin léi saol an tí mhóir *(el pazo)*. Cailín aimsire álainn ach lán d'urchóid. Leanbh tabhartha aici leis an Marqués. Séiplíneach óg tagtha díreach ón gcliarscoil. Meath morálta na huasaicme. Cosmhuintir aineolach, phiseogach. Naimhdeas idir an dá aicme. Ní raibh bá rómhór ag an údar leis na *campesinos. Condesa* ab ea í féin.

Bainim **Campanilla** amach ag leath i ndiaidh a dó dhéag. Ar thaobh na láimhe deise tá líne fhada de mhuilte gaoithe bána. Táim anois i bproibhinse La Coruña. Tógaim sos i sráidbhaile gan ainm. **Coto**, b'fhéidir nó **Cornixa**. Baineann *bocadillo* lán d'uibheagán Francach agus *chorizo* goin an ocrais díom. Feicim beirt bhan ina suí ag doras sciobóil ag baint cleití de thurcaí. Sin radharc nach bhfuil feicthe agam le tamall fada de bhlianta. Mo mháthair nó mo sheanmháthair á dhéanamh fadó, b'fhéidir. Tamall ansin ar bhóthar meánaoiseach agus bainim **Leboreiro** amach. Trasnaím an Río Seco (an Abhainn Sheasc) thar dhroichead dronnach La Magdalena gar do **Disicabo**. An lus liath fiáin agus an t-aiteann faoi bhláth sa cheantar. Ag ceathrú chun a dó táim ag druidim le **Melide**.

Gabhaim thar Parque Empresarial de Melide. Trasnaím an Furelos, an abhainn. Tá Furelos, an baile, slogtha ag Melide. Tá sé leath i ndiaidh a dó sula mbainim lár an bhaile amach. D'imíodh cuid d'oilithrigh na meánaoise ó thuaidh ó chathair León chun cuairt a thabhairt ar Ardeaglais San Salvador (an tSlánaitheora) in Oviedo. Chuireadh cuid eile díobh timpeall orthu féin ó Villafranca del Bierzo trí chathair Lugo chun O Cebreiro a sheachaint sa drochaimsir. Thagadh an dá dhream úd ar ais ar an g*Camino Francés* anseo in Melide. Mar gheall air sin, bhí líon ard ospidéal oilithreachta agus eaglaisí anseo. Is fiú cuairt a thabhairt ar la Iglesia de Sancti Spiritus a raibh mainistir Phroinsiasach agus ospidéal oilithreachta ag gabháil léi sa 14ú céad. Baill den Tríú hOrd á reáchtáil. Tá múrmhaisiúcháin shuimiúla san eaglais, ceann de *Santiago Matamoros*, san áireamh. Tá *cruzeiro* álainn lasmuigh de la Iglesia de San Pedro, eaglais a raibh ospidéal oilithreachta ag gabháil léi freisin tráth.

Baintear stad asam nuair a shiúlaim isteach doras an *albergue*. Tochtanna ar fud an urláir sa seomra mór thíos staighre. Tuigim láithreach go bhfuil na daltaí meánscoile ó Portomarín chun an oíche a chaitheamh anseo. Raic á tógáil acu cheana féin. Níl *hospitalera* ar bith thart. Tógaim leaba thuas staighre. Faighim amach ó na siúlóirí eile go bhfuil cosc ar na mic léinn teacht aníos. Castar triúr cailíní Spáinneacha orm sa chistin. Tairgeann siad píosa d'uibheagán dom agus caithim tamall ag comhrá leo. Ó chathair

Madrid iad. Duine acu tar éis an samhradh a chaitheamh ag foghlaim Béarla sa Chill, Co. Chill Dara. Braithim go bhfuil meas agus gean aici ar mhuintir na hÉireann dá bharr. Obair mhaith déanta ag muintir na Cille.

Níos déanaí um thráthnóna tagann scata óganach Spáinneach go dtí an *albergue*, an chuid is mó acu sna fichidí. Iad i bhfad níos measa ná na mic léinn meánscoile maidir le clampar. Tógann siad leapacha thuas staighre i seomraí éagsúla. Iad glórach, callánach, ag teacht agus ag imeacht idir na seomraí. Shílfeá nach bhfuil a fhios acu go bhfuil duine ar bith eile san *albergue* seachas iad féin.

Buailim amach faoin mbaile chun béile a fháil. Formhór na siúlóirí ag tabhairt aghaidh ar na *pulperías* chun bia traidisiúnta Galicia a thástáil ach ar chúis éigin tá íomhá an ochtapais aimh go soiléir i m'intinn go fóill. Cloím leis an mbia mífholláin – bágún, uibheacha agus sceallóga prátaí. Nuair a fhillim ar an *albergue*, tugaim leacht cuimhneacháin faoi deara le hais an dorais. Paul Roli Backer, oilithreach Ollannach, a fuair bás anabaí san *albergue* ar 6 Meitheamh 1996. Ábhar iontais dom an oiread leachtanna den chineál seo atá le feiceáil ar feadh an *Camino*.

Ag a deich a chlog, nuair atá an chuid is mó de na siúlóirí sa leaba ag iarraidh codladh na hoíche a fháil, iad tuirseach, traochta tar éis 30 ciliméadar a shiúl, filleann na hóganaigh Spáinneacha tar éis bheith amuigh ar an mbaile. Tógann raic. Lasann soilse. Osclaíonn agus dúnann doirse go callánach. Téann ó sheomra go seomra ag caint os ard, ag canadh agus ag feadaíl. Gan de mhisneach ag duine ar bith gearán a dhéanamh.

Lá 30

1 Deireadh Fómhair

Melide – Arca

Cathair / Baile / Sráidbhaile	Fad (Ciliméadar)	Airde (Méadar)
Boente	5.5	426
Ribadiso de Baixo	11	321
Arzúa	14	385
Salceda	25	361
Santa Irene	30	380
Arca (Pedrouzo)	33	290

Fágaim Melide ag leath i ndiaidh a sé ar maidin. Ar an mbealach amach, gabhaim thar la Iglesia de Santa María, eaglais Rómhánúil a théann siar go dtí an 12ú céad. Is trua go bhfuil sí dúnta mar go bhfuil freascónna áille thart ar an sanctóir a theastaigh uaim a fheiceáil. Ceo trom ann agus dá dheasca sin tá braonta móra uisce ag titim anuas ó dhuilleoga na gcrann. Tar éis uair an chloig ag siúl tagaim go dtí áit oscailte ina bhfuil páirceanna glasa agus ionad picnice. Shílfeá go bhfuil éin uile na tíre bailithe san áit, iad ag cantaireacht gan stad. Ba bhreá liom fanacht ann ach tá bóthar fada romham agus gealltanais le comhlíonadh. Sé chiliméadar agus dhá scór idir mé agus Compostela anois. Thart ar 739 ciliméadar taobh thiar díom. Leanaim trí **A Peroxa**, ansin **Boente de Riba** (Boente Uachtarach) agus **Boente de Baixo** (Boente Íochtarach). San eaglais anseo tá dealbh de Santiago ina shuí ar chathaoir ríoga. *Rollo* agus foinse uisce anseo freisin. Tithe deasa nua-aimseartha agus díonta de thíleanna rua orthu sa cheantar. Sos tuillte agam. Bricfeasta de *café con leche*, tósta, im agus subh.

Réamhaisnéis na haimsire ar siúl ar an teilifís. Iarthuaisceart na Spáinne an t-aon áit sa tír a bhfuil drochaimsir á tuar dó.

Coillte taitneamhacha thart orm. In ainneoin an cheo, ní fhéadfadh na cúinsí coisíochta a bheith níos fearr don siúlóir. Ag a hocht a chlog trasnaím an Boente. Go gairid ina dhiaidh sin tagaim amach as coill ghiúise agus eoclaipe agus siúlaim trí **Castañeda**. Is anseo a bhí na tiníleacha ina ndóití na cnapáin aolchloiche a d'iompraíodh oilithrigh na meánaoise ó Triacastela. Ba mhór an faoiseamh dóibh an t-ualach breise a fhágáil ina ndiaidh gan amhras. Comhaireamh síos i dtreo Santiago á dhéanamh anois ag na cuaillí ciliméadair. Uaireanta feictear iad gach aon leathchiliméadar. Meáchan na haolchloiche malartaithe ar ualach síceolaíoch na gcuaillí ciliméadair. Ar bhealach, is fearr gan bacadh leo mar cuireann sin fad leis an aistear. Is ionann é ar bhealach agus bheith ag faire ar chiteal ag fiuchadh. Mé ag baint an-taitneamh as siúlóid an lae gur thosaigh mé ag tabhairt suntais dóibh. Ar aghaidh liom trí **Río** agus **Pedrido**. Ag cúig tar éis a naoi, gabhaim trasna an bhóthair mhóir thar dhroichead coisithe.

Tá na coillte eoclaipe níos líonmhaire anois. Siúlaim thar cheann atá dóite go talamh, rud nach gcuireann díomá nó brón ar bith orm. Crainn ghránna is ea iad in áit ar bith ach san Astráil. B'fhéidir gur cirte a rá gur crainn ghránna iad nuair a bhíonn siad ag fás róchóngarach dá chéile i gcoill. Éiríonn siad lom sa dá thrian íochtaracha. Bíonn cuma níos fearr orthu agus iad scoite amach óna chéile.

Ag fiche tar éis a naoi, gabhaim trí **Ribadiso de Baixo** (Ribadiso Íochtarach), trasnaím an Iso agus ansin in aghaidh an aird suas go

Ribadiso de Riba (Ribadiso Uachtarach). Tógann an dá shráidbhaile a n-ainmneacha ón Iso, abhainn a shníonn tríd an dúiche. Úsáidtear na leaganacha áitiúla Galego de na logainmneacha anois. I réimeas Franco rinneadh iarracht leaganacha Spáinnise a bhrú ar mhuintir Galicia faoi mar a tharla i dTír na mBascach agus sa Chatalóin.

Díreach lasmuigh d'Arzúa nochtann radharc chugam a bhaineann stad asam - cailleach in éadaí dubha ag teacht i mo threo agus cúig bhó de phór *Rubia Gallega* ar adhastar aici. Na téada ón gcúig bhó ceangailte le chéile agus greim aici orthu. Ise chun tosaigh. Aghaidh fheosaí uirthi. Seanfhear ag siúl taobh thiar díobh agus bata ina ghlaic aige. Radharc as ré eile ar fad é. Radharc nach gcuirfeadh ionadh ar Aymeric Picaud. Sílim uaireanta go bhfuilim tar éis briseadh trí theorainn dhiamhair idir dhá shaol. Trí scáthán isteach i dTír na nIontas ar nós Alice. Trí vardrús isteach i ríocht Narnia.

Ag fiche chun a deich, bainim baile mór, gnóthach, Arzúa amach. Clú ar an gcáis a dhéantar anseo. Féile na Cáise – Festa do Queixo - anseo gach bliain ar an gcéad Domhnach de Mhárta. Sos le haghaidh *café negro* agus *un chupito de orujo*. A Thiarcais, tugann sin ardú meanman dom. Bean an tí ag déanamh cáise sa bheár féin. Ní fheadar cad a tharlódh dá gcloisfeadh maorlathaigh Aontas na hEorpa faoina leithéid. Mearbhall orm faoin lá den tseachtain nó den mhí atá ann. Mé ag maireachtáil anois sa chineál saoil nach bhfuil ann ach laethanta agus oícheanta. Is ionann an Luan agus an Satharn, an Domhnach agus an Aoine. Téim i muinín ceann de na nuachtáin áitiúla a bhíonn ar chuntar gach beáir. Dé hAoine, an chéad lá de Dheireadh Fómhair atá ann. Mé beagnach mí iomlán ar an mbóthar anois. Agus mé ag fágáil an bhaile, feicim tarracóir agus leoraí ag tarraingt arbhair isteach ó ghort chun sadhlas a dhéanamh de. Leanaim ar aghaidh thar úlloird, thar mhóinéir agus trí choillte darach.

Leathuair tar éis a deich agus mé in **As Barrosas**. Tréada breátha Freaslannacha atá sa dúiche seo. Gan rian den phór *Rubia Gallega* anois. Leanaim trí shraith de shráidbhailte agus de ghráigeanna – **Preguntoño** (nach luaitear in aon treoirleabhar), **Peroxa** agus **Tabernavella**. Dhá chiliméadar is tríocha le dul fós agam go Santiago de Compostela. Don diabhal leis na cuaillí ciliméadar. Ag gabháil trí cheantar coillteach atáim anois ina bhfuil meascán de ghiúis, d'eoclaip agus de chineálacha eile crann.

Téann thart ar thríocha bó Freaslannach tharam lasmuigh de **A Calzada**. Tá cuma níos rathúla ar an bhfeirmeoireacht de réir mar a ghabhaim siar i dtreo Santiago. Ligim scíth in **Calle**. *Bocadillo* d'uibheagán agus *chorizo* mar aon le cúpla buidéal Coca-Cola mar lón agam. Achrann bladhmach, poiblí ar siúl sa bheár idir an lánúin atá ina bhun. Ní minic a bhíonn sobaldráma dá leithéid againn ag am lóin chun ár n-aigne a bhaint de chruatan an bhóthair. An chuma air go bhfuil fear an tí míshásta toisc nach bhfuil an bhean ag cur na gcuntas tríd an scipéad. Tá na billí á suimiú aici ar phíosaí páipéir. Feisteas nua uaithi, b'fhéidir? Í ag sleamhnú euro nó dhó isteach ina póca féin? Ón mbealach a labhraíonn sí leis an bhfear, ní déarfainn gur fostaí í. Sa deireadh thiar, sciobann sí cóip den iris *Hola* atá ar an gcuntar agus suíonn sí sa chúinne á léamh. Fágtar an fear chun freastal ar na custaiméirí go léir. Ó bhain mé an Spáinn amach, tá an-chuid altanna léite agam ar na nuachtáin agus clár teilifíse nó dhó freisin feicthe agam ag trácht ar imreas agus ar fhoréigean i dteaghlaigh Spáinneacha. Tarlaíonn líon mór dúnmharuithe ban de dheasca achrainn idir chéilí sa tír seo.

Brádán ann agus mé ag fágáil an tsráidbaile. Seasaim tamall faoi dhraíocht ag breathnú ar chapall ag ithe na gcastán. É ina sheasamh ag geata páirce faoi chrann mór castán. Brat castán a bhfuil blaoscanna glasa orthu ar an talamh faoi. Leanann sé á gcrúbáil go mbaineann sé na blaoscanna díobh. Ansin bailíonn sé na castáin dhonna lena bheola. Cuireann sé iontas orainn moncaí a fheiceáil ag baint an chraicinn de bhanana. An rud céanna ar siúl ag an gcapall agus gan aon mhéar aige.

Nuair a shroichim **Salceda** ag a haon a chlog táim ag éirí tuirseach. Tríocha ciliméadar déanta agam ó d'fhág mé Melide ar maidin. Trí chiliméadar is tríocha fágtha go Santiago. Tuigim gur fearr dom an oíche a chaitheamh sa chéad *albergue* eile. Leacht cuimhneacháin ar thaobh an *Camino* anseo. Guillermo Watt a fuair bás anseo agus é ar a bhealach go Compostela ar 25 Lúnasa 1993. Suaimhneas na bhFlaitheas dá anam.

Mo léan géar! Céard a fheicim romham amach ach slua mór daltaí meánscoile. Níl bealach éalaithe agam ach gabháil tharstu. Ar aghaidh liom trí **Xen** agus **Brea**. Faoin am seo tá na mic léinn romham, i mo dhiaidh agus thart timpeall orm. Níl d'fhaoiseamh agam ach nach bhfuil siad os mo chionn in airde ná fúm. Greim láimhe ar a chéile ag na leannáin ina measc. Taithí agam ar a leithéid. An rud a chuireann iontas orm, áfach, ná beirt mhúinteoirí ag pógadh, ag breith barróg agus ag déanamh gráín le chéile istigh i lár na mac léinn. Déarfainn go bhfuil siad sna tríochaidí ar a laghad, aibí go leor le go mbeadh ciall acu. Tagann múinteoir eile suas leo agus tosaíonn sé ag spochadh astu mar gheall ar a gcuid geáitsíochta. *'Estamos calentando la maquina no más* (Nílimid ach ag téamh an innill),' arsa an múinteoir fireann á fhreagairt. Brostaím chun cinn. Ní theastaíonn uaim a bheith i láthair nuair a bheidh an t-inneall téite. A Aymeric Picaud, cá bhfuil tú anois nuair atá gá againn leat?

A dó a chlog. Dreas comhrá le duine de na múinteoirí agus sinn ag dul trí **Santa Irene**. Is mór an faoiseamh a fháil amach nach mbeidh na mic léinn ag fanacht in *albergue* anocht ach i halla spóirt agus gleacaíochta. Nuair a bhainim **Rúa** amach tá mo chorp ag rá liom go bhfuil sé in am dom stopadh. Ag leath i ndiaidh a dó, táim in **Arca**, baile ar a dtugtar **Pedrouzo** freisin. Deir duine de mhuintir na háite liom gurb é Pedrouzo ainm an bhaile. Arca a thugtar ar an bparóiste. Cith breá te agam san *albergue*. An níochán déanta. É ródhéanach, áfach faoin am seo le héadaí a thriomú faoin aer. Téim síos go dtí an seomra níocháin ina bhfuil inneall níocháin agus triomadóir. Tá triúr cailíní óga Spáinneacha tar éis a gcuid éadaí a chur sa mheaisín níocháin. Duine den triúr ina seasamh 'ag cosaint' an triomadóra. Níl sí chun ligean d'aon duine úsáid a bhaint as go dtí go mbeidh an níochán críochnaithe acu féin. Sampla eile den iompar prásach atá feicthe agam sa trian deireanach den aistear – ó thosaigh an dream óg Spáinneach ag siúl linn.

Cathair / Baile / Sráidbhaile	Fad (Ciliméadar)	Airde (Méadar)
Amenal	2.5	240
Lavacolla	10	300
Monte del Gozo	16	370
Santiago de Compostela	20.5	263

Fágaim Arca ag ceathrú chun a sé. Gan ach timpeall scór ciliméadar idir mé agus ceann scríbe na hoilithreachta. An baile níos mó ná mar a shíl mé aréir. Maidin álainn ghrianmhar atá ann. Na coiligh ag glaoch, na héin ag cantaireacht agus mé ag gabháil in airde go réidh as Arca. Siúlaim gan stró faoi sholas gléigeal na gealaí cé go bhfuil brat íseal ceo in áiteanna. Coillte - daracha agus crainn eoclaipe – thart orm. É dorcha go leor sna coillte darach ach scaoileann duilliúr tearc na gcrann eoclaipe an solas isteach. Nuair a bhaínim an cuaille sé chiliméadar déag amach, tig liom na heitleáin a chloisteáil ag éirí san aer agus ag tuirlingt in Aerfort Santiago. Éiríonn an ceo níos tibhe agus laghdaíonn an léargas go céad méadar nó mar sin. Ag cúig nóiméad tar éis a hocht tagaim go dtí timpeallán ar an mbóthar mór. Leacht ann a bhfuil sliogán an mhuirín agus *bordón* snoite air. Dhá chiliméadar déag atá idir mé agus ceann scríbe. Gabhaim thar na cuaillí arda bána agus dearga agus na soilse ag ceann an rúidbhealaigh. Ag leath i ndiaidh a hocht, táim ag fágáil San Paio tar éis *café con leche* agus dhá *magdalenas* mar bhricfeasta.

Fiche nóiméad ina dhiaidh sin, bainim **Lavacolla** amach. Sníonn abhainn den ainm céanna tríd an sráidbhaile ina gcleachtadh oilithrigh na meánaoise níochán deasghnách sula ngabhaidís isteach sa chathair naofa. Toisc nach mbíodh na háiseanna sna tithe ósta ar an mbealach, bhídís an-salach agus boladh bréan uathu. Deir Aymeric Picaud linn go raibh cáil na glaine ar an Lavacolla, cé go dtugann sé féin *Lavamentula* ar an áit ina chuntas. Ciallaíonn an comhfhocal *lava-mentula* sa Laidin 'an ball fearga a ní'.

...in áit mhéith dhá mhíle ó chathair Santiago tá abhainn ar a dtugtar Lavamentula. Tugtar an t-ainm sin uirthi toisc go mbaineann na hoilithrigh Fhrancacha ar a mbealach go Santiago a gcuid éadaí díobh agus, as ucht a ngrá don Aspal, níonn siad, ní hamháin a mbaill phríobháideacha, ach an salachar dá gcorp uile.

Ag aruidim le Compostela

Ní fheadar an bhfuil nasc á dhéanamh ag Picaud idir mí-iompar na n-oilithreach agus na gcailíní aimsire ar an g*Camino* agus imeachtaí na striapach thart ar Palas de Réi leis an deasghnáth seo. Braithim go bhfuil blas éigin Gaelach ar an logainm. Ní fhéadaim mo mhéar a leagan air. Is ionann an briathar *lavar* sa Spáinnis agus 'nigh' sa Ghaeilge agus tá dealramh na Gaeilge ar an bhfocal *colla* (colainn nó colla). Collaíocht, b'fhéidir.

Tá tithe breátha nua-aimseartha sa sráidbhaile. *Hórreo* agus úllord ag an gcuid is mó acu. Is minic a fheictear sliogáin an mhuirín nó camóga ar ráillí nó ar gheataí iarainn na dtithe. Tá ceann acu feicthe agam ar chlúdach dúnphoill ar an mbóthar anseo fúm. Trasnaím an abhainn féin agus suas liom ansin in aghaidh aird atá an-ghéar. Méadú suntasach ag teacht ar líon na n-oilithreach de réir mar atáim ag druidim leis an gcathair. Is léir ó na málaí droma agus ó na bróga gur beag atá siúlta ag a bhformhór.

Anois is arís briseann an ghrian amach tríd na scamaill. Tá a fhios agam go mbeidh lá scallta againn nuair a leánn an ceo. Fear óg gafa tharam anois de sciuird reatha, an paca mór ag preabadh ó thaobh go taobh ar a dhroim. Is é an dara duine é atá feicthe agam 'ag rith' go

Camóg ar chlúdach dúnphoill

Santiago. Sea, tá a leithéidí ann. Gabhann an cosán thar stáisiún teilifíse Galicia (TVG – Televisión de Galicia) agus, scaitheamh ina dhiaidh sin, thar stáisiún teilifíse na Spáinne (TVE – Televisión Española). Ní fheadar cén fáth go bhfuil siad chomh cóngarach sin dá chéile. An bhfuil an gaol céanna eatarthu agus atá idir RTÉ agus TG4?

Ag cúig chun a deich, tagaim go bun cnoic agus nochtann **el Monte del Gozo** (Cnocán an Áthais) chugam. Aithním an píosa dealbhóireachta atá ar a mhullach láithreach ó ghrianghraif atá feicthe agam. Leanaim orm. Ag gabháil trí San Marcos dom castar seanfhear orm agus bó dhubh ar adhastar aige. Caipín píce agus péire buataisí rubair air mar a bheadh ar fheirmeoir sa bhaile. Ní minic a d'fheicfeá bó ar adhastar in Éirinn sa lá atá inniu ann.

Ag cúig tar éis a deich táim ar barr Monte del Gozo ag féachaint síos ar Santiago de Compostela. Tugadh Cnocán an Áthais air in anallód mar is óna mhullach a d'fhaigheadh na hoilithrigh a gcéad spléachadh ar spuaiceanna Ardeaglais Santiago, ceann scríbe

El Monte del Gozo

a n-aistir. Insíonn Domenico Laffi dúinn ina chuntas gurbh iontach an luach saothair dó féin agus dá chomhoilithrigh an radharc a fuair siad ar an gcathair naofa ó Monte del Gozo. Thit siad ar a nglúine agus chan siad an *Te Deum*. Bheadh sé níos cirte a rá gur ar éigean a d'éirigh leo é a chanadh mar gheall ar na mothúcháin a bhí ag brúchtaíl ina gcroí.

> Bhaineamar barr an chnoic ar a dtugtar Monte del Gozo amach, áit ónar fhéachamar síos ar Santiago a rabhamar ag tnúth leis le fada agus nach raibh anois ach leathléig uainn. Nuair a chonaiceamar é, thiteamar ar ár nglúine agus thosaíomar ag sileadh deora áthais agus ag canadh an *Te Deum*. Níor éirigh linn níos mó ná líne nó dhó a chanadh nuair a chuir na deora a bhí ag teacht ónár súile cosc orainn focal a rá. Chuir na mothúcháin a bhí tar éis seilbh a fháil ar ár gcroí agus an tsíorshnagaíl ghoil cosc lenár gcanadh gur tháinig deireadh leis an gcaoineadh de réir a chéile. Leanamar ansin ag casadh an Te Deum, agus bhogamar síos i dtreo na cathrach ag ceol ar an mbealach seo.

Lúcháir ormsa freisin an cnoc cáiliúil seo a bhaint amach. Ní hé radharc na cathrach naofa atá imithe i bhfeidhm orm, áfach, ach go bhfuil deifir orm chun an leithris. An t-ádh liom go bhfuil a leithéid ann. Tá an cnocán loite anois ag foirgnimh ghránna nua-aimseartha. Sílim gur tógadh iad le haghaidh cuairt an Phápa sa bhliain 1993. Ní féidir spuaiceanna na hardeaglaise a fheiceáil a thuilleadh. Fás na cathrach is cúis leis sin. Tá slua daoine mar aon le busanna turasóireachta sa chlós páirceála. An-díomá orm. Faighim *sello* ar mo phas oilithreachta agus buailim bóthar le fána síos i dtreo na cathrach. Ag fiche chun a haon déag, trasnaím an mótarbhealach agus ní fada go dtagaim ar oifig thurasóireachta ina bhfaighim léarscáil den chathair. Na sluaite romham agus i mo dhiaidh ar an mbealach traidisiúnta isteach go lár na cathrach. Cé go bhfuil an ghrian ag scoilteadh na gcloch, cuireann sé iontas orm an oiread daoine a bhfuil lomraí nó seaicéid bháistí orthu.

Scuabann tonn mothúchán tharam. Nach aisteach gur anseo a tharlaíonn sé dom! I measc na n-árasán coincréite. Bród orm go bhfuil aistear 800 ciliméadar curtha i gcrích agam. Lúcháir orm go bhfuil brionglóid comhlíonta. Sásamh. Iad go léir báite i meascán de chumha agus de bhrón nach bhfuil mo bhean chéile, Siobhán, liom. Is minic a labhraíomar faoin g*Camino* a dhéanamh le chéile. Stadaim ag both teileafóin agus cuirim glaoch uirthi chun é sin a chur in iúl di. Níl sí sa bhaile ach fágaim teachtaireacht di.

Tamall gearr ina dhiaidh sin tugaim brú príobháideach faoi deara a bhfuil **Albergue Acuario** mar ainm air. Cinneadh déanta agam láithreach dul isteach, leaba a chur in áirithe agus mo mhála a fhágáil ann, b'fhéidir. Ag leathuair i ndiaidh meán lae táim ar mo bhealach go lár na cathrach arís.

Leanaim an seanbhealach traidisiúnta. Slua oilithreach amach romham agus i mo dhiaidh. Rúa de San Pedro. Porta do Camiño, Rúa Casas Reais, Plaza de Ánimas, Plaza de Cervantes, Calle Azabachería.

Ní fada go mbím in **Plaza de la Inmaculada**, áit a bhfuil scuaine mhór daoine ag fanacht ag ceann de dhoirse na hardeaglaise. An doras ceart, sílim, toisc a bhfuil de shlua ann. Fiche nóiméad ag feitheamh go foighneach. Garda slándála a bhfuil smachtín agus glais láimhe ina chrios ag gardáil an dorais. Gan duine ar bith á ligean isteach aige. Aifreann ar siúl, déarfainn.

Plaza de la Inmaculada agus San Martín Piñario

Faighim spléachadh ar an mbutafumeiro ag luascadh tríd an doras oscailte. Cloisim éamh iontais ón 'lucht féachana' istigh. Scaoilfear isteach sinn nuair a bheidh an searmanas thart. An ceart agam sa mhéid sin. Plódaíonn an slua amach tríd an doras mór. Ligtear isteach sinn faoi dheireadh. Chomh luath agus atáim taobh istigh den doras, tuigim gur feitheamh in aisce atá déanta agam. Táim tar éis teacht isteach an doras mícheart. Éalaíonn focal ceithre-litreach uaim nach cóir a lua riamh ná choíche in ardeaglais, go háirithe nuair is oilithreach tú! An locht orm féin nár léigh mé an treoirleabhar le breis dúthrachta. Amach liom arís. Déanaim mo bhealach timpeall go dtí **Plaza de Quintana**, áit a bhfuil **La Puerta del Perdón** (Doras an Mhaithiúnais). Is tríd an doras sin a théitear isteach nuair a bhíonn bliain naofa ann. Tarlaíonn sin nuair a thiteann Lá Fhéile San Séamus ar an Domhnach. Bliain Naofa atá ann i mbliana. Is ó **Plaza de Obradoiro** agus tríd an **Pórtico de la Gloria** cáiliúil a théann na hoilithrigh isteach gach aon bhliain eile.

Nuair a bhainim Plaza de Quintana amach, feicim líne fhada oilithreach agus turasóirí ag síneadh timpeall na cearnóige faoin ngrian loiscneach. Ní chuireann sin aon fheabhas ar an ngiúmar atá orm. Nach mé an dundalán! Tig liom 800 ciliméadar a shiúl gan stró agus ansin ní féidir liom an doras ceart a aimsiú. Sníonn an líne fhada go malltriallach timpeall na cearnóige.

Faoi dheireadh, sroichim Doras an Mhaithiúnais. Suas na céimeanna liom go dtí dealbh San Séamus atá os cionn na príomhaltóra. De réir traidisiúin a théann siar thar na cianta, beireann an t-oilithreach barróg ar dhealbh an naoimh. Ná déan nós agus ná bris nós, a deirim liom féin. Cuirim mo dhá láimh thart ar an naomh a bhfuil a chúl aige liom. Siúlaim 800,000 méadar chun bualadh leat agus casann tú do dhroim liom. Más amhlaidh atáim ag súil le rud éigin as an ngnáth – focal i mo chluais ó San Séamus féin, mionchrith talún, athrú tobann inmheánach – ní tharlaíonn sé. Ní mhothaím tada.

La Puerta del Perdón, Ardeaglais San Séamus

Oiread na fríde de dhíomá, b'fhéidir. Ní ortsa atá an locht, a dheilbh dhaite. Tá tú i do shuí anseo ar do chathaoir ríoga gan chorraí leis na cianta. Cén fáth go gcorrófá domsa? Má tá rud le tarlú, ormsa atá an fhreagracht. Má tá freagraí á lorg agam, ormsa a thiteann an dualgas bheith ag seilg agus ag siortú trí mhíreanna mearaí na beatha. Mura bhfuil freagraí le fáil, ní mór dom maireachtáil leis an míshuaimhneas aigne a eascraíonn as an neamhchinnteacht agus le mearú intinne na héidearfachta.

Síos go híoslach na hardeaglaise liom chun cuairt a thabhairt ar 'uaigh' an naoimh. Cé go luaitear lear mór mothúchán le hoilithrigh ag na buaicnóiméid seo ní mhothaím féin tada. Is deacair a chreidiúint go bhfuil cnámha nó fiú luaithreach San Séamus anseo. An ndéanfadh sé mórán difríochta mura mbeadh taisí ar bith inti? Tá na mílte tagtha anseo gach aon bhliain ón uile chearn den Eoraip agus den domhan le breis is míle bliain. Nach leor sin chun áit naofa a dhéanamh de? Ach céard a deir tu faoir lá ar fhág San Séamus a chathaoir ríoga - athrú cló air ar nós an *Incredible Hulk* - go ndearnadh *Santiago Matamoros* de? Slad agus sléacht á dhéanamh aige ar na Múraigh in Clavijo. An mbeadh sé páirteach sa lá atá inniu ann le Bush agus Blair sa chogadh in aghaidh 'an oilc agus na hurchóide?' Tá tú liom nó tá tú i mo choinne. Múraigh i ngach áit le marú agus le céasadh!

Céard atá déanta againn leis an aspal bocht? An bhfuil sé ag casadh agus ag tabhairt na gcor ina uaigh cibé áit a bhfuil sé? Más anseo atá sé, dá n-osclóinn an cumhdach taisí anois agus é a scaoileadh amach, céard a déarfadh sé linn? Fraoch feirge air, déarfainn. Ach ní in aghaidh na Múrach é ach in ár n-aghaidh féin. Nach baolach an rud é ligean don chine daonna seilbh a fháil ar naomh ar bith? San Séamus bocht i nGuantanamo againn le breis agus míle bliain.

De ghnáth, ar dhul isteach trí **Pórtico de la Gloria** ó **Praza do Obradoiro**, leagann an t-oilithreach a lámh ar cholún a bhfuil Crann Isaí greanta air agus Santiago féin ina shuí os a chionn. Toisc go bhfuil an nós seo á chleachtadh ó na meánaoiseanna anuas, tá cruth láimhe, na méara scartha óna chéile, 'ídithe' isteach sa cholún. Gabhann an t-oilithreach timpeall an cholúin ansin. Díreach taobh thiar, tá dealbh de **Maestro Mateo**, sár-ailtire agus sár-dhealbhóir a chruthaigh an Pórtico de la Gloria féin sa bhliain 1188. Cnagann sé a éadan trí huaire i gcoinne cloigeann an fhir cháiliúil úd. É ag súil go dtógfaidh sé uaidh cuid de na buanna a bhí aige. Braithim beagáinín amaideach á dhéanamh ach cloím le comhairle an tseanfhocail: Ná déan nós... Tá scuaine fhada daoine romham agus i mo dhiaidh agus na geáitsí céanna ar siúl acu ar fad. Déarfainn go bhfuil Maestro Mateo i bhfolach taobh thiar de cheann de na colúin agus é sna trithí.

Tá sé in am greim a ithe. Mé lag leis an ocras. Ar aghaidh liom ansin go dtí Oifig na nOilithreach (**la Oficina del Peregrino**) chun **Compostela** (teastas Laidine a dhearbhaíonn go bhfuil an oilithreacht comhlíonta) a fháil. Scuaine fhada ag síneadh in airde staighre agus trasna an léibhinn. Scrúdaíonn duine d'fhoireann na hoifige na stampaí *(los sellos)* ar mo Phas Oilithreachta *(Credencial)*. Cuireann sí na sonraí ar fad isteach sa ríomhaire agus bronnann sí an *Compostela* orm. Fógrófar líon na n-oilithreach ó na tíortha éagsúla ag Aifreann na nOilithreach maidin amárach, a deir sí liom.

Fágaim an tseanchathair agus siúlaim cúpla ciliméadar go dtí ionad siopadóireachta ina bhfuil an t-aon ghníomhaireacht taistil in Santiago ar oscailt tráthnóna Dé Sathairn. Taispeánaim an *Compostela* agus faighim lascaine mhór ar eitilt ar aerlíne Iberia go Barcelona. Cé go bhfuil geallúint tugtha ag an aerlíne náisiúnta an lascaine a thabhairt d'aon duine atá tar éis *Compostela* a ghnóthú, ní minic a comhlíonann siad í. Is minic a bhíonn na suíocháin ar fad lán. An t-ádh liomsa.

Lá sosa

3 Deireadh Fómhair
Santiago de Compostela

É beartaithe agam i gcónaí, dá mbeadh dóthain fuinnimh agus nirt fágtha ionam nuair a bhainfinn Compostela amach, go leanfainn ar aghaidh go **Finisterre** ar **Costa de la Muerte** (Cósta an Bháis). Braithim nach bhfuil an dara rogha agam anois. Guth éigin neamhshaolta i ndiamhracht na hintinne ag rá liom nach bhfuil m'aistear thart go fóill. Mé faoi gheasa ag cumhacht ársa éigin atá dom bhréagadh siar go hionad atá níos seanda fós ná an áit ina raibh mé i mo sheasamh inné in íoslach na hardeaglaise? Nó an amhlaidh gur andúileach anois mé - mé faoi smacht ag druga na coisíochta, mé mearaithe ag an síorghluaiseacht ó áit go háit? Buailfidh mé bóthar arís amárach. Is é mo bharúil go dtógfaidh sé ceithre lá chun an t-aistear iomlán a chur i gcrích. Deirtear liom nach leanann ach thart ar 25% de na siúlóirí go 'Deireadh an Domhain'. Ní foláir, áfach, anam na cathrach seanda seo a bhrath ar dtús inniu.

Codladh suaimhneasach, sámh agam aréir in *Albergue Acuario*. Mé i mo shuí ag a hocht a chlog ar maidin. Bricfeasta agam i gcaifé in aice láimhe.

Siúlaim ar ais go lár na cathrach toisc go bhfuil geallúint tugtha agam dom féin gan taisteal i bhfeithicil de chineál ar bith go mbainfinn Finisterre amach. Ar an mbealach isteach, tá na sluaite oilithreach nua ag déanamh ar an ardeaglais. Ceann d'Aifrinntí an Domhnaigh ar siúl nuair a théim isteach. Beartaím fanacht san ardeaglais don chéad Aifreann eile. Aifreann na nOilithreach a bheidh ann. Is breá a bheith i mo shuí ar mo shócúlacht anseo ag baint taitnimh as áilleacht an fhoirgnimh Rómhánúil seo. Súil Dé i lár an chruinneacháin ag faire orm.

Go gairid sula dtosaíonn Aifreann na nOilithreach, plódaíonn na sluaite isteach. Turasóirí a bhformhór. Deireadh seachtaine atá ann ar ndóigh. Líonann siad gach uile chúinne agus spás san ardeaglais. Is léir nach é Suipéar an Tiarna atá á dtarraingt ach taispeántas an **butafumeiro**. Túiseán ollmór is ea an *butafumeiro*, é chomh mór le bairille. Tá sé os cionn méadar ar airde agus meánn sé 50 cileagram. Ar crochadh ó lár an chruinneacháin díreach os comhair na hardaltóra. Tógann sé ochtar fear, a nglaotar **tiraboleiros** orthu, chun é a chur ag luascadh agus chun smacht a choinneáil air nuair a ghluaiseann sé ar nós luascadán trasna na croslainne. Agus an *butafumeiro* faoi lánseol, éiríonn sé go dtí an tsileáil geall leis, ar thaobh amháin sula dtiteann sé go leibhéal chloigeann an duine i lár baill. Ansin sroicheann sé an airde chéanna ar an taobh eile, sula dtiteann sé arís. Má thógaimid gluaiseacht an *butafumeiro* mar leathchiorcal, is ionann a gha agus cúig mhéadar is fiche. Caithfidh mé a admháil gur suntasach, spiagach an radharc é.

Bhaintí feidhm as cumhracht na túise ón *butafumeiro* sna meánaoiseanna chun an boladh bréan a bhíodh ag éirí ón bplód oilithreach brocach nach mbíodh deis acu iad féin ná a gcuid éadaí a ní i gceart ar an mbealach fada trasna na hEorpa. Ní théann an ceann atá ann faoi láthair siar ach go dtí 1850 nó mar sin. Sciob saighdiúirí Napoléon an *butafumeiro* a bhí ann roimhe sin nuair a chreach siad an ardeaglais i rith Chogadh na Leithinse. Bhris téada an túiseáin ollmhóir seo ar dhá ócáid le linn stair na hoilithreachta – i 1499 agus arís sa bhliain 1622. Cé go raibh sé á luascadh nuair a tharla na tionóiscí úd, níor gortaíodh aon duine.

An-chuid brú, sá agus streachailte ar siúl ag na sluaite thart orm, iad ar fad ag iarraidh na hionaid is fearr a bhaint amach. Dreapann cuid acu thar na suíocháin. Tarlaíonn go bhfuil suíomh foirfe agam féin. Cé go ndéantar iarrachtaí mé a bhogadh amach as, fanaim mar a bhfuilim mar bhairneach ar an gcarraig. Sa 13ú céad tógadh círéibeanna san ardeaglais agus b'éigean í a dhúnadh agus í a athchoisreacan. Ag breathnú thart ar phlód gan ainm, is furasta a leithéid d'iompar a shamhlú leo. Tá screamh na sibhialtachta an-tanaí. Cuirtear tús le hAifreann na nOilithreach.

Ócáid shollúnta é Aifreann na nOilithreach. Easpag is ea an ceiliúraí agus tá grúpa traidisiúnta ceoil ó Mheicsiceo ag canadh na n-iomann. Am éigin i rith an Aifrinn, glaotar amach na tíortha ónar tháinig na hoilithrigh a chomhlíon an oilithreacht an lá roimh ré. Luaitear na gúpaí a tháinig le chéile agus ansin iad siúd a tháinig ina n-aonar. 'Triúr ón Danmhairg, beirt ón tSualainn, sé dhuine dhéag ón bPolainn, triúr ó Cheanada, duine amháin ón Ungáir, agus araile.' Léimeann an croí istigh ionam nuair a chloisim '*Un peregrino irlandés*'. Mise an t-aon Éireannach amháin a fuair *Compostela* inné. Fonn orm seasamh agus umhlú ar dheis, ar chlé agus chun tosaigh faoi mar a dhéanann stiúrthóir ceolfhoirne.

Ag druidim le deireadh an Aifrinn, tagann an t-ochtar *tiraboleiros* amach, iad gléasta i sútáin dhonna agus an *butafumeiro* á iompar acu. Crochann siad é. An fíoghual ar lasadh cheana féin. Cuireann siad an túis isteach ann. Ansin beireann gach fear acu ar théad faoi mar a dhéanann na clogairí. Ní fada go dtosaíonn an *butafumeiro* ag luascadh, é ag éirí níos airde le gach tarraingt. Mheasfaí go raibh sé ar tí an tsíleáil a bhualadh ar an dá thaobh. Seasann an slua. Téann cuid mhaith acu in airde ar na suíocháin. Anois agus arís ligeann an slua uspóg astu le teann iontais. Tosaíonn airde an luasctha ag laghdú go dtí go mbeireann *tiraboleiro* amháin greim ar an *mbutafumeiro* go deaslámhach. Shílfí go scuabfadh sé leis é ach déanann sé cineál fíodrince leis an túiseán ollmhór agus tá an taispeántas thart.

Cuirim glaoch teileafóin ar Shiobhán. Scríobhaim roinnt cártaí poist agus caithim an chuid eile den lá ag siúl tríd an tseanchathair. Ionad Oidhreachta Domhanda is ea Santiago le blianta beaga anuas. Thart timpeall ar an ardeaglais tá gréasán de shráideanna cúnga, pábháilte le duirleoga a bhfuil atmaisféar meánaoiseach iontu. Is cathair ollscoile í freisin, ar ndóigh. Is trua go bhfuil an oiread sin de ghnóthaí an láir dírithe ar na turasóirí. Ar bhealach, is beag atá athraithe ó aimsir Aymeric Picaud i leith. Deir sé linn go mbíodh ceannaithe agus trádálaithe ag díol sliogáin an mhuirín, seithí fíona, pacaí déanta as seithí fia, criosanna agus cineálacha éagsúla luibheanna leighis mórthimpeall ar an ardeaglais.

Is í Ardeaglais San Séamus féin is mó a tharraingíonn aird an turasóra. Tagann an t-oilithreach go dtí é trí **Rúa de San Pedro**, **Plaza de Cervantes**, agus **Calle Azabachería** go dtí **Plaza de la Inmaculada**. Sin é an bealach traidisiúnta. Sna gnáthbhlianta, casann sé ar dheis. Gabhann sé trí áirse (Arco del Palacio) isteach in **Plaza de Obradoiro**. Is ansin atá an **Pórtico de la Gloria**. Sna Blianta Naofa casann sé ar chlé in **Plaza de Inmaculada** (ar a dtugtaí uair amháin **Plaza de la Azabachería**) agus téann sé isteach in **Plaza de Quintana**, áit a bhfuil an **Puerta del Perdón**. Má shiúlann an t-oilithreach timpeall na hardeaglaise, téann sé trí cheithre chearnóg. 'Plaza' a thugtar orthu sa Spáinnis nó 'praza' i nGalego.

Plaza de Obradoiro: Nuair a sheasann an t-oilithreach sa chearnóg seo ag féachaint ar na céimeanna go doras na hardeaglaise, tá óstán cúig réalta, **Parador de los Reyes Católicos**, ar thaobh na láimhe clé. Brú nó ospidéal oilithreachta a thóg Fernando agus Isabel, Rí agus Banríon na Spáinne, a bhí ann tráth. Is beag oilithreach a thógann seomra ann anois ach tig le líon beag díobh béile a fháil ann saor in aisce má chomhlíonann siad deasghnátha áirithe agus má bhíonn dóthain foighne acu seasamh i scuaine ar feadh scaithimh fhada. Má sheastar siar go maith, tá radharc ar aghaidh iartharach na hardeaglaise ina hiomláine. Deirtear go bhfuil sé ar cheann de mhórshaothair Bharócacha na Spáinne. Idir 1738 agus 1750 a tógadh í.

Parador de los Reyes Católicos

Den dá thúr a fheictear, tá an ceann ar dheis, an clogás, níos sine ná an aghaidh féin. Seasann dealbh San Séamus amach agus thíos faoi tá a bheirt dheisceabal. Suas go dtí an 16ú céad, bhíodh an Pórtico de la Gloria oscailte de ló is d'oíche. De dheasca drochiompar na n-oilithreach a chodlaíodh san ardeaglais, tógadh doirse seachtracha agus anois ní féidir an Pórtico de la Gloria a fheiceáil gan dul isteach tríothu. Trí áirse atá sa saothar iontach seo ar a bhfuil pearsana agus radhairc as an mBíobla snoite orthu ag Maestro Mateo. Ar dhul isteach tríd an Pórtico de la Gloria feictear láithreach go bhfuil an seanstruchtúr inmheánach Rómhánúil caomhnaithe go maith. Taitníonn a shimplíocht go mór liom. Murab ionann is ardeaglaisí eile ar an g*Camino* níl córlann istigh ina lár a chuireann bac ort radharc a fháil ar iomlán chorp an fhoirgnimh.

Plaza de las Platerías: Tugadh an t-ainm ar an gcearnóg seo toisc go mbíodh ceardlanna agus siopaí ag na gaibhne geala inti. Ciallaíonn an focal *plata*, 'airgead' (an miotal Ag) sa Spáinnis agus ciallaíonn *platería* 'ceardlann an ghabha ghil'. Tá fuarán sa chearnóg ina bhfuil dealbha de cheithre chapall ag scairdeadh uisce agus aingeal os a gcionn. Is anseo atá aghaidh bhunaidh Rómhánúil na hardeaglaise le feiceáil. Is léir ó mhionchuntas sa *Codex Calixtinus* gur

Puerta de las Platerías

beag athrú atá déanta uirthi ón 12ú céad i leith. Is féidir dul isteach san ardeaglais ón bPlaza de las Platerías trí dhoras ar a dtugtar **Puerta de las Platerías**. Léiríonn inscríbhinn air go dtéann sé siar go dtí 1103.

Tá **Plaza de Quintana** ar dhá leibhéal agus céimeanna idir eatarthu. Tugtar **Quintana de Vivos** (Quintana na mBeo) ar an leibhéal uachtarach agus **Quintana de Muertos** (Quintana na Marbh) ar an leibhéal íochtarach toisc go raibh reilig ann sa 14ú haois. Is ar an leibhéal íochtarach freisin atá Doras an Mhaithiúnais nó an Doras Naofa. Tógtar balla brící chun an doras a dhúnadh ag deireadh na Bliana Naofa. Osclaíonn an t-ardeaspag é de réir deasghnátha seanbhunaithe ar an lá deireanach de Mhí na Nollag roimh thús na Bliana Naofa. Os cionn an dorais tá dealbha de Shan Séamus agus dá bheirt dheisceabal. Ar thaobh na láimhe clé, ag féachaint síos ar Plaza de Quintana agus ar Plaza de las Platerías, tá an **Torre del Reloj** (Túr an Chloig). Ar Quintana de Vivos, tig leis an oilithreach cuairt a thabhairt ar an gCaifé Liteartha (Café Literario), áit a ghnáthaíonn na mic léinn ollscoile.

Thugtaí **Plaza de la Azabachería** ar **Plaza de la Inmaculada** tráth mar go mbíodh siopaí agus ceardlanna ansin ag na ceardaithe a dhéanadh seodra agus áilleagáin as an gcloch daoldubh ar a nglaotar *azabache* sa Spáinnis. Bhunaigh na *azabacheros* ceardchuallacht sa bhliain 1443, rud a thaispeánann cé chomh láidir is a bhí siad ag an am. I gcaisleán in aice le Cuinche i gCo. an Chláir, tá dealbh de *Santiago Peregrino* greanta in *azabache* a thug oilithreach éigin abhaile leis fadó ar taispeáint. Nuair a sheasann an t-oilithreach in Plaza de la Inmaculada féachann sé ar aghaidh thuaisceartach na hardeaglaise ina bhfuil meascán den stíl Bharócach agus den stíl Nua-Chlasaiceach. Leagadh an aghaidh Rómhánúil a bhí ann ón tús sa bhliain 1750 agus atógadh í sna stíleanna nua thuasluaite.

Lá 32

4 Deireadh Fómhair

Santiago de

Compostela – Negreira

Cathair / Baile / Sráidbhaile	Fad (Ciliméadar)	Airde (Méadar)
Piñeiro	3	100
Droichead thar an Roxo	6.5	100
Ventosa	8	130
Aguapesada	10	60
Carballo	12	260
Trasmonte	13	220
Ponte Maceira	15	160
Barca	17	150
Chancela	18.5	190
Negreira	20	162

Fágaim Albergue Acuario ag fiche chun a hocht ar mo bhealach go Finisterre. Níor chodail mé rómhaith aréir. Mé lán de theaspach nó de spleodar agus fonn orm bheith ar an mbóthar arís. Go gairid tar éis a hocht táim ag fágáil slán ag an ardeaglais. Leanaim orm trí pháirc phoiblí, síos le fána agus trasna na habhann agus suas in aghaidh an aird arís. Casaim timpeall chun an radharc deireanach a fháil ar an gcathair. Tá spuaiceanna na hardeaglaise le feiceáil mar scáthphictiúr idir mé agus breacadh an lae ar

Túir na hardeaglaise le breacadh an lae

íor na spéire. Is iontach ar fad an radharc é.

Lá breá bog. Cé go bhfuil na scamaill ag bailiú níl cuma na báistí orthu. Ag ceathrú chun a naoi tá Santiago fágtha taobh thiar díom agus mé ag gabháil trí choillte darach agus eoclaipe. Fothram thrácht na maidine le cloisteáil i bhfad uaim. Níl siúlóir feicthe agam fós ach cúpla oilithreach in Plaza de Quintana ag feitheamh go n-osclóidh Doras an Mhaithiúnais. Gabhann an cosán thar thithe breátha, móra, nua-aimseartha. De réir dealraimh, tá na rachmasaithe ag bogadh amach as an gcathair le tithe a thógáil in áiteanna áille faoin tuath ach cóngarach go leor dá n-ionaid oibre. Feicim tithe nua á dtógáil agus is ábhar iontais dom gur díonta coincréite atá á gcur orthu in ionad rachtaí, cé go bhfuil an crochadh céanna iontu. Anuas air sin leagtar leatháin iomaireacha d'ábhar éigin nach n-aithním. Sílim go mb'fhéidir gur ábhar teasdíonaithe de chineál éigin atá ann. Luíonn na tíleanna rua go compordach isteach sna hiomairí.

Sráidbhaile ar an mbóthar go Finisterre

Ag ceathrú chun a deich, bainim **Pineiros** amach, áit a bhfeicim *hórreo* an-mhór ar imeall an tsráidbhaile. Iarracht mhór déanta ag dream éigin cosán na n-oilithreach a fheabhsú trí leaca móra eibhir a leagan air ach, faraor, tá an dea-obair ar fad curtha ó mhaith ag na driseacha. Tagaim go dtí áit a bhfuil gleann álainn glas, méith thíos fúm atá breac le tithe scoite amach óna chéile. Cnoic choillteacha mórthimpeall air. Go dtí gur bhain mé Santiago amach, bhí na saigheada buí dírithe i dtreo amháin. Ar an mbealach go Finisterre, áfach, tá an cosán marcáilte sa dá threo. Toisc go gcasann agus go lúbann an cosán trí choillte, uaireanta ní bhím róchinnte an siar nó soir atá mé ag dul. Ag a deich a chlog, trasnaím an Roxos. Ionad picnice cóngarach don droichead. Is léir go bhfuil sráidbhaile **Roxos**, amhail sráidbhailte eile atá feicthe agam ar maidin, ag fás go tapa. Daoine ag tréigean na cathrach, iad ag lorg tearmainn in áilleacht na tuaithe, is dócha. Cé a thógfadh orthu é?

An t-ocras do mo chrá le tamall ach níl caifé ar bith i gcóngar an chosáin. Faoi dheireadh, tagaim go dtí beár a bhfuil Mesón Alto Do Vento mar ainm air. É dúnta agus faoi ghlas. Nuair a fhéachaim isteach tríd an bhfuinneog, áfach, feicim scata fear ag ól caifé ag an gcuntar. Iad ag breathnú amach orm. Ní bhogann duine ar bith chun an doras a oscailt. Gan romham anseo ach an doicheall. Go gcúití Dia an fhéile libh! Buailim bóthar arís. Ar shroichint **Ventosa** dom, tugaim faoi deara go bhfuil crannaíl agus fálta sreinge clúdaithe le fíniúnacha i ngairdíní fhormhór na dtithe. Crainn figí go flúirseach freisin. Toisc go bhfuil an taobh tíre seo agus an aeráid an-chosúil lena macasamhail in Éirinn, cuireann a leithéidí ionadh orm. Ní foláir nó go mbíonn samhraí níos teo agus níos grianmhaire acu ná mar a bhíonn againne. Gan beár ná caifé ná bialann ar oscailt go fóill. Is dócha go dtarlaíonn sin toisc nach leanann ach líon beag siúlóirí orthu go Finisterre. Tá an daonra dlúth i ngleannta glasa an cheantair. Na tithe scaipthe faoi mar a bhíonn in Éirinn. Sráidbhailte ar feadh an bhealaigh. Iad chomh cóngarach sin dá chéile gur ar éigean is féidir idirdhealú a dhéanamh eatarthu. Feicim scata ban ag ullmhú diasa an arbhair indiaigh *(las mazorcas)* lena gcur i dtaisce in hórreo. Faoi dheireadh, tagaim ar bheár atá ar oscailt in **Aguapesada**. Lúcháir orm mar go bhfuilim ar tí titim leis an ocras. Bainim an-sásamh as *tortilla Española* (uibheagán

Ar an mbóthar siar

prátaí), arán agus Coca-Cola. Fad atáim ag ithe, buaileann siúlóir eile isteach. Anneta is ainm di. Danmhargach í. Aithne againn ar a chéile cheana féin. Casadh ar a chéile sinn cheana féin idir Rabanal del Camino agus Foncebadón.

Bhí a cosa á bhfuarú aici i ndabhach uisce i lár páirce. Bean í a bhíodh ag obair i dteach altranais. Tá sí éirithe tuirseach den chineál sin oibre. Sos breá fada á thógáil aici agus níl aon deifir abhaile uirthi. Slí bheatha nua roimpi nuair a bhaineann sí an baile amach. Deir sí liom go bhfuil siúlóir eile ag teacht inár ndiaidh.

Ag leath i ndiaidh a haon déag, táim ar mo bhealach arís. Tamall gearr ina dhiaidh sin, tagaim go droichead meánaoiseach a bhfuil obair chaomhnaithe déanta air. As go brách liom ansin in aghaidh an aird trí choillte ina bhfuil an dair, an ghiúis agus an eoclaip measctha ar a chéile. Ag meán lae tá an cosán fós ag ardú. Gabhaim thar chomhartha a deir Trastamonte-Santa María. Nuair a bhainim barr an aird amach, feicim sráidbhaile **Carballo** romham amach. Cnoic arda agus brat ceo anuas orthu atá thart orm. Bean óg atá tar éis ualach raithní a bhaint le speal i bpáirc cois coille. Tá sí ag caitheamh na raithní isteach i leantóir. Tamall ina dhiaidh sin, tiomáineann sí tarracóir tharam. Is cosúil gurb iad na mná a dhéanann obair throm na feirme thart anseo. Iad feicthe agam ag tiomáint innealra. Ní fheadar an amhlaidh atá na fir ag obair i bpoist eile toisc nach féidir leo slí bheatha a thuilleamh as an bhfeirmeoireacht amháin? Sin atá ag tarlú in Éirinn le blianta anuas.

Ponte Maceira

Ag leath i ndiaidh a dó dhéag, táim in **Burgueiros**, sráidbhaile eile lán de thithe suntasacha. Tamall ina dhiaidh sin, tagaim go gleann álainn a bhfuil abhainn ag rith tríd agus coillte thart timpeall air. Ina lár tá **A Ponte Maceira**, sráidbhaile fíorálainn a bhfuil cuma an rachmais air. Ainmníodh é ón droichead ársa cloiche (14ú céad) thar an Tambre. I mo sheasamh anseo ar an droichead ard, caol, dronnach, meánaoiseach seo a bhfuil cúig stua ann, tá seanmhuileann cloiche ar thaobh na láimhe deise agus bialann déanta de. Tá muileann uisce díreach trasna uaidh ar an taobh eile den

abhainn. Ar an mbruach clé, tá **pazo** álainn agus faichí atá cóirithe go foirfe os a chomhair. Is ionann an *pazo* in Galicia agus teach mór tuaithe den chineál a bhíodh ag tiarnaí talún na hÉireann fadó. An-éagsúlacht

An muileann uisce, A Ponte Maceira

eatarthu ó thaobh ailtireachta de, áfach. Is fiú an turas breise chun an radharc álainn seo a fheiceáil. Leanaim ar bhruach na habhann trí choillte darach agus eoclaipe go dtí go dtagaim go droichead nua atá á thógáil. Ní fada go mbainim **Barca** amach. Sráidbhaile é seo ina bhfuil ionaid díolacháin gluaisteán. Ní thaitníonn an áit liom.

El Pazo, A Ponte Maceira

Leanann an bóthar mór in aghaidh an aird. Trácht trom air agus oibreacha bóthair. Nathair nimhe ina luí ar dhromchla an bhóthair agus an chuma uirthi gur bhasc ceann de na hinnill tochailte í. Faoi dheireadh, tagaim go barr an aird. Mé ag imeacht ansin le fána síos trí **Chancela** de thruslóga fada. Pazo grástúil eile i measc na gcrann ar thaobh na láimhe clé. Go gairid ina dhiaidh sin bainim **Negreira** amach. Tógann sé ar a laghad fiche nóiméad orm an *albergue*, atá ciliméadar ar an taobh eile den bhaile, a aimsiú.

Brú breá nua-aimseartha atá ann ach gan *hospitalera* ar bith le feiceáil. Tógaim seilbh ar leaba thuas staighre. Scaoilim amach mo mhála codlata agus táim ar tí *siesta* a thógáil nuair a labhraíonn guth strainséartha taobh thiar díom. Gearmánach ard, téagartha, féasógach atá ann. Beannaím dó.

'Cad as duit?' ar seisean.

'As Éirinn,' arsa mise leis á fhreagairt.

'Tá a fhios agam,' arsa an Gearmánach, 'ach cá háit in Éirinn?'

'Co. an Chláir,' arsa mise.

'It's a long, long way from Clare to here,' ar seisean.

Deireadh leis an *siesta*. Is minic a chuala mé cheana faoi Ghearmánaigh a bhíonn faoi dhraíocht ag an tír seo againn ach níor bhuail mé riamh le haon duine atá chomh meallta leis an nGearmánach uasal seo. Insíonn sé dom faoina chéad turas go

El Pazo de Chancela

hÉirinn sa bhliain 1972. Thaistil sé ar an ordóg trasna na hEorpa go Ros Láir agus as sin timpeall cósta an deiscirt agus an iarthair gur bhain sé Sráid na Cathrach i gCo. an Chláir amach. Bhí suim mhór aige sa cheol traidisiúnta. An oíche sin d'fhreastail sé ar sheisiún ceoil i gceann de na tithe tábhairne le Gearmánach óg eile a raibh giotár aige. Nuair a tháinig am dúnta, scaoileadh na custaiméirí amach. Labhair duine éigin de na ceoltóirí leis féin agus leis an nGearmánach óg eile. Mhol sé dóibh fanacht tamall taobh amuigh go mbeadh an slua imithe. Rachaidís isteach arís ansin tríd an gcúldoras chun leanúint leis an seisiún, rud a rinne siad. Dhearmad siad a gcuid málaí droma a thabhairt leo, iad fágtha i gcoinne an bhalla ar an gcosán lasmuigh den doras tosaigh. Nuair a cuireadh deireadh leis an gceol timpeall a ceathair a chlog ar maidin, bhí na málaí imithe. Tharla gur ghabh duine de mhuintir na háite thar bráid. Chonaic sé na málaí agus bheartaigh sé iad a thabhairt isteach ina theach féin ar eagla go ngoidfí iad. Ní raibh a fhios sin ag an mbeirt Ghearmánach óga, áfach.

Tugadh na málaí go Stáisiún na nGardaí i Leacht Uí Chonchubhair an lá dár gcionn. Ní bhfuair Gearmánach an ghiotáir a mhála go ceann bliana ina dhiaidh sin. D'fhill sé ar an nGearmáin dá cheal.

Lean an Gearmánach seo agamsa, nach raibh ach seacht mbliana déag ag an am, suas cósta an iarthair gur bhain sé Dún na nGall amach. Lá amháin bhí sé ar a bhealach go dtí an Fál Carrach. Bhí sé ag éirí déanach agus mhol fear de bhunadh na háite dó an oíche a chaitheamh in Árainn Mhór. Thug sé síob dó síos go dtí an caladh, áit a raibh bád ar tí dul isteach san oileán. Thit sé i ngrá le hÁrainn Mhór agus théadh sé ar ais ann dhá uair nó trí in aghaidh na bliana go dtí 1999. Tharla athrú saoil dó thart ar an am sin a chuir bac air leanúint dá thurais go hÉirinn.

'Má théann tú go hÁrainn Mhór,' ar seisean, 'cuir tuairisc "an Ghearmánaigh" agus tuigfidh muintir na háite cé air a bhfuil tú ag caint.' Is furasta a fheiceáil go bhfuil cumha air i ndiaidh an oileáin agus a mhuintire. An t-aon sólás amháin atá aige ná go bhfuil teach tábhairne ag bean ó Árainn Mhór cóngarach dá bhaile dúchais sa Ghearmáin.

Deir sé liom go raibh lé aige le cailín ar an oileán ar a chéad turas ach go raibh sé an-chúthail toisc é a bheith ar bheagán Béarla. Tharla go raibh rince ar siúl oíche amháin agus bhí sé féin agus an cailín i láthair. Bhí scáth air, áfach, cuireadh a thabhairt di dul amach ag rince leis. Bhí cinneadh déanta aige í a iarraidh don chéad rince eile ach theip a mhisneach ag an nóiméad deiridh. D'imigh an oíche mar sin go dtí sa deireadh nuair a bhuail an banna suas píosa nua ceoil, d'éirigh sé ina sheasamh agus cinneadh diongbháilte glactha aige. 'Anois nó riamh,' ar seisean leis féin agus rinne sé caol díreach trasna an tseomra chuici. Bhí sórt iontais air gurbh é an t-aon duine a bhí ag bogadh cé go raibh siad ar fad ina seasamh. Bhí sé chomh tógtha leis na focail a bhí le rá aige nár chuir sin isteach air.

'An ndéanfaidh tú rince liom?' ar seisean.

'Ní féidir,' ar sise, 'Seo Amhrán na bhFiann, an t-amhrán náisiúnta.' Thuig sé láithreach fáth na scigireachta a bhí ar siúl mórthimpeall orthu. Las sé go bun na gcluas agus chúlaigh sé go taobh na bhfear, é ag tnúth go slogfadh an talamh é.

É an-eolach ar chúrsaí na hÉireann agus an-chuid leabhar ar an ábhar léite aige, go háirithe saothar Tim Pat Coogan. Suim ar leith aige i dTriail na nArm agus sa tréimhse sin uile. Tá orm bheith cúramach maidir le fíricí mar tá siad níos cruinne aige siúd ná mar atá agamsa.

Nuair atá ár gcomhrá thart tógaim cith álainn, te agus bogaim síos go dtí an baile mór. Baile breá nua-aimseartha is ea Negreira. Déanann Ernest Hemingway tagairt dó ina úrscéal cáiliúil *For Whom the Bell Tolls* (1940). Ar an mbealach isteach go dtí an baile tá **El Pazo de Cotón**, foirgneamh mór dorcha, ag féachaint anuas orm. Taispeánann an pasáiste daingnithe a théann ón b*pazo* féin go dtí eaglais an

El Pazo de Cotón, Negreira

bhaile ar áirsí os cionn na sráide cumhacht agus stádas na ndaoine a chonaíodh sa teach mór úd. I measc na gcosúlachtaí eile idir Éire agus Galicia tá 'mallacht na himirce'. D'imigh líon mór de mhuintir an réigiúin thar lear. Chuaigh an oiread sin díobh go dtí an Airgintín go dtugtar *Gallegos* go magúil ar na Spáinnigh go léir sa tír sin. In Negreira a chonaic mé an chéad cheann den iliomad píosaí

Pasáiste daingnithe an Pazo

dealbhóireachta i gcuimhne ar an tréimhse phianmhar úd. Déarfainn go raibh dlúthbhaint éigin idir shaol rabairneach na n-uaisle sa teach mór agus bochtaineacht na cosmhuintire.

Nuair a fhillim ar an *albergue*, tá an *hospitalera* ansin agus mias ollmhór *paella* déanta aici. Pláta mór ualaithe le fáil ar €6. Cé go bhfuil greim ite agam cheana, braithim go bhfuil sórt dualgais orm suí síos agus 'arán a bhriseadh' le mo chomhshiúlóirí. Eorpaigh is mó atá iontu.

Cathair / Baile / Sráidbhaile	Fad (Ciliméadar)	Airde (Méadar)
Zas (Xas)	2	262
Rapote	6.5	332
A Pena	8.5	259
Porto Camiño	10	300
Vilaserio	13	363
Cornado	15	350
Santa Mariña	20	332
Vilar de Castro	23	300
Corzón	27	285
Ponteolveiroa	28.5	272
Olveiroa	30.5	150

Lá 33

5 Deireadh Fómhair
Negreira – Olveiroa

Mé ar an mbóthar as Negreira ag leath i ndiaidh a hocht tar éis oíche mhaith chodlata. Maidin fhliuch, cheobhránach atá ann. Nuair a shiúlann duine trí choill in aimsir mar seo éiríonn sé níos fliche ná mar a dhéanfadh ag siúl ar thalamh oscailte. Bailíonn na mionbhraonta ar na duilleoga agus déantar braonta móra fliucha díobh. Titeann siad mar bháisteach throm. Déantar líbín báite díom. Ag a naoi a chlog, gabhaim trí shráidbhaile **Zas**. É chomh dorcha sin go bhfuil soilse na gcarranna lasta. Ní áilleacht na tíre atá ar m'aird ach mé ar mo dhícheall ag iarraidh mé féin a choinneáil tirim agus fanacht as bealach na gcarranna. Thart ar leath i ndiaidh a deich, maolaíonn ar an mbáisteach beagán. Cé go bhfuil cába agam, táim chomh fliuch ón gcomhdhlúthú agus ón allas taobh istigh gur cuma ann nó as é. An t-aon bhuntáiste amháin atá ag an gcába ná go gcoinníonn sé an paca cuibheasach tirim. Leanaim orm trí **Rapote**, **A Pena**, agus **Porto Camiño**. Ag ceathrú tar éis a haon déag, táim in **Vilaserio** agus fiche nóiméad ina dhiaidh sin in **Cornado**. Sráidbhailte, sráidbhailte agus tuilleadh sráidbhailte. Níl mórán pléisiúir le baint as coisíocht sa bháisteach.

Tá gach dealramh ar an scéal go ndéantar na ba a chrú níos moille sa lá ná mar a dhéantar in Éirinn. Anseo is ansiúd, castar tréada bó orm á dtabhairt amach ar féarach tar éis a gcrúite. Gabhann leoraí an bhainne tharam agus bean á thiomáint. Ag leathuair tar éis meán lae, táim amuigh in áit an-iargúlta. Feabhas tagtha ar an aimsir. Mo chuid éadaí triomaithe ag teas na gréine agus ag an leoithne ghaoithe. Castar Rónán, an tÉireannach atá ina chónaí san Astráil, orm agus beirt chailíní Astrálacha in éineacht leis. Tá siad ag filleadh ar ais ó Finisterre. Stadaim tamall ag comhrá leo. Tamall gearr ina dhiaidh sin, tagann feithicil uile-thír-raon aniar aduaidh orm. Stopann sí taobh liom. Tugaim faoi deara go bhfuil *Emergencias Civiles* (Éigeandálacha Cathartha) scríofa ar a taobh agus soilse ar a barr. Sánn duine den bheirt fhear óga a bhfuil éide orthu a cheann amach an fhuinneog agus fiafraíonn sé díom conas atá ag éirí liom. Ar fheabhas, a deirim leo. Gabhaim buíochas leo agus imíonn siad. Nach iontach an tseirbhís í, a deirim liom féin. Dá n-éireodh duine tinn nó dá ngortófaí é in áit iargúlta mar seo agus é leis féin bheadh sé i sáinn cheart.

An in Éirinn atá mé?

Feirmeacha rachmasacha is mó atá in iarthar an réigiúin, iad scartha amach óna chéile de réir an ghnáis Éireannaigh. Is beag difríocht atá idir tírdhreach an cheantair agus luí na talún a bhfuilim cleachtach air sa bhaile. Caitheann gach feirmeoir rabhlaer dúghorm nuair a bhíonn sé ag obair. Ba Freaslannacha amháin atá sna páirceanna. Gan rian ar bith den phór *Rubia Gallega*. Tá tarracóirí amuigh ag scaipeadh aoiligh agus leasaithe tacair. Ag fiche chun a dó, táim ag gabháil thar chlós feirme ina bhfuil seanbhean ag seoladh a cuid bó trí bhearna. Baintear stad asam nuair a chloisim í. Cibé rud atá á rá aici, tá blas, tuin agus rithim a gutha thar a bheith cosúil le mo sheanmháthair féin agus an gnó céanna idir lámha aici. *Hórreo* taobh le gach teach geall leis, an t-aon ghné ailtireachta nach mbíonn le feiceáil ach in Galicia amháin. Anseo san iarthar, is í an chloch thirim an t-ábhar tógála a úsáidtear sna *hórreos* traidisiúnta. Faighim spléachadh ó am go ham inniu ar thaiscumar sách mór. Embalse de Fervenza atá ann.

Hórreo traidisiúnta

Tagaim go mullach cnoic a bhfuil coillte giúise ag fás air agus carraigeacha móra ag eascairt tríd an talamh ann. Ag a trí a chlog táim fós ag siúl. Deir gach uile dhuine go bhfuil an fad a thugtar idir pointí éagsúla sa taobh seo tíre sna leabhair eolais míchruinn. Táimidne, na siúlóirí go léir, ar aon tuairim gurb é an turas ó Santiago go Finisterre an chuid is deacra de 'bhóthar na réaltaí' nó de 'Bhealach na Bó Finne' ar fad.

Ag leath i ndiaidh a trí, trasnaím an Xallas agus ní fada ina dhiaidh sin go mbainim **Olveiroa** amach. Tá seacht n-uaire an chloig caite agam ar an mbóthar gan sos a thógáil. Déarfainn go bhfuil idir cúig chiliméadar is tríocha agus dhá scór siúlta agam ó mhaidin. Deir an treoirleabhar, áfach, nach bhfuil tríocha ciliméadar féin idir an dá bhaile. Sráidbhaile mór is ea Olveiroa i lár dúiche rathúil feirmeoireachta. *Albergue* neamhghnách atá ann. An oifig agus an chistin ar thaobh amháin den bhóthar agus an suanlios ar an taobh eile. Tinteán ollmhór oscailte den chineál a fheictear i dtithe feirme an cheantair atá sa chistin. Tá cró na muc taobh le taobh leis an suanlios ach ar leibhéal atá beagán níos airde i dtreo go bhfuil fual agus fearadh muice ag sní le fána thar an doras. Deirimse leat nach boladh cumhra atá ag teacht uathu. Néalta cuileog ag teacht ar saoire chugainn sa suanlios ón gcarn aoiligh gach aon uair a fhágtar an doras ar oscailt.

Cith breá te agam agus amach liom ansin ag siúl tríd an sráidbhaile chun éalú ar feadh scaithimh ón mucais. Tugaim suntas ar leith don chineál reilige atá coitianta sa cheantar. Ní chuirtear daoine in uaigheanna sa talamh. Tógtar balla a bhíonn ceithre nó cúig mhéadar ar airde agus timpeall trí mhéadar ar doimhneacht timpeall ar thrí thaobh na heaglaise. Cuirtear na cónraí isteach i dtuamaí sa bhalla seo ar leibhéil éagsúla. Sórt árasáin – uaigheanna, ba chirte a rá - ardéirí atá iontu. Ní fhágtar ach an spás is lú a bhíonn riachtanach, dhá mhéadar nó mar sin, idir bhalla na dtuamaí agus ballaí na heaglaise. Ní thaitníonn an gnás seo in aon chor liom. Cuireann sé uamhan clóis orm. Cruthaíonn an balla dreach gruama and braithim gurb ionann an eaglais agus tuama mór eile. Ceangal ródhlúth idir an eaglais agus an bás anseo.

Coire mór anraith déanta ag an *hospitalera* don ochtar againn atá ag caitheamh na hoíche san *albergue* – agus é saor in aisce. Bia de mo chuid féin agam freisin. Ní théim sa seans anois maidir le cúrsaí bia. Toisc a laghad bialann agus caiféanna sa chuid seo den *Camino*, déanaim cinnte de go mbíonn lón lae agam i gcónaí. Dreas comhrá agam leis an nGearmánach a deir liom go bhfuil thart ar 2,200 ciliméadar siúlta aige ó d'fhág sé a bhaile féin gar do Frankfurt. Chuir gréasaí bróg boinn nua faoina bhuataisí in Pamplona.

Comhrá fada agam le beirt Spáinneach - fir óga sna tríochaidí. Is de bhunadh na hAragóine duine acu agus is léir go bhfuil fuil Cheilteach sna féitheacha aige. Tá folt agus féasóg rua air agus shílfeá le féachaint air gur Éireannach atá ann. Tamall siar, ghabh cabhlach Mharacó carraig nárbh fhiú trácht uirthi gar do Ceuta nó Melilla, dhá phíosa talún faoi riail na Spáinne ar chósta thuaidh na hAifrice. Chuir cabhlach na Spáinne an ruaig orthu. Tá an fear óg seo thar a bheith bródúil as an ngníomh éachtach seo. Leis an gcéad aná'l eile, tá sé ag gearán faoin ngreim atá á choinneáil ag an mBreatain ar Charraig Ghiobráltair. Nach iontach gur féidir ball chomh dall sin a bheith ag daoine! Tá siad againn go léir is dócha. Gliondar ar an bhfear óg eile toisc go bhfaca siad dobharchúnna san Xallas ar a mbealach anseo inniu. Insím dóibh faoi laghairt mhór uaithne agus buí atá feicthe agam i rith an lae. Measann siad gur salamandar í. De réir ceannlínte an nuachtáin áitiúil, scuab tonn mhór fear de bhunadh Finisterre de na carraigeacha óna raibh sé ag iascaireacht inniu.

Lá 34

6 Deireadh Fómhair

Olveiroa – Corcubión

Cathair / Baile / Sráidbhaile	Fad (Ciliméadar)	Airde (Méadar)
Logoso	3.5	
Hospital (Monarcha)	6	350
Nosa Señora das Neves	12	265
Ermita de San Pedro Mártir	15	312
Corcubión	21	10

Olveiroa fágtha agam thart ar leath i ndiaidh a hocht. Bricfeasta againn san *albergue*. Roinnim na *magdalenas* atá agam le hAnneta, an Danmhargach, agus tugann sise caifé domsa. Mé ag tnúth leis an bhfarraige a fheiceáil arís. Í feicthe agam don uair dheiridh i mBiarritz ar 1 Meán Fómhair. Lá breá tirim againn. Chomh fuar sin, áfach, go bhfuil orm mo sheaicéad a chaitheamh. Brat ceo sna hísleáin agus sna gleannta. Téann sé i bhfuaire de réir mar a ghabhaim an cnoc in airde as an mbaile. Ceantar sléibhtiúil, carraigeach é seo. Abhainn leathan nó taiscumar i bhfad thíos fúm ar thaobh na láimhe clé agus í clúdaithe le brat ceo. Embalse de Ponte Olveiroa atá ann. Os mo chionn ar an taobh eile tá sraith de mhuilte bána gaoithe. Síos liom le fána isteach i ngleann álainn. Trasnaím an abhainn thar dhroichead neamhiontaofa adhmaid. An ghrian éirithe os cionn na sléibhte taobh thiar díom. Na carraigeacha atá ag eascairt aníos trí dhromchla na talún ar an taobh eile den ghleann óraithe aici. **Logoso** amach romham. Níl ann ach gráig. Is breá bheith ag siúl sa leoithne fhionnuar. Suas liom arís in aghaidh an aird trí ghleann ina bhfuil garráin ghiúise agus eoclaipe. Ag leath i ndiaidh a naoi, tógaim sos ag beár atá cóngarach do theilgcheárta ghránna iarainn beagáinín taobh amuigh de shráidbhaile **Hospital**. Níl rud ar bith chomh héifeachtach chun spionnadh agus fuinneamh an duine a athnuachan ná *café negro* agus *un chupito de orujo*. Triúr nó ceathrar siúlóirí sa bheár romham ag ithe bricfeasta. Tá bean an tí ag tuar tubaistí d'aon duine a thugann faoin stráice bóthair idir Hospital agus **Corcubión** gan ceapairí dá cuid ina mhála. Tá sí chomh dáiríre, sochreidte sin go sílfeá go bhfuil daoine ag fáil bháis den ocras gach uile lá ar an gcuid sin den *Camino*. Fágann sí tráidire lán de *bocadillos* ar an gcuntar os ár gcomhair. Ní cheannaítear oiread is ceann amháin. Ceannaím féin cúpla barra seacláide agus buailim bóthar arís. Ar aghaidh liom thar mhullach maol sléibhe agus trí choillte. An mhaidin go breá te faoin am seo. An t-aer lán de chantaireacht na n-éan. Braonta drúchta ag drithliú ar an bhféar faoi sholas na gréine. Uair nó dhó, sílim go bhfuilim tar éis spléachadh a fháil ar an bhfarraige ach mearú súl atá ann i ngach cás.

Tar éis tamaill fhada, bainim áit álainn, shíochánta in ísleán crannach, iargúlta amach. **El Santuario de Nosa Señora das Neves** (Tearmann Mhuire an tSneachta) an t-ainm atá air. Séipéal cloiche ansin. Díon de thíleanna rua air. *Fonta santa* (tobar beannaithe) ann freisin. Leigheas le fáil ar aicídí. *Cruzeiro* ina sheasamh tamall siar. Áit naofa gan amhras. Mothú Ceilteach san aer. Ní chuirfeadh sé ionadh orm baicle draoithe a fheiceáil faoina gcuid róbaí agus a gcuid fallaingeacha ag siúl go mall sollúnta as garrán i dtreo na foinse uisce. Míle áit mar seo in Éirinn. Ar 8 Nollaig, bíonn *romería* (lá an phátrúin) anseo. Drogall orm an áit a thréigean ach tá an fharraige ag feitheamh liom. Suas liom in aghaidh an aird arís. Cé nach bhfuil siúlóir ar bith feicthe agam ó d'fhág mé Hospital, caithfidh go bhfuil duine éigin romham amach. An t-ainm 'Úna' - síneadh fada agus uile - scríofa go húrnua le bata ar ghaineamh an chosáin i litreacha móra, soiléire. Gabhaim in airde thar chrainn raidió bhána agus dhearga.

Díreach ag a haon déag a chlog, cuireann an radharc a fheicim eiteoga ar mo chroí. Os mo chomhair amach, tá an tAigéan Atlantach ag drithliú faoin ngrian. Don té a chaith a óige ag éisteacht leis na tonnta ag briseadh ar an gcladach i Leacht Uí Chonchubhair, nó ag féachaint síos ar Chuan na Gaillimhe ó Chnoc na Mainistreach, níl rud is mó a chuireann gliondar ar a chroí ná ceol na mara ina chluasa agus crithloinnir ar dhromchla na díleann lá grianmhar. Féasta beag agam de chnónna agus de sheacláid in onóir Neiptiúin. Leanaim orm, in aghaidh an aird i gcónaí. An cosán fós ag ardú ag fiche chun a dó dhéag. An focal 'Úna' arís agus arís eile ar dheannach an bhealaigh. Sroichim **San Pedro Mártir**, áit a bhfuil *fonta santa* eile taobh leis an séipéal. Tá na scamaill ag bailiú go bagrach. Tá súil agam go mbainfead ceann scríbe amach roimh theacht na báistí. Leithinis ar nós srón chaillí le feiceáil ó thuaidh uaim a bhfuil teach solais ar an bpointe is sia amach. Finisterre atá ann. 'Deireadh an Domhain' agus críoch m'aistir i raon mo radhairc.

Ó dheas uaim tá gleann glas méith gearrtha amach ón bhfarraige ag sraith de chnoic choillteacha. Ansin faighim

Cee agus Corcubión

spléachadh ar **Cee** agus **Corcubión**, bailte cúpla, thíos fúm. Trá órga Cee do mo mhealladh chun cinn. Tá an mhuir ghorm dhrithleach thar a bheith tarraingteach tar éis an oiread sin ama a chaitheamh ag siúl trí thír sheasc, dheannachúil faoi ghrian loiscneach. Ar mo bhealach síos go dtí an cladach, baintear stangadh asam. Cuireann an radharc a fheicim déistin orm. Áilleacht na bá loite ag carn ollmhór guail agus simléir arda, smúitiúla atá suite taobh le caladh gránna tionsclaíoch ciliméadar uaim ar chlé. Sroicheann an cosán an cladach leathshlí idir na bailte agus an ceantar tionsclaíoch. Casaim ar dheis i dtreo Cee. Cuireann fear de mhuintir na háite forrán orm. Fiafraíonn sé díom cá bhfuil mo thriall. Finisterre, a deirim leis. Deir sé liom go bhfuiltear tar éis *albergue* nua a oscailt i gCorcubión. Níl tagairt ar bith i mo threoirleabhar d'*albergue* i gceachtar den dá bhaile. Siúlaim trí Cee agus isteach i gCorcubíon. Is deacair a dhéanamh amach cá bhfuil an teorainn eatarthu. Trá suarach go leor atá inti agus tú cóngarach di. Tar éis eolas na slí a fháil ó bhaicle bheag tuismitheoirí atá ag faire a gcuid páistí ag súgradh i bpáirc bheag, déanaim mo bhealach suas in aghaidh aird atá thar a bheith rite go dtí an brú atá suite go hard os cionn an bhaile. Mé báite in allas. Spíonta tar éis saothar an lae. Fógra ar an bhfuinneog, áfach - an *albergue* dúnta go dtí a cúig a chlog. Breathnaím ar m'uaireadóir. A haon a chlog. Nílim chun ceithre huaire a chaitheamh anseo. Fillim ar an mbaile agus m'aigne déanta suas agam seomra a fháil in Hotel Hórreo, óstán trí réalta ar an bpríomhshráid. Leaba agus bricfeasta ar €34. Sladmhargadh.

7 Deireadh Fómhair
Corcubión –
Finisterre.

Cathair / Baile / Sráidbhaile	Fad (Ciliméadar)	Airde (Méadar)
Amarela	2	
Sardiñeiro	5	
Finisterre (Baile)	10	
Cabo Finisterre (Teach Solais)	13	150

Fágaim an t-óstán thart ar a naoi a chlog tar éis bricfeasta breá a ithe. Spéir smúitiúil, scamallach. Cuma na báistí uirthi. Leanaim an bóthar mór amach as an mbaile. Brat allais orm nuair a bhainim mullach an chnoic amach. Ar aghaidh liom trí **Amarela**, áit a bhfuil scata páistí ag feitheamh leis an mbus scoile. Leanann bóthar imlíne an chósta. Siúlaim thar mhiontránna áille órga thíos fúm ar chlé. Suaimhníonn na tonnta ag briseadh ar an ngaineamh m'intinn agus m'anam, iad araon corraithe toisc nach bhfuil deireadh m'aistir ach cúpla uair a chloig uaim anois. Ceantar coillteach é seo agus na crainn ag síneadh go himeall na mara. Ag ceathrú chun a deich, táim i sráidbhaile **Estorde** agus go gairid ina dhiaidh sin siúlaim trí **Sardiñeiro**, sráidbhaile iascaireachta mar is léir ón ainm. Trá bheag, thaitneamhach taobh leis freisin. Braonta móra fearthainne ag teacht isteach ó ghob na rinne chun fáilte a chur romham. Ceannaím dhá bhuidéal uisce i mionmhargadh agus leanaim orm in aghaidh an aird trí choill. Fágann an cosán an bóthar agus gabhann sé síos go trá bheag órga. Gan duine ar bith anseo ach mé féin. Buailim fúm tamaillín agus ligim do shiosarnach an uisce ar an ngaineamh dul i bhfeidhm orm. Tugaim faoi deara go bhfuil ealta mhór lasracha coille ag coinneáil cuideachta liom. Iad ag síorghluaiseacht faoi mar a bheidís ag déanamh aithrise ar chírín toinne ó thomóg go tomóg feochadán atá anois aibí le haghaidh an fhómhair. Clúmh ildaite orthu – dubh, bán, dearg, dath an ghainimh féin agus lasracha órga le gach greadadh dá sciathán. Déarfainn go bhfuil os cionn scór éan san ealta seo. Cé gur chomhairigh mé naoi gcinn i mo ghairdín féin um Nollaig bliain nó dhó ó shin, ní dóigh liom go bhfuil ealta chomh mór lasracha coille feicthe agam riamh cheana. Ceol álainn acu. Bhíodh ceann i gcás sa chistin againn agus mé óg.

Ag ceathrú chun a haon déag táim ag siúl ar **Playa Langosteira**, trá atá dhá chiliméadar ar fad. De bhrí gur deacair siúl ar an ngaineamh tirim i mbuataisí, leanaim an cosán pábháilte a tógadh in ónóir do **José Camilo Cela**, scríbhneoir cáiliúil de bhunadh na háite a

Finisterre, an baile

rugadh anseo in Iria Flavia i 1916. Fuair sé bás sa bhliain 2002. Ghnóthaigh sé Duais Liteartha Nobel sa bhliain 1989. Rinne mé staidéar ar a shaothar le linn dom céim sa Spáinnis a dhéanamh i gColáiste na hOllscoile i mBaile Átha Cliath na blianta fada ó shin. Tá *La Familia de Pascual Duarte* agus *La Colmena* ar na húrscéalta is cáiliúla dár scríobh sé. Claonadh ann feidhm a bhaint as íomhánna anchúinseacha, foréigneacha. É in arm Franco le linn an Chogaidh Chathartha.

Santa María das Areas

Bainim baile **Finisterre**, nó **Fisterra** mar a thugtar air i nGalego, amach ag ceathrú tar éis a haon déag. Baile álainn, seascair in áit foscúil ag bun na gcnoc ar an taobh ó dheas den leithinis. Sráideanna cúnga a ritheann le fána síos i dtreo na cé. Taitníonn sé liom láithreach. Cuan cluthar lán de bháid iascaireachta ildaite ar thaobh na fothana den ché. Dearg, gorm agus bán na dathanna is suntasaí. Aimsím an *albergue* breá nua-aimseartha taobh leis an gcaladh gan stró. É dúnta go hoifigiúil go dtí a haon ach ligeann an *hospitalera* dom mo mhála a fhágáil ann mar go bhfuil trí chiliméadar fós le siúl agam go ceann na leithinse ag **Cabo Finisterre**, áit a bhfuil **el Faro de Finisterre** (an teach solais) agus 'Deireadh an Domhain'. Tosaíonn an bháisteach agus mé ag gabháil thar **la Iglesia de Santa María das Areas**, eaglais a théann siar go dtí an dara céad

déag. *Cruzeiro* os a comhair ón 15ú céad. Thug Domenico Laffi cuairt orthu ar cheann dá aistir. Leanaim an bóthar pábháilte os cionn na farraige. Cuireann an tírdhreach Carn Uí Néid i gcuimhne dom.

Cabo Finisterre

Glanann an bháisteach agus na scamaill nuair a bhainim an teach solais amach go gairid i ndiaidh meán lae. Siúlaim amach thairis agus dreapaim síos trí na carraigeacha. Níl na tonnta ach cúpla méadar uaim. Suím ansin ag breathnú amach ar an aigéan airgid faoi ghrian an mheán lae, ag síneadh amach romham go híor na spéire. Tá a fhios agam go bhfuil an Domhan Úr amuigh ansin ach samhlaím nach bhfuil. Ní raibh a fhios sin ag Aymeric Picaud ná ag muintir an tseansaoil a thagadh anseo chun bheith i gcóngar na ndéithe. Samhlaím go bhfuil slua díobh ina suí thart orm ar na carraigeacha. Iad go léir ina dtost. Iad ar fad ag féachaint siar amach san Aigéan Atlantach. Sea, tá Domenico Laffi taobh liom. Thíos fúm tá Aymeric Picaud, an clamhsán curtha i leataobh aige ar feadh scaithimh. Arnold von Harff, an Marcach, thíos ag imeall an uisce. A chapall fágtha ag barr an chnoic aige. Herman Kunig

El Faro - an teach solais

von Vach, an manach Seirbhíteach ina aibíd ina shuí i measc na ndraoithe atá tagtha anuas ó **Monte Facho** taobh thiar dínn. Don Suero de Quiñones, an ridire loco go míchompordach ina chulaith chatha. Rómhánaigh ina gcuid róbaí fada, a súile dírithe ar an Mare Tenebrosum. Plód meánaoiseach gan ainm ag clúdach barr na rinne. Tá diamhracht éigin anseo.

Sea, tá 'Deireadh an Domhain' bainte amach agam. Scuabann tonn threascrach mothúchán tharam, tonn atá chomh cumhachtach leo siúd atá ag briseadh ar na carraigeacha fúm. Is deacair an tranglam a scaradh óna chéile.

Idir bhród agus chumha orm go bhfuil an t-aistear thart. Sonas. Suaimhneas. Thar aon ní eile, an suaimhneas. Braithim go bhfuilim tagtha abhaile.

Tamall uaim tá scata beag oilithreach ag comhlíonadh deasghnátha traidisiúnta. Tá siad ag dó a gcuid buataisí siúil, gnás siombalach le deireadh na hoilithreachta a cheiliúradh. Ní fios cé chomh fada siar a théann an nós seo. Tá rian na n-íobairtí dóite

Deireadh an Domhain

ar fud na háite. Cloisim Béarla á labhairt tamall uaim agus blas na hÉireann air. Dream atá ag taisteal i mbus. Cuairt tugtha acu ar áiteanna suntasacha ar an g*Camino*. Tógann fear óg ó Luimneach grianghraf nó dhó díom. Druidim amach ón slua agus suím arís i measc na gcarraigeacha ar an bpointe is faide amach ar cheann na leithinse. Caithim tamall fada ansin ag déanamh mo mharana agus ceol na mara do mo luascadh ina chliabhán. Tá an t-atmaisféar chomh síochánta, suaimhneach sin nach bhfuil deifir orm an áit a fhágáil.

Nuair a fhillim ar na *albergue* castar Anneta orm, í ag comhrá go líofa le hIoruach óg a bhfuil mothall fionn gruaige agus féasóg air. Oibrí deonach sa bhrú é. Míníonn sé dom go bhfuil sé ábalta an Danmhairgis a thuiscint gan stró toisc gurb í an Dano-Ioruais a theanga dhúchais féin. Labhraítear Ioruais de chineálacha eile in áiteanna eile sa tír. Tháinig an chanúint sin chun cinn le linn don Iorua a bheith faoi smacht na Danmhairge idir an 14ú agus an 19ú céad. Deirim leis go ndúirt Sualannach liom uair amháin go bhfuil gach uile Ioruach in ann trí theanga ar a laghad a labhairt agus gurb í an Ioruais dhá cheann acu. Ní fheiceann sé greann ar bith ann. Bronnann an *hospitalera* teastas oifigiúil i nGalego orm a dhearbhaíonn go bhfuil Fisterra baint amach agam mar chuid den *Camino.*

Tá oilithreach Portaingéalach sa bhrú a bhfuil dúil san fhíon dearg aige. É feicthe agam go minic cheana agus é súgach go maith. Gearán á dhéanamh aige anois leis an *hospitalera* agus lena cúntóir Ioruach go bhfuil duine éigin tar éis a bhuidéal fíona a ghoid. Téim suas staighre. Ní fada go mbíonn sé ar mo shála.

'Ní fhaca tú mo bhuidéal fíona?'
'Ní fhaca.'
'Níor thóg tú i ngan fhios duit féin é. Tá do leaba an-chóngarach do mo leaba-sa.'

Airiú, a dhiabhail. Oíche romham amach san Iveagh Hostel. Is léir ón mboladh atá ag éirí aníos as an bPortaingéalach go bhfuil a chuid putóg ar snámh san fhíon céanna.

'Níl tada anois agam le hól le mo chuid aráin. Ní bheadh euro nó dhó agat?' Cuimhním ar an bpríosún meánaoiseach le haghaidh na n-oilithreach trioblóideach in Triacastela. Bheadh sé róchostasach é a thabhairt ar ais chomh fada sin.

Tugaim luach buidéal fíona dó. Cara nua déanta agam.

Scaitheamh ina dhiaidh sin, castar an Gearmánach orm. Téimid beirt isteach i mbeár seanaimseartha. Seanbhean i bhfeisteas baintrí atá ina bhun. Iarraimid *sardinas*, bia traidisiúnta na háite. Amach an doras agus síos an tsráid léi gan focal a rá. Sílimid go mb'fhéidir go bhfuil sí imithe síos go dtí an caladh chun iad a cheannach. Aiféala orainn go bhfuil an stró sin curtha againn uirthi. Filleann sí, áfach, i gceann fiche nóiméad agus tráidire mór lán de shairdíní gríosctha ar iompar aici. Tá gach aon cheann acu chomh mór le scadán agus gan ceann ná eireaball bainte díobh. Iontas orm. Shíl mé i gcónaí gurbh éisc bheaga iad na sairdíní ar nós na gceann a cheannaímid sna cannaí stáin. Ithimid leathdhosaen an duine agus deirimse leat gur breá blasta an béile iad. Fágaim slán ansin ag an nGearmánach agus gabhaim síos go dtí an trá ag bailiú sliogán.

Caithim ceithre oíche i mbaile Finisterre. Na laethanta á gcaitheamh agam thuas ar cheann na leithinse. Braithim go bhfuil rud éigin do mo tharraingt ar ais ann. Na tráthnóntaí ag spaisteoireacht ar an gcé ag féachaint ar na hiascairí ag deisiú a gcuid eangach. 'I líonta Dé go gcastar sinn.' Na hoícheanta sna bialanna ina bhfuil bia na mara mar speisialtacht ar na biachláir. Agus mé ag filleadh ar Finisterre an dara lá, castar an fear óg ó Cheanada orm a raibh dinnéar agam leis in Roncesvalles breis is mí ó shin anois. Beannaíonn sé go cairdiúil dom agus aoibh air le teann sonais. Níl m'ainm ligthe i ndearmad aige ach oiread murab ionann is mé féin. Níl sliogán ná *bordón* aige. Fiafraím de go magúil an bhfuil sé chun a bhuataisí a dhó ar bharr an aird. Buaileann sé a bhrollach le barra na méar agus ar seisean liom, 'Is istigh anseo a tharlaíonn an rud ar fad domsa.' An fhírinne á insint aige, a déarfainn. Béile na hoíche le bean ó Cheanada arb í an Fhraincis a máthairtheanga. Deir sí liom gurb easlán a fear céile. Bhíodh ceardlann deisithe bróg aici féin i gCeanada ach b'éigean di éirí as toisc go raibh an ghal ón ngliú ag goilliúint uirthi.

Téim in airde ar an gcnoc tráthnóna amháin os cionn an teach solais ar a dtugtar Monte Facho. Bhíodh gallán anseo tráth agus clocha 'naofa'. Deir na saineolaithe go mbíodh 'Rí na Réaltaí' á adhradh anseo ag na Ceiltigh i dteampall oscailte. Ara Solis a thug na Rómhánaigh air. Baineadh stad as Decimus Junius Brutus – ginearál agus polaiteoir – an chéad Rómhánach a thug cuairt ar an áit seo, nuair a chonaic sé an ghrian á slogadh ag an muir (c. 136-38 RCh). Thóg an tImpire Rómhánach Elabagalus (218-222 AD) teampall in onóir don ghrian agus rinne an tImpire Lucius Domitius Aurelianus reiligiún oifigiúil d'adhradh an *Sol Invictus* (an Ghrian Dochloíte) sa bhliain 270. Thíolaic sé an 25 Nollaig mar *dies natalis Solis Invicti* (lá breithe na Gréine Dochloíte). Bhí íomhá an *Sol Invictus* ar bhoinn airgid Constaintín agus d'fhógair sé lá sosa ar an *dies Solis* (an Domhnach). Lean adhradh na gréine ar cheann de phríomhchultais na nImpirí Rómhánacha go 390 AD. Táthar ann freisin a deir go dtéadh na Rómhánaigh go Cabo Finisterre chun an ghrian a adhradh agus í ag dul faoi san Aigéan Atlantach cúpla lá i ndiaidh ghrianstad an gheimhridh. Ar chuma ar bith, tá cosúlachtaí ann gur leagadh an *Camino de Santiago* (an *Camino Francés*) anuas ar chosán oilithreachta níos ársa.

Deasghnátha rúnda a bhain leis an torthúlacht á gcleachtadh faoi bhun an ghalláin anuas go dtí dhá chéad bliain ó shin. Lánúin ag cúpláil ar na carraigeacha. Na 'clocha naofa'? Braithim na tonnchreathanna céanna anseo agus a mhothaím ag na drámaí móra *Dancing at Lughnasa* le Brian Friel agus *Yerma* (Aimrid) le Federico García Lorca. Suaitheadh éigin bunaidh, fréamhaí, cianach ar an mullach seo. Cumhacht eile nach bhfuil chomh hársa ag cur comhraic air ag iarraidh an guth cianaoiseach a mhúchadh. Braithim go gcloisim cogarnaíl ghutha. 'Éistigí liom mar go bhfuil rud éigin fiúntach le rá agam libh. Trua nár éist sibh níos luaithe liom agus ní bheadh sibh san fhaopach ina bhfuil sibh anois.'

Thosaigh mé m'aistear in Saint-Jean-Pied-de-Port faoi stoirm fhíochmhar thoirní a lean ar feadh na hoíche. Séideann stoirm uafásach arís ar feadh dhá lá agus mé in Finisterre. Tá mo theach lóistín go hard os cionn an chuain. Suím ansin ag breathnú ar na tonnta ollmhóra, scáfara ag scuabadh isteach thar bhalla ard an chalaidh. Muintir an bhaile buartha faoi na hiascairí atá amuigh ar an bhfarraige. Cogadh na nDúl ar siúl ag dhá cheann na hoilithreachta. Tugann siad dán Sheáin Uí Ríordáin, 'Oíche Nollaig na mBan,' chun cuimhne. Stoirmeacha 'as gealt-teach iargúlta atá laistiar den ré '. Macallaí de neamhbhuaine na beatha le brath iontu.

Céard atá foghlamtha agam ón aistear? Mall-fhoghlaimeoir is ea mé agus ní fheadar an bhfuil buntáiste spioradálta ar bith bainte agam as. Táim cinnte de rud amháin, áfach. Beagnach cloch meáchain caillte agam agus mé níos aclaí ná mar a bhí le tamall fada. Níl léargais spioradálta nó síceolaíocha chomh furasta a thomhas nó a mheas, áfach. Ba iad an sonas agus an lúcháir na mothúcháin a bhí in uachtar ar an aistear, a déarfainn, an dá gharda chosanta a shiúil liom ar bhóthar na réaltaí. Chuir siad an ruaig ar an duairceas nach mbíonn riamh rófhada faoi ghearb na gcneácha atá faighte agam i gcomhrac na beatha. Sílim go bhfuair mé spléachadh anois agus arís ar áilleacht Dé, ar mhaitheas Dé trí scoilt nó trí fhaonoscailt sa dúlra - i maorgacht na sléibhte, i léas agus i ngile na réaltaí do-áirithe, i gcantaireacht na n-éan agus i gcineáltas an duine.

Is fearr a thuigim gur tabhartas ó Dhia an inbhreathnaitheacht atá ionam ó dhúchas. Shíl mé ar feadh na mblianta gur mallacht a bhí inti. Cuireann sí iachall orm tréimhsí a chaitheamh 'i mo dhíthreabhach' ar mo mharana san uaigneas ag sú isteach brí agus fuinneamh agus spreacadh glóir agus niamhracht Dé a bhíonn ag lonrú trí áilleacht an domhain nádúrtha. Tá ceann de na tréimhsí sin ag teacht chun críche anois. Sa mhéid sin, braithim go bhfuil níos mó sochair bainte agam as 'págántacht' na hoilithreachta ná as na gnéithe 'críostaí' den aistear. Sórt cillín príosúin é an íomhá nó na híomhánna diúltacha, saofa, claonta de Dhia atá fágtha againn mar oidhreacht i gcásanna áirithe. Is deacair éalú uathu. Is cuimhin liom go ndúirt scríbhneoir go raibh múinteoir aici a bhíodh de shíor ag rá go raibh pianta Ifrinn chomh huafásach sin nárbh fhéidir cur síos a dhéanamh orthu ach nár chuir sin bac ar bith uirthi mionchuntas a thabhairt orthu go rialta.

Ar an mbóthar ó Saint-Jean-Pied-de-Port go Finisterre bhraith mé go domhain ionam féin an chomhthreomhaireacht atá idir aistear na hoilithreachta agus aistear na beatha. Lá agus mé ag tógáil sosa ag cuaille ciliméadair aistear lae ó Compostela, bhuail smaoineamh mé amhail buille casúir, go bhfuil an chuid is mó de mo shaol thart agus nach bhfuil mórán le taispeáint agam mar thoradh ar na blianta atá bronnta ag Dia orm. Má tá maitheas ar bith déanta agam, is mionrudaí iad, ar nós píosa beag de bhóthar na beatha a shiúl le daoine óga in am an ghátair nó iarracht bheag a dhéanamh chun an scála a chothromú i gcás daltaí laga. An-chuid gníomhartha, éachtaí uaireanta, curtha i gcrích agam ach gan iad bunaithe ar an ngrá. Tuigim anois nach fiú tada iad.

Ar chúis éigin agus mé ag siúl de thruslóga fada trasna na Spáinne, bhíodh m'aigne ag gabháil siar, í ag spaisteoireacht go réagánta trí chuimhní cinn ó m'óige aníos. Casadh daoine orm ar bhóithrín úd na gcuimhní ar mhaith liom maithiúnas a iarraidh orthu. Chuir cuimhní ar dhaoine eile an fhearg ag brúchtaíl aníos ionam. Gan leigheas air anois ach maithiúnas a bhronnadh orm féin agus orthusan. An rud is mó a chuir iontas orm ná an líon mór daoine uaisle, cineálta, tacúla a choiméad cuideachta liom ar stráicí stoirmiúla de bhóthar na beatha. Thar aon ní eile, aistear buíochais a bhí san aistear seo. Milliún coiscéim buíochais as ucht tabhartais iomadúla Dé.

Tháinig léargais phríobháideacha eile chugam nach luafaidh mé anseo agus cinn eile fós nach bhfuil a fhios agam iad a bheith ann, a déarfainn. Is minic a tharlaíonn fás agus forbairt i ngan fhios dúinn. Leanfaidh an cuardach. Deir T. S. Eliot gurb í críoch ár dtaiscéaladh uile, filleadh ar an áit ar thosaíomar agus tuiscint a bheith againn ar an áit den chéad uair. Má tá céim bheag tógtha agam sa treo sin, ní beag sin.

> We shall not cease from exploration
> And the end of all our exploration
> Will be to arrive where we started
> And to know the place for the first time.
>
> *(T. S. Eliot)*

CAPITULUM hujus Almae Apostolicae et Metropolitanae Ecclesiae Compostellanae sigilli Altaris Beati Jacobi Apostoli custos, ut omnibus Fidelibus et Peregrinis ex toto terrarum Orbe, devotionis affectu vel voti causa, ad limina Apostoli Nostri Hispaniarum Patroni ac Tutelaris **SANCTI JACOBI** convenientibus, authenticas visitationis litteras expediat, omnibus et singulis praesentes inspecturis, notum facit: *Dnum Michaelem Antonium Barry* hoc sacratissimum Templum pietatis causa devote visitasse. In quorum fidem praesentes litteras, sigillo ejusdem Sanctae Ecclesiae munitas, ei confero.

Datum Compostellae die *2* mensis *Octobris* anno Dni *2004*

Annos Sanctus

Secretarius Capitularis

Aguisín a hAon

Ullmhúcháin Phraiticiúla le hAghaidh an Turais

Eitiltí go Biarritz: Bíonn eitiltí an-saor ag Ryanair má cheannaítear na ticéid roinnt míonna roimh ré ar an idirlíon.

Bus a sé: Taobh amuigh de dhoras Aerfort Biarritz ba chóir bus uimhir a sé a thógáil go dtí an stáisiún traenach in Bayonne, turas nach dtógann ach fiche nóiméad nó mar sin. Bí cúramach. Tá bus den uimhir chéanna a théann go lár Biarritz!

Tógann an t-aistear traenach ó Bayonne go Saint-Jean-Pied-de-Port níos lú ná uair an chloig. Is fiú, más féidir in aon chor é, an baile beag seo atá mar phointe imeachta d'fhormhór na n-oilithreach, a shroichint go luath. D'fhéadfaí uair nó dhó a chaitheamh ag breathnú ar ionaid stairiúla an bhaile. B'fhearr, áfach, cuairt a thabhairt ar dtús ar Accueil Saint Jacques ag 39 Rue de la Citadelle sula ndéantar rud ar bith eile. Oifig fáilte agus eolais é seo atá á reáchtáil ag oibrithe deonacha de chuid L'Association des Amis de Saint Jacques. Tá gach eolas ar fáil uathu. Cuireann siad seomraí in áirithe don oilithreach, murar féidir leis é a dhéanamh dó féin agus stampálann siad an pas oilithreachta. Má tá fonn ar an oilithreach tosú ag siúl go luath an mhaidin dár gcionn, rud atá inmholta, ba chóir soláthairtí bia agus dí – ceapairí, cnónna, seacláid torthaí agus uisce - a cheannach don turas. Ní bhíonn na siopaí ar oscailt go luath ar maidin.

Eitiltí go Bilbao: Is féidir eitilt caol díreach ó Bhaile Átha Cliath go Bilbao le hAer Lingus. Tacsaí nó busanna ansin go Saint-Jean-Pied-de-Port nó Roncesvalles.

Filleadh abhaile: Tá eitiltí ag Ryanair ó Santiago de Compostela trí Stansted go Baile Átha Cliath.

Ullmhúchán Fisiciúil: Is scáfar an rud é tabhairt faoi 800 ciliméadar a shiúl i mbreis is 30 lá. Is minic a bhíonn ar shiúlóirí éirí as de dheasca gortuithe, spuaiceanna coise, nó athlasadh sna teannáin. Beidh an t-oilithreach ag siúl thart ar sé chiliméadar is fiche in aghaidh an lae ar an meán. Ar feadh dhá mhí roimh an turas, rinne mé dhá chiliméadar déag in aghaidh an lae agus corruair shiúil mé an méid sin faoi dhó le cruthú dom féin go bhféadfainn é a dhéanamh.

Mála droma: Is deacair mála droma fiúntach a cheannach faoi bhun €100. Is fiú, áfach, an méid sin a chaitheamh. Infheistíocht fhadthéarmach atá ann. Déanann sé an-difríocht mála de scoth a bheith ag siúlóir ar aistear chomh fada agus chomh dúshlánach leis an g*Camino de Santiago*. Is fiú cuairt a thabhairt ar *Great Outdoors* nó ar *Millets* le triail a bhaint as na málaí agus chun comhairle a fháil. Is féidir cuairt a thabhairt ar na suímh atá na comhlachtaí úd ar an idirlíon fosta ag *www.greatoutdoors.ie* agus *www.millets.co.uk*. Ní mór a bheith cinnte go luíonn an paca leat agus go n-oireann se duit ar gach uile bhealach. Chuile sheans go bhféadfaí ceann níos saoire a cheannach ó chatalóg Argos ach nach mbíonn an deis chéanna ag an siúlóir triail a bhaint as. Caithfidh an mála droma a bheith in acmhainn na mbalcaisí agus na ngiuirléidí ar fad a bhíonn de dhíth ar shiúlóir a thógáil. Ba chóir go ndéanfadh 40/45 lítear an gnó. Bí cinnte go bhfuil clúdach fearthainne ag gabháil leis. Tá pócaí seachtracha agus áiteanna taisce d'ábhar mogallach ar an taobh amuigh riachtanach i dtreo gur féidir teacht ar nithe áirithe go furasta gan an mála a oscailt. Bhí dhá phóca d'ábhar mogallach ag bun mo mhálasa, ceann ar dheis agus ceann eile ar chlé, a thógfadh dhá bhuidéal beaga uisce an ceann. B'fhurasta buidéal a tharraingt amach gan stopadh nuair a bhí deoch uaim. Bíonn fráma miotail ar chuid de na málaí a fhágann spás idir chúl an mhála agus droim an tsiúlóra agus a ligeann aer tríd. Ní bhíonn ach stuáil sa chuid eile chun an fheidhm chéanna a chomhlíonadh. Sílim féin go bhfuil an ceann deireanach seo níos compordaí ach go gcaithfidh an siúlóir cur suas le níos mó fliuchrais ar a dhroim. Bhain mé feidhm as mála plaisteach dubh, ceann de na málaí bruscair, chun a raibh sa mhála droma a choinneáil slán ón bhfliuchras. Más féidir in aon chor é, ba chóir meáchan an mhála láin a choimeád faoi bhun deich gcileagram, ag cur dhá lítear uisce san áireamh. Bhí an dá chileagram déag a d'iompair mé féin an bealach ar fad iomarcach.

Bíonn strapaí agus criosanna ar mhála droma. Ní mór iad a chur in oiriúint do chorp an tsiúlóra chun uasmhéid compoird a bhaint as. Bheadh sé ciallmhar an mála lán a iompar ar chuid de na siúlóidí traenála. D'íoc mé féin go daor as faillí a dhéanamh sa chuid sin den ullmhúchán, go háirithe an an gréad lá agus mé ag trasnú na bPiréiní. Tá sé fíorthábhachtach an crios a ghabhann thart ar na cromáin a cheangal go docht, daingean i dtreo go roinntear an meáchan idir na cromáin agus na guaillí sa chomhréir cheart. Má thiteann an iomarca meáchain ar na hirisí gualainne, sractar matáin na nguaillí agus an mhuiníl, agus matáin pianmhara agus tinneas cinn mar thoradh air.

Coisbheart: Níl rud ar bith chomh tábhachtach do shiúlóir leis an gcoisbheart cuí a bheith faoi nó fúithi. Ní ceart a bheith coigilteach á ceannach. Is fiú cuairt a thabhairt ar shiopaí Millets san Ionad Siopadóireachta i mBaile Bhlainséir nó ar

Shráid Mhuire i mBaile Átha Cliath chun bróga agus buataisí den chineál ceart a iniúchadh. Rinne mé traenáil i mbróga siúil ísealghearrtha (trekking runners) de dhéantús Merrell a raibh aerú maith iontu. Bhí mé an-sásta leo ach d'éirigh mé imníoch roinnt seachtainí roimh imeacht dom mar bhí an oiread sin daoine ag cur ar m'fhaichill mé toisc nach mbeadh cosaint ag mo rúitíní. Cheannaigh mé buataisí éadroma, uiscedhíonacha Merrell a chlúdódh na rúitíní. Bhí siad ag fáisceadh beagáinín orm ach rinne gréasaí i gCaisleán Cnuca iad a shíneadh dom. Ní raibh an t-aerú céanna iontu agus d'éiríodh mo chosa an-te. Caithfear a chur san áireamh:

- go mbíonn an aimsir an-bhrothallach sa Spáinn

- go mbíonn suas le deich gcileagram sa bhreis nó níos mó ag brú anuas ar na cosa agus

- go mbíonn an t-oilithreach ag siúl ar feadh sé huaire a chloig nó níos mó in aghaidh an lae. Cé go raibh na buataisí sásúil go leor, d'iompaigh cuid d'ingne mo chos dubh. Nuair a bhaininn eaglais nó seanfhoirgneamh ina mbíodh leaca fuara ar an urlár, chaithinn díom na buataisí agus na stocaí chun na cosa a fhuarú. Uaireanta chuirinn athrú stocaí orm. Buíochas le Dia, níor chuir na spuaiceanna isteach a bheag nó a mhór orm. Ag deireadh an aistir, bhí mé den tuairim go mbeadh na bróga ísle a raibh aerú níos fearr iontu sách oiriúnach. Dar ndóigh, bíonn an baol ann i gcónaí go dtitfeadh báisteach throm agus go ndéanfaí puiteach de chodanna den chosán nach bhfuil dromchla crua orthu.

Ní fiú an coisbheart a bheith i gceart mura mbíonn stocaí feiliúnacha á gcaitheamh. Tá stocaí ann a shleamhnaíonn ar an gcos agus a bhailíonn i gclupaidí istigh sa bhróg. Bíonn cuid acu róthrom agus cuireann siad le teas na gcos. Nuair a éiríonn siad fliuch, is deacair iad seo a thriomú. Cheannaigh mé trí phéire stocaí de dhéantús Bridgdale, den chineál éadrom, ar €15 an péire i Millets. Ní raibh na fadhbanna thuasluaite ag roinnt leo ach amháin gur thóg sé tamall fada iad a thriomú. Ba mhinic a chonaic mé oilithrigh agus na stocaí fliucha crochta thiar ar an mála droma acu. Bíonn na cleasanna ann ach cuimhneamh orthu.

Éadaí: Mholfainn don té a bhíonn ag ullmhú don aistear, nuair a thugann sé cuairt ar Great Outdoors, mionscrúdú a dhéanamh ar T-léinte agus ar fho-éadaí de dhéantús Helly Hansen agus Lowe Alpine. Níl siad saor ach tá siad ar fheabhas don siúlóir, iad fíoréadrom, furasta a thriomú agus nuair a fhilltear iad ní thógann siad ach spás an-bheag ar fad. Caitear na T-léinte seo teann, fáiscthe i gcoinne an choirp. Tá sé de cháilíocht iontu gur féidir leo fliuchras an chraicinn a shú agus sheoladh go dtí an taobh amuigh i dtreo go dtriomaíonn an t-aer agus an ghrian é go hantapa. Ba mhinic a thug mé faoi deara nuair a thógainn sos gairid go mbíodh an T-léine Helly Hansen, a bhí báite in allas, tirim sula gcuirinn an mála droma orm arís. Is leor athrú amháin éadaí, cé gur thóg mise ceann sa bhreis ar eagla na heagla. Ar shroichint ceann scríbe dom gach lá, dhéanainn na héadaí a bhíodh á gcaitheamh agam a ní agus chuirinn orm na baill a bhí nite agam an lá roimh ré.

Cé gur leor ceann amháin, thóg mé dhá ghearrbhríste liom agus bríste fada éadrom le caitheamh sna tráthnóntaí. Má chaitheann siúlóir bríste gairid, bíonn air ungadh éigin a smearadh ar na cosa chun an craiceann a chosaint in aghaidh gathanna na gréine. Greamaíonn deannach an chosáin dá chosa. Ar an ábhar sin, is fearr le daoine áirithe bríste fada a chaitheamh.

Mí Mheán Fhómhair a bhí ann agus thóg mé seaicéad lomrach liom ar eagla na heagla. Bhí seaicéad éadrom báistí agam freisin. De réir mar a bhí na laethanta ag gabháil thart agus gan ach aimsir álainn ghrianmhar againn, shíl mé gurbh fhearr an seaicéad lomrach a chaitheamh uaim, rud a rinne mé. Bhí mé den bharúil go raibh sé amaideach an meáchan breise sin a iompar. Tháinig áiféala orm, áfach, nuair a bhain mé Burgos amach agus an *meseta* ag síneadh amach romham. Fiú amháin agus an ghrian ag taitneamh bhí géire sa ghaoth. Bhí orm ceann eile a cheannach.

Bhí báisteach throm againn uair nó dhó i rith na míosa. Fuair mé amach nach fiú seaicéad báistí murar ceann daor é a mbíonn aerú den scoth ann. Éiríonn an siúlóir chomh fliuch céanna taobh istigh ón gcomhdhlúthú is a bheadh sé dá cheal ar fad. Molaim cába uiscedhíonach a cheannach a bheadh mór go leor chun an siúlóir agus a mhála droma a chlúdach go compordach. Fiú le cába bíonn an comhdhlúthú ina fhadhb i gcónaí. Dá mbeadh duine ag siúl i rith míonna fuara na bliana, ba chóir comhairle a ghlacadh maidir leis ar an bhfeisteas cuí.

Ceannbheart: Ní dócha go mairfeadh duine rófhada agus é ag siúl faoi ghrian na Spáinne gan an ceannbheart cuí a bheith air. Ní mór a bheith ar d'fhaichill go háirithe ar laethanta nuair a bhíonn gaoth fhionnuar nó fhuar ag séideadh. Is é an ceannbheart is feiliúnaí ná hata éadrom, leathanduilleach a thugann scáth do na cluasa, don aghaidh agus do bhaic an mhuiníl. Chonaic mé roinnt siúlóirí agus caipín den chineál a chaitheann Léigiún Eachtrach na Fraince orthu. Is fearr ceann is féidir a fhilleadh lena chur i dtaisce. Is minic a tháinig mé ar hata caillte ar an gcosán go luath ar maidin nuair nach raibh gá lena chaitheamh. Bhíodh a fhios agam go mbeadh fadhb ag an duine sin amach sa lá mura raibh ceannbheart breise i dtaisce aige.

Codladh na hOíche: Ní chuireann na *albergues* bráillíní ar fáil cé go mbíonn pluideanna ar na leapacha i gcuid acu. Dá bhrí sin, ní mór don oilithreach mála codlata a bheith aige. Bíonn an gnáthmhála codlata róthoirtiúil do thuras chomh fada leis an g*Camino*. Ba chóir ceann fíoréadrom a fháil - cileagram amháin nó níos éadroime más féidir. De ghnáth, díoltar iad le máilín clúdaigh i dtreo nach dtógann sé ach an spás is lú. Is beag duine fásta a bhfuil taithí aige nó aici ar chodladh a dhéanamh i suanlios lán de leapacha dhá léibhéal. Is minic a bhíonn an tsrannfach go hard ar scálaí fuaime agus tonnchreatha. Is mór an chabhair iad na dolláin chluaise. Is féidir iad a cheannach i siopa poitigéara ar bith.

Doiciméid: Tá mála geadáin (bumbag) an-úsáideach chun doiciméid – pas, *credencial*, airgead - a choimeád i dtaisce ann. Tig leis an oilithreach é a thabhairt leis fiú nuair a théann sé chun cith a thógáil. Glactar leis mar chóras ciúála gur féidir leis na hoilithrigh na málaí droma a fhágáil ag doras an *albergue* mura mbíonn sé ar oscailt. Imíonn siad ansin chun béile a ithe nó chun siopadóireacht a dhéanamh. Is minic a chonaic mé leathdhosaen mála i líne i gcoinne an bhalla agus gan duine ar bith ag coinneáil súl orthu. Mar gheall ar sin, b'fhearr gan doiciméid thábhachtacha a choimeád iontu. Tá na pócaí le sipeanna orthu a bhíonn ar na brístí nua-aimseartha an-áisiúil freisin ach toisc go mbíonn slaod allais ar an oilithreach agus é ag siúl, ní mór na doiciméid a chlúdach le málaí beaga plaisteacha den chineál a úsáidtear sa reoiteoir.

An Níochán: Os rud é go mbíonn éadaí agus stocaí le ní go laethúil, bíonn gá le dosaen pionna éadaigh. Is féidir leacht níocháin speisialta de dhéantús *Lifeventure* a cheannach i Millets nó sa Great Outdoors. Tá sé de bhuntáiste aige gur féidir é a úsáid in uisce te nó in uisce fuar. Toisc é a bheith comhdhlúite díoltar é i mbuidéil bheaga. Cé go mbíonn meaisín níocháin agus triomadóir i gcorr-*albergue*, ní bhíonn a leithéidí sa chuid is mó díobh. Fiú nuair a bhíonn, is minic scuaine oilithreach ag fanacht leo. Bíonn sé níos éifeachtaí agus níos tapúla go minic an níochán a dhéanamh de láimh.

Cithfholcadh: Dá luaithe a shroicheann an t-oilithreach an *albergue*, is ea is fearr an seans a bhíonn aige nó aici cith breá te a fháil. Tar éis idir 26 agus 40 ciliméadar coisíochta is ionann cith te agus neamh gan radharc na Tríonóide. Tá na gnáth-thuáillí róthoirtiúil agus tógann sé tamall fada iad a thriomú. Díoltar tuáillí taistil sna siopaí campála atá fíoréadrom agus nach dtógann mórán spáis sa mhála. Tá siad ar fheabhas maidir le huisce a shú isteach agus chomh maith céanna chun é a scaoileadh amach nuair a chrochtar amuigh faoi aer iad. Dath bánghorm a bhíonn orthu de ghnáth. Is fearr buidéil bheaga seampú agus gallúnach i bhfoirm leachta den saghas a fhaightear sna hóstáin a bhreith leat. Rud eile atá an-áisiúil is ea mála plaisteach inar féidir doiciméid agus earraí luachmhara eile a thabhairt isteach sa chithfholcadán i dtreo gur féidir súil a choinneáil orthu.

Fearas garchabhrach agus cúrsaí leighis: Is féidir sparán beag a ghreamaítear do chrios leis an bhfearas bunúsach garchabhrach inti ar a nglaotar *Lifesystems Pocket*

First Aid Kit a cheannach i Millets agus sa Great Outdoors. Tá leabhrán ag gabháil leis ina bhfuil treoracha agus eolas faoi chúrsaí leighis agus sláinte do dhaoine a bhíonn ag taisteal. Spuaiceanna ar na cosa agus athlasadh sna teannáin na fadhbanna is mó a bhíonn ag siúlóirí ar an g*Camino*. Tá éagsúlacht fhairsing córacha leighis do na spuaiceanna. Ina measc tá **Scholl Blister Clear Gel Plasters** agus **Scholl Blister Treatment Spray**. Tá greimlíní **Compeed** ar fheabhas freisin.

Maidir le hathlasadh sna teannáin, bhí an t-ádh liom gur éirigh liom ungadh agus piollaí frith-athlasta a cheannach i siopa poitigéara sa Spáinn díreach nuair a bhí gá agam leo. B'fhiú don siúlóir iad a thabhairt leis má bhíonn a dhochtúir nó a phoitigéir sásta iad a thabhairt dó. Tá saicíní glóthaí ar fáil ón bpoitigéir a thugann faoiseamh gearrthéarmach ar phianta sna matáin agus sna teannáin. Ba mhaith an rud é bindealáin, éarthach feithidí agus ungadh a thugann faoiseamh ar chailgeanna feithidí a bheith san fhearas garchabhrach. Ní thig le duine é féin a ullmhú le haghaidh gach uile mhíthapa nó taisme a d'fhéadfadh tarlú. Cuireann gach ní sa bhreis le meáchan an mhála agus leis an tranglam istigh ann.

Cúrsaí cumarsáide: Má theastaíonn ón oilithreach teagmháil a dhéanamh go rialta le daoine in Éirinn, tá na teileafóin phoiblí an-sásúil agus an-saor ar feadh an *Camino* ar fad. Glacann an chuid is mó acu boinn euro. Tá glaonna ar fhón póca Éireannach thar a bheith daor. I mo bharúil féin, is iad na téacsanna an bealach is éifeachtaí chun teachtaireachtaí gairide a sheoladh. Toisc nach n-úsáidtear an phlocóid trí phionna, dronnuilleogach sa Spáinn, bíonn gá le luchtaire fóin agus cuibheoir. Tabhair ceann leat nó ceannaigh ceann ag an aerfort. Ní bhfaighidh tú ceann ar ór ná ar airgead i mbailte beaga thuaisceart na Spáinne.

Nithe úsáideacha eile: Tá tóirse beag riachtanach, go háirithe má bhíonn ar dhuine éirí i rith na hoíche. Ní féidir an solas leictreach a lasadh. Bíonn na leapacha gar dá chéile agus buataisí, málaí agus giuirléidí eile caite ar an urlár. Go minic bíonn géaga na n-oilithreach ar crochadh as na leapacha agus ní dhéanfadh sé cúis satailt orthu. Is ag amanna mar sin a bhaintear fónamh as an tóirsín. Is mochóirithe, ar mo nós féin, roinnt de na hoilithrigh. Fágann siad an *albergue* roimh éirí na gréine nuair a bhíonn an chuid eile fós ina gcodladh. Ciallaíonn sin go mbíonn orthu a gcuid balcaisí agus giuirléidí a phacáil sa dorchadas. Is féidir tóirsíní beaga éadróma a cheannach in Power City. Is fiú na nithe áisiúla seo leanas a bheith sa mhiontrealamh freisin: siosúr, scian póca, snáthaid agus snáth. Níorbh aon díobháil leathdhosaen biorán dúnta a chaitheamh isteach freisin.

Lista de Correos: Cuireann an córas poist sa Spáinn seirbhís atá áisiúil agus saor ar fáil ar a dtugtar *la lista de correos*. Is féidir leis an siúlóir, nó duine ar bith eile, balcaisí nó giuirléidí nach mbíonn ag teastáil go dtí níos déanaí sa turas a sheoladh chun cinn go baile nó cathair éigin eile ar an g*Camino*. Mar shampla, dá mbeadh péire bróg ag siúlóir in Pamplona nach mbeadh riachtanach go mbainfeadh sé Santiago de Compostela amach, ní gá ach iad a chur i mbeart nó i mbosca, iad a thabhairt go dtí oifig an phoist agus a rá leis an bhfoireann ansin an beart a sheoladh chuige féin sa chathair úd. Nuair a bhaineann sé ceann scríbe amach, téann sé chuig an oifig chuí leis an gcáipéis a tugadh dó in Pamplona agus bailíonn sé an beart. Is fiú feidhm a bhaint aisti.

Uisce: Ceann de riachtanais an tsaoil don uile dhuine ach go háirithe don oilithreach a bhíonn ag siúl os cionn cúig chiliméadar is fiche in aghaidh an lae faoin mbruth teasa agus é ag bárcadh allais. Tá foinsí uisce go flúirseach ar feadh chosán an oilithrigh. Ní mór do dhuine a bheith faichilleach, áfach, agus gan uisce a ól as foinse nach bhfuil *agua potable* (uisce inólta) scríofa air. Má tá amhras faoi fhoinse ar bith b'fhearr ceist a chur ar mhuintir na háite. Seachain iad siúd a bhfuil *agua no potable* orthu. Nuair a bhíonn gá le huisce a cheannach, sílim gur fearr buidéil bheaga atá níos áisiúla. Is féidir na cinn fholmha a choimeád agus iad a athlíonadh ag na foinsí éagsúla. D'iompair mé féin ceithre chinn bheaga liom i gcónaí. Nuair a bhí an aimsir an-mheirbh choinnigh mé buidéal i mo lámh agus lean mé ag baint súimíní as go rialta. Measaim gur chabhraigh sin go mór liom an teas a fhulaingt.

Bia agus deoch: Is beag sráidbhaile ar an g*Camino* nach bhfuil caifé nó beár ann ach amháin in áiteanna in Galicia, go háirithe idir Santiago de Compostela agus Finisterre. Is fiú torthaí, cnónna agus barraí seacláide a bheith sa mhála i gcónaí ar eagla na heagla. Is féidir bricfeasta nó béile an tráthnóna a ullmhú i gcuid de na *albergues* ach tá praghas an bhia chomh híseal sin nach fiú an tairbhe an trioblóid. Thaitin sé liom féin stopadh ag caifé go luath ar maidin le haghaidh *café con leche* agus cúpla *magdalenas* nó *napolitanas* (cístí milse réamhphacáilte) nó, ar son na héagsúlachta, tósta, im agus subh. Thógainn sos caife eile thart ar a deich a chlog. Dá mba mhian le siúlóir caisín a chroí a théamh, b'fhiú *un chupito de orujo* (tomhaisín de phoitín Spáinneach) a chaitheamh isteach sa chaifé. Is beag beár nach bhfuil buidéal i dtaisce faoin gcuntar, cé gur féidir cineálacha áirithe a cheannach go dleathach freisin. Ag druidim le lár an lae bíonn tapas (soithí beaga de bhia blasta) le fáil i ngach beár, iad ar taispeáint ar an gcuntar de ghnáth. Tig leis an siúlóir *bocadillo* (rollóg) a cheannach i mbeagnach gach beár. Ba é an lón ab fhearr liom féin ná arán Francach agus *tortilla de patatas* (uibheagán prátaí / uibheagán Spáinneach) nó *chorizo* (ispín spíosraithe téagartha muiceola). Bhí liamhás *(jamón)* rud beag achrannach le hithe. Liamhás leasaithe le deatach - d'ardchaighdeán - is mó a bhíonn le fáil sa Spáinn, é gearrtha go breá tiubh agus an cuma air go bhfuil sé 'amh'. Duine ar bith a rinne iarracht slisíní bágúin amha a ithe, beidh tuairim aige céard atá roimhe nuair a thugann sé faoi cheapaire a bhfuil liamhás leasuithe Spáinneach ann. Mura dtaitníonn a leithéid le duine, ba chóir *jamón cocido* (liamhás bruite nó bácáilte) a iarraidh.

Bíonn *El Menú del Peregrino* (Biachlár an Oilithrigh) le fáil i gcuid mhaith de na bialanna um thráthnóna. De ghnáth, bíonn trí chúrsa: *primer plato* - anraith ghairleoige *(sopa de ajo)* nó sailéad ilchineálach *(ensalada mixta); segundo plato*- iasc, sicín nó mairteoil agus ansin mar mhilseog *(postre)* bhíodh rogha idir uachtar reoite agus *flan*. Bíonn gloine fíona nó buidéal uisce agus raidhse aráin ag gabháil leis an mbia saor in aisce. Taithíonn na siúlóirí na bialanna seo agus is iontu a cruthaíodh domsa go bhfuil siúlach scéalach.

Aguisín a Dó

Achoimre staire de réir dátaí

44AD   Cuirtear San Séamus chun báis ar orduithe Ioruaith Agrippa. Tugann a dheisceabail Spáinneacha a chorp ar ais go hIria Flavia ar chosta Galicia. Cuirtear ansin é.

709   Déanann Aldhelm, Ab Mhainistir Malmesbury in Wiltshire, Sasana tagairt do Shéamus ag craobhscaoileadh an tSoiscéil sa Leithinis Ibéarach i ndán Laidine a scríobh sé.

783-88   *O Dei Verbum*, iomann ó ré an Rí Mauregatos, a deir gurbh é San Séamus a thug an Soiscéal go dtí an Spáinn agus luaitear é mar phátrún ar an Spáinn Chríostaí.

813   Aimsíonn an tEaspag Teodomiro feart San Séamus trí mheán físe a bhí ag an díthreabhach Pelayo.

830   Tógann Alfonso II (El Casto), Rí Asturias, eaglais os cionn na huaighe agus ainmnítear San Séamus (Santiago) ina Éarlamh ar an Spáinn. Bunaítear mainistir Bheinidicteach chun an uaigh a chosaint.

844   Déanann na Críostaithe slad ar na Múraigh faoi cheannas Ramiro I le lámh chúnta ó *Santiago Matamoros* ag Cath Clavijo.

844   Déantar tagairt don chéad uair d'oilithrigh ar a mbealach go Santiago. Déanann an taistealaí Arabach, Ibd Dihya, tagairt do ghrúpa Normannach ar oilithreacht an bhliain sin

850   Luaitear i lámhscríbhinn Mhúrach gur thionlaic Algacel, file ó chathair Jaén i ndeisceart na Spáinne, toscaireacht Normannach go Santiago.

c. 850   Tá fianaise áirithe ann go ndearna manach ó Mhainistir Reichenou in iardheisceart na Gearmáine an t-aistear go Santiago.

c. 865   Luaitear i Martarlaig San Germain des Prés gur adhlacadh San Séamus *'in ultimis finibus'* na Spáinne.

c. 951 Taistealaíonn Gottschalk, Easpag Le Puy, go Santiago de Compostela le lucht cuideachta sách líonmhar agus filleann sé abhaile an bhliain ina dhiaidh sin.

959 Déanann Cesáreo, Ab Catalónach Mhontserrat agus Hugo de Vermandois, Ardeaspag Reims an turas go Santiago.

962 Maraítear beirt uaisle ar a mbealach go dtí an scrín. Déanann an díthreabhach Simeon na hArméine an oilithreacht an bhliain chéanna.

997 Tagann na Múraigh aneas faoi cheannas Almanzor agus creachann siad Santiago.

c. 1000 Timpeall an ama seo cuirtear scéala chuig Ardeaspag Canterbury ag iarraidh air cosc a chur ar mhná dul thar sáile ar oilithreachtaí mar nach n-éiríonn ach le corrdhuine acu suáilce na geanmnaíochta a chaomhnú ar an aistear. Deir an doiciméad gur de bhunadh Sasanach cuid mhaith de na striapaigh a bhí i mbun gnó i mbailte sa Lombáird agus sa Ghaill. (*Beatha Naomh Boniface*)

1016-65 I réimeas Fernando El Grande, tagann an oiread sin lúcháire ar easpag Gréagach ar shroichint Santiago dó go n-éiríonn sé as a easpagóideacht agus go bhfanann sé sa chathair naofa go lá a bháis.

1065 Baineann slua oilithreach Pléimeannach ó Liège Santiago amach faoi cheannas an Bhráthair Roibeard.

1066 Treoraíonn Uilliam Concaire a chuid saighdiúirí ag Cath Hastings (1066) agus é ar muin capaill a thug ridire a bhí ar oilithreacht go Compostela abhaile chuige mar bhronntanas.

1072 Scríobhann Marianus Scotus, Éireannach a bhí ina mhanach i Mainz, lámhscríbhinn a bhfuil an teideal *Chronicon* uirthi. Déanann sé tagairt inti d'oilithreacht a rinne Easpag na cathrach sin go Santiago.

1075 An tríú baisleach á tógáil ag an Rí Alfonso VI agus ag an Easpag Diego Peláez

1098 Is é Ansgot ó bhaile Burwell in Lincolnshire an chéad oilithreach Sasanach a bhfuil tagairt chinnte dá aistear go Santiago.
Leagadh amach an *Camino Francés* (an Bealach Francach) ag deireadh an 11ú haois.

1125   Nuair a bhunaíonn Anraí I (1069-1135) an Mhainistir Bheinidicteach in Reading Shasana bronnann sé taise de chuid San Séamus uirthi. Dá bharr sin, bhí trí chamóg (.i. sliogáin an mhuirín) órga ar chúlra gorm mar armas ag an mainistir. Deirtear gur thug iníon Anraí, an Bhanimpire Matilda (bean chéile Anraí V, an tImpire Naofa Rómhánach) cuairt ar scrín an aspail tamall sular bunaíodh Mainistir Reading. De réir an traidisiúin, thug sí lámh San Séamus ar ais léi go Sasana nuair a d'fhill sí ar a tír dhúchais tar éis bhás an Impire.

1126   Fógraíonn Calixtus II Bliain Naofa nuair a thiteann féile an naoimh (25 Iúil) ar an Domhnach

1128   Cuireann ceannaire na Múrach ambasadóirí chuig Doña Urraca, Banríon Castilla. Tagann siad ar chosán na n-oilithreach plódaithe le daoine. Nuair a fhiafraíonn siad cá raibh na sluaite ag dul, insítear dóibh go bhfuil siad ag triall ar thuama San Séamus.

c. 1129   Ba cheannaí é Godric ó Finchdale i Sasana a bhíodh ag trádáil le calafoirt sa Mhuir Thuaidh agus sa Mheánmhuir. Seans go raibh foghlaíocht mhara ar siúl aige freisin. Tar éis cuairt a thabhairt ar Iarúsailéim agus ar Santiago de Compostela, tréigeann sé a shlí bheatha agus glacann sé beatha an díthreabhaigh chuige féin in Durham. Faigheann sé bás ansin sa bhliain 1170. Tugtar Naomh Godric ó shin air.

1130   Rinne Oliver de Merlimond, Tiarna Shobdon in Herefordshire Shasana an turas go Santiago

1137   Téann Uilliam X, Diúc Aquitaine go Santiago i mbliain a bháis

c. 1140   Scríobhann Aymeric Picaud, manach ó Phoitou na Fraince eolaí taistil fíorshuimiúil ar an g*Camino Francés*. Tá an lámhscríbhinn lán de mhionsonraí agus ní chuireann sé srian ar bith lena bhfuil le rá lá aige faoina bhfeiceann sé i rith an aistir. Tugtar an *Codex Calixtinus (Liber Sancti Jacobi)* ar an mbailiúchán lámhscríbhinní lena mbaineann an doiciméad seo.

1147   I Mí Bealtaine na bliana seo, seolann 164 long amach as cuan Dartmouth agus 13,000 crosáidí á n-iompar acu go dtí an Talamh Naofa. Ceiliúrann siad Domhnach Cincíse i Santiago de Compostela.

1157 Tugann Louis VII (Le Jeune) na Fraince cuairt ar Santiago sa bhliain 1157 tar éis dó filleadh ón Dara Crosáid.

c. 1170 Iarrann Anraí II, Rí Shasana, pas coimirce ar Fernando II, Rí León, lena bhóthar a réiteach go Santiago. Tá gach dealramh ar an scéal gur leagadh an oilithreacht mar phionós air in éiric dhúnmharú Ardeaspag Canterbury, Thomas Becket, sa bhliain 1170. Níor comhlíonadh an pionós áfach.

1171 Bunaítear Los Caballeros de Santiago (Ridirí San Séamus) chun na hoilithrigh a chosaint.

1179 Foilsítear an bula *Regis Aeterna* ina dhaingníonn an Pápa Alastar III bronnadh na Bliana Naofa a bhí fógartha cheana féin ag Calixtus II.

1188 Cuireann Maestro Mateo a shíniú ar an bPórtico de la Gloria.

1213 Taistealaíonn Naomh Proinsias Assisi le cuid dá bhráithre ar an g*Camino Francés* go Santiago de Compostela.

1217 Tagann arm mór ón bhFreaslainn a bhí ag dul ar chrosáid i dtír i Liospóin na Portaingéile. Ar achainí ó na heaspaig áitiúla, ó Ridirí an Teampaill, agus ó Ridirí Naomh Eoin, cuireann siad an dúnfort ar a dtugtaí an Alcácer faoi léigear. Buaileann stoirmeacha an cabhlach a thiománann na longa ó thuaidh. Bíonn orthu fothain a ghlacadh i gcuan La Coruña. Imíonn an chuid is mó de na saighdiúirí de shiúl na gcos go Santiago fad a bhíonn an cabhlach ag fanacht go maolóidh an ghaoth.

1221 Déanann Risteard de Burgo ó Chluain Meala an oilithreacht go Santiago agus filleann sé abhaile an bhliain dar gcionn.

1222 Taistealaíonn Ardeaspag York go Compostela. Thart ar an am seo ceadaítear do na sagairt paróiste i Sasana a bhíonn ag dul ar oilithreacht a dtuarastail a choinneáil ar choinníoll nach mbeidís as láthair ar feadh níos mó ná trí bliana.

1246 Taistealaíonn Raymond VII (1197-1249), Cunta Toulouse, go Santiago.

1253 Buaileann an Bráthair Proinsiasach Uilliam Rubrogues le manach Neastórach atá ina chónaí i measc na dTartar. Deir an manach seo leis go bhfuil sé ar tí tabhairt faoin oilithreacht go Santiago.

1254 Déanann Kristina na hIorua, Iníon an Rí Haakon IV (1204-1263), an t-aistear go Compostela.

1270 Siúlann an Bhanphrionsa Ingrid na Sualainne go Santiago, go dtí an Róimh agus go hIarúsailéim.

1271 Déanann Easpag Worcester an oilithreacht go Santiago.

1326 Sínítear conradh Oíche Nollag 1326 in Arcques idir Louis I (De Nevers) agus na cathracha Pléimeannacha. Leagtar síos coinníol cineál aisteach sa chonradh a chuireann iachall ar 300 de mhuintir Bruge agus Cambrai dul ar oilithreacht – 100 go Santiago de Compostela, 100 eile go S. Giles agus 100 eile fós go Rocamadour in iardheisceart na Fraince.

C. 1329 Tamaillín roimh a bhás, impíonn Robert Bruce (1274-1329), Rí Alban, ar a chara Sir James Douglas a chroí a thabhairt go dtí an Talamh Naofa mar gur theip air móid a bhí glactha aige oilithreacht a dhéanamh go dtí na háiteanna naofa a chomhlíonadh. Déanann Douglas amhlaidh ach tugann sé an croí trí Santiago de Compostela i ngeall ar an deabhóid an bhí ag an mBrúsach do San Séamus.

1340 Tá Naomh Bríd na Sualainne (1303-73), pátrún na tíre sin agus bunaitheoir oird rialta, ar cheann de na hoilithrigh Nordacha.

1374 Bhí an riail seo a leanas ag Ceardchuallacht na nÚcairí in Lincoln Shasana sa bhliain 1374: *'Más mian le bráthair nó deirfiúr ar bith oilithreacht a dhéanamh chuig an Róimh, chuig San Séamus i nGalicia nó go dtí an Talamh Naofa, ní mór dó é sin a fhógairt don Chuallacht roimh ré, ansin rachaidh na bráithre agus na deirféaracha uilig leis go geata na cathrach agus tabharfaidh gach aon duine acu leathphingin ar a laghad dó.'*

1386 Seolann John of Gaunt, a chlann agus lucht coimhdeachta líonmhar go La Coruña i dtrí scór long. Sa mhainistir a fhanann sé féin, a bhean agus a bheirt iníonacha. Faigheann beirt thiarna eile agus a gcuid ban céile lóistín i mbaile La Coruña. Cuireann na ridirí, na barúin eile agus a lucht leanúna pubaill suas i bpáirceanna gar don bhaile. Dar le Croinicí Jean Froissart (1333-1401), éiríonn leo raidhse feola agus fíona a cheannach i dtreo go mbíonn póit agus tinneas cinn orthu uilig an mhaidin dár gcionn. Luann Froissart freisin gur maraíodh Sir Walter Manny agus é ag filleadh ó chathair San Séamus.

Thart ar an am seo, tosaíonn Seansailéireacht Ríoga Shasana ag eisiúint cáipéisí ag geallúint d'oilithrigh go mbíonn gcosnódh an stát a gcuid sealúchais fad a bheidís as láthair. Tugann seo uchtach don uasaicme tabhairt faoi aistir fhada go scrínte thar lear. Eisítear doiciméid freisin ag iarraidh ar na húdaráis i ríochtaí i gcéin cosaint a thabhairt don sealbhóir.

1428   Seolann ar a laghad 280 oilithreach as Londain, 200 as Bistol, 122 as Weymouth agus 90 as Dartmouth.

1430   Déanann an t-ealaíontóir Pléimeannach Jan van Eyck an t-aistear go Santiago.

1434   Cláraítear 64 long i Sasana chun oilithrigh a iompar go dtí an Spáinn don Bhliain Naofa seo. Tógann an turas farraige ó chósta Dorset go La Coruña thart ar chúig lá. Iompraítear thart ar 2,310 oilithreach ar na longa úd.

1445   Sa Bhliain Naofa seo taistealaíonn méid ollmhór oilithreach go Santiago, ina measc Máiread Ní Chearúil Éile agus a cúigear compánach ó Éirinn.

1456   Tá William Wey agus John Goodyear, viocáire Chale in Oileán Wight, i measc na n-oilithreach sa Bhliain Naofa seo. Beireann Goodyear cúig phainéal alabastair i rilíf íseal ildathach ag léiriú beatha San Séamus leis. Tá siad le feiceáil ansin go fóill i Séipéal na dTaisí san Ardeaglais. Céimí ó Ollscoil Oxford ab ea William Wey agus duine de bhunaitheoirí Coláiste Eton faoi Anraí VI (1440-41). Tógann an t-aistear ó Eton in Berkshire go Plymouth níos mó ama ná an turas farraige go La Coruña. Áiríonn sé os cionn ceithre scór bád oilithreachta sa chalafort úd - seacht mbád Sasanacha is tríocha. Ón mBreatain Bheag, ó Éirinn, ón Normainn agus ón mBriotáin an chuid eile. Siúlann Wey an *Camino Inglés* ó La Coruña go Santiago in aon lá amháin. Bunaithe ar an bhfianaise thuas, tuairimíonn saineolaí amháin go ndeachaigh thart ar 5,000 oilithreach i dtír in La Coruña taobh istigh de chúpla lá.

1488   Déanann Fernando agus Isabel, Rí agus Banríon na Spáinne an oilithreacht.

1495   Scríobhann Herman Kunig von Vach, manach Seirbhíteach, gearrchuntas ar a thuras go Compostela.

1496-98   *Oilithreacht Arnold von Harff, Marcach* an teideal atá ar chuntas a scríobhann an Ridire ó Köln na Gearmáine, Arnold von Harff.

1522   Téann Robert Langton (nia le hUachtarán Choláiste na Banríona in Oxford) ó Westmoreland go Santiago.

1589   Cuireann an tArdeaspag Clemente taisí an Aspail i bhfolach toisc go bhfuil eagla air go ndéanfadh an foghlaí mara, Francis Drake ionsaí ar an gcathair. In 1879 a aimsíodh iad.

1625   Tiomsaitheoir scríbhinní taistil agus fionnachtana ab ea Samuel Purchas (1577-1626). Foilsíonn sé *Purchas His Pilgrimes* sa bhliain 1625. Déanann sé tagairt sa leabhar seo d'oilithrigh ag seoladh ó Plymouth go dtí an Bhriotáin agus ansin ó dheas go Bordeaux. Leanann siad an *Camino Francés* trí Saint-Jean-Pied-de-Port, Roncesvalles agus ar aghaidh ansin go Santiago.

1668   Baineann Cosimo III de Médici Santiago de Compostela amach agus dhá scór de lucht coimhdeachta ina theannta.

1673   Sagart ó Bhologna na hIodáile ab ea Domenico Laffi. Fágann seisean tuairisc ar an aistear a rinne sé sa bhliain 1673.

1867   Ar an 25ú lá d'Iúil 1867 níl ach dhá scór oilithreach i láthair in Ardeaglais Santiago.

1879   Nuair a bhíonn cóiriú á dhéanamh ar an bpríomhaltóir aimsítear iarsmaí de thrí chorp.

1884   Foilsíonn an Pápa León XIII an bula *Deus Omnipotens* ag deimhniú gurbh iad iarsmaí San Séamus agus a bheirt dheisceabal atá i gceist.

1965   Críochnaíonn an tAthair Elías Valiña Sampedro, sagart paróiste O Cebreiro, a thráchtas dochtúireachta *El Camino de Santiago: Estudio Histórico-Jurídico.*

1980   Tosaíonn Andrés Muños agus baill de la Asociación del *Camino de Navarra* agus an tAthair Elías Valiña ag marcáil an bhealaigh Fhrancaigh le saigheada buí.

1982   Tugann an Pápa Eoin Pól II cuairt ar Santiago de Compostela.

1993   Bliain Naofa. Bronntar 100,000 *Compostelas.*

1999   Bliain Naofa. Bronntar 154,613 *Compostelas.*

2004   Bliain Naofa. Bronntar 169,858 *Compostelas.* (Diúltaítear os cionn 10,000.) Bhí 563 Éireannach ina measc siúd a chríochnaigh an t-aistear.

Aguisín a Trí

Cúlra agus stair na hoilithreachta

Cén fáth ar roghnaigh mé an Camino de Santiago? Le blianta fada, tá suim as cuimse agam i stair na meánanoiseanna. Bhí brí agus tábhacht faoi leith ag oilithreachtaí sa tréimhse úd. Go deimhin féin, ní dóigh liom gur féidir meon na meánaoise a thuiscint go beacht gan eolas domhain a bheith ag an staraí ar an ngné sin de stair na tréimhse.

Bhí oilithreacht na meánaoise éagsúil ar mhórán bhealaí. Bhí fáthanna an turais níos soiléire sa ré úd. Ag druidim le deireadh na Mílaoise, bhí atmaisféar gruama na míchinniúna os cionn na hEorpa. Dhírigh an chléir a gcuid seanmóirí ar an mbás, ar Lá an Bhreithiúnais, agus ar phianta Ifrinn. Bhraith daoine idir uasal agus íseal sórt práinne maidir le slánú a n-anamacha. Chreid siad go raibh dianghá, thar aon rud eile, gníomhartha a dhéanamh a shaorfadh iad ón gcéasadh agus ón gciapadh a bhí i ndán dóibh dá ndaorfaí go Ifreann ar feadh na síoraíochta iad. Bhíodh an purgadóir agus a pionós teamparálta ag déanamh imní dóibh freisin.

Cé go mbíodh maithiúnas faighte ag an bpeacach ó Dhia san fhaoistin, bhíodh cúiteamh éigin le déanamh sa pheaca ar an saol seo nó sa saol eile. D'fhéadfadh an peacach leorghníomh a dhéanamh trí phaidreoireacht, trí throscadh a dhéanamh, déirc a thabhairt nó loghanna a fháil, bídís iomlán nó páirteach. D'fhéadfaí logha a ghnóthú trí dhea-ghníomhartha a dhéanamh mar aon le coinníollacha áirithe a chomhlíonadh. Bronnadh an chéad logha iomlán orthu siúd a chuaigh ar an gCéad Chrosáid (1095). D'fhógair an Pápa Urbán II: 'Cibé duine a rachaidh go Iarúsailéim faoi spreagadh na fíordheabhóide chun Eaglais Dé a shaoradh agus ní chun onóir ná maoin a thuilleamh, tig leis an turas sin a áireamh in ionad a chuid pionóis iomláin.' Níorbh fhada go raibh loghanna iomlána le fáil acu siúd a chomhlíon coinníollacha na n-oilithreachtaí éagsúla. Ar an ábhar sin, ba thábhachtaí i bhfad sa mheánaois an scrín a bhaint amach toisc gurbh ansin a bhronntaí na loghanna. D'fhilleadh na hoilithrigh abhaile le hanamacha chomh glan leis an sneachta agus díolúine faighte acu ó cibé pionós teamparálta a bheadh ag dul dóibh sa phurgadóir. Dá bhfaighidís bás ar an toirt, théidís isteach díreach trí Gheataí na bhFlaitheas. Dóibh siúd a bhí róthinn nó rólag leis an oilithreacht a chríochnú, bhíodh Doirse an Mhaithiúnais (Puertas del Perdón) in eaglaisí éagsúla ar feadh an bhealaigh.

Ghearrtaí oilithreachtaí mar phionós in éiric ar pheacaí áirithe sna meánaoiseanna. Mar shampla, bhí sagart paróiste i gcathair Chichester a ghéilleadh do chathú an tátha. Dhéanadh sé aithrí, ach faraor, thiteadh sé i bpeaca arís. Faoi dheireadh, d'éirigh Ardeaspag Canterbury tuirseach dá mhí-iompar agus chuir sé de phionós air trí oilithreacht a dhéanamh, ceann in aghaidh na bliana ar feadh trí bliana: go Compostela, go dtí an Róimh agus go Köln na Gearmáine. N'fheadar ar leigheasadh an fear bocht nó ar fhág sé sliocht ina dhiaidh ar fud na hEorpa? Gearradh oilithreacht go Santiago ar bheirt mhac le Herbert an Peannaire toisc gur thug siad drochíde do Ghirart an Búistéir in Compiegne i dTuaisceart na Fraince sa bhliain 1284. D'admhaigh bean, a raibh Mabel de Boclonde mar ainm uirthi, i bhfaoistin, go ndearna sí adhaltranas le Síomón Heyroun i 1326. Ba é an pionós a gearradh uirthi ná go mbuailfí le slata í sé huaire timpeall ar eaglais Woldham, agus sé huaire timpeall ar mhargaí Rochester, Malling agus Dartford. Tamall gearr ina dhiaidh sin, 'laghdaíodh' an pionós agus ceadaíodh di turas go Santiago a dhéanamh i leaba an phionóis chorpartha. Sa bhliain chéanna, fuarthas bean eile, máthair John Mayde, ciontach i bpeaca lena mac baistí féin agus cuireadh oilithreacht go Santiago mar phionós uirthi. Bhí John Lawrence i measc scata fear a dhúnmharaigh Walter de Stapleden, Easpag Exeter sa bhliain 1329. Léasadh le slata ag doirse eaglais Rochester agus slua mór i láthair, an chéad chuid dá phionós. Chaithfeadh sé bheith cosnochta agus gan air ach a bhríste. Níor mhór dó ansin imeacht ar an gcéad chrosáid eile chomh maith le hoilithreachtaí a dhéanamh go Santiago agus Le Puy. Bheadh air freisin íoc as Aifrinntí ar son anam an easpaig ar feadh deich mbliana, staonadh ón bhfeoil ar feadh a shaoil agus gan é féin a bhearradh ar feadh dhá bhliain.

Uaireanta d'íocfadh bailte nó cathracha costais ionadaithe a dhéanfadh an oilithreacht ar son mhuintir an bhaile uilig. De ghnáth, bhíodh achainí faoi leith le hiarraidh. Sa bhliain 1482, chuir cathair Perpignan i ndeisceart na Fraince beirt fhear go Santiago le hachainí go gcuirfí deireadh leis an bplá a bhí ag díothú an phobail ansin. Seacht mbliana déag roimhe sin, sheol cathair Barcelona na Bráithre Miguel Capellar agus Leonardo Gratia go Compostela ar an gcúis chéanna.

Ba mhinic a ghlacadh daoine móideanna oilithreacht a dhéanamh go scrín áirithe dá dtabharfaí slán iad ó chontúirt a bhí ag bagairt orthu nó dá mbeadh toradh sásúil ar phaidir. Fuair Donncha Ó Fearghaíl, saighdiúir i reisimint Anraí Uí Néill san Eoraip, cead an turas go Santiago a dhéanamh sa bhliain 1608 chun móid a bhí ghlactha aige a chomhlíonadh.

Deir an Cairdinéal Francis Aidan Gasquet (1846-1929), staraí na hEaglaise Caitlicí i Sasana, ina leabhar *The Eve of the Reformation* gur mhinic a bhíodh agús nó coinníoll i dtiomnaí na meánaoise ag cur iachall ar na seiceadóirí uachta, costais oilithrigh bhochta go Santiago, go dtí an Róimh nó go scrínte eile san Eoraip a íoc. Sa bhliain 1361, thairg John de Weston, grúdaire, a chrios de chamóga airgid agus 40 scilling d'oilithreach a dhéanfadh an turas go Santiago ar a shon tar éis a bháis. Deich marc a bhí á dtairiscint ag Margery Brown, baintreach Thomáis, ina huacht don té a dhéanfadh an turas céanna deich mbliana ina dhiaidh sin. Seacht bpunt a thairg an góiséir, John de Holegh. Sa chás deireanach seo, mura mbeadh na seiceadóirí ábalta duine a fháil chun an oilithreacht a dhéanamh, bheadh orthu leath den tsuim airgid a thabhairt do na bochtáin agus feidhm a bhaint as an leath eile chun cóir a chur ar na bóithre i ngiorracht fiche míle de chathair London.

In áiteanna san Eoraip b'fhiú an oilithreacht a dhéanamh ar chúiseanna airgeadúla. Mar shampla, bhí deabhóid speisialta ag na Slavaigh do San Séamus. Ar fhilleadh abhaile dóibh ó Compostela, áfach, d'fhéadfaidís díolúine cánach a fháil.

Bhí daoine ann a chuaigh ar oilithreachtaí ar son spóirt agus suilt. Dúirt gearánach le hArdeaspag Canterbury gur sochar corpartha níos mó ná sochar anama a bhí ar intinn na n-oilithreach go tuama Thomas Becket. Bheiridís a gcuid píob mála leo agus chasaidís amhráin ghraosta, gháirsiúla. Chuir an phíobaireacht, an amhránaíocht agus clingeadh na gclog (a bhuailtí ar an mbealach go Canterbury) na gadhair ag tafann. Thógaidís rírá agus rúille búille ceart. Níor thug an tArdeaspag mórán sásaimh don chlamhsánaí ach thaispeáin sé comhbhá leis na hoilithrigh. Sa chuntas a scríobh an ridire Gearmánach Arnold von Harff ar an oilithreacht fhairsing a rinne sé am éigin idir1496 agus 1498, tugann sé liosta d'fhocail agus d'abairtí úsáideacha i dteangacha éagsúla. Tugann an abairt seo a leanas léargas dúinn ar iompar na n-oilithreach: 'A bhean, an gceadófá dom dul a chodladh leat?'

Sa dara leath den 14ú haois, bhí an méid seo a leanas le rá ag Chaucer faoin manach sna *Canterbury Tales* a thaispeánann an cineál siamsa a bhíodh ar siúl ar na haistir:

> (He) kept his tippet stuffed with pins for curls,
> And pocket-knives, to give to pretty girls.
> And certainly his voice was gay and sturdy,
> For he sang well and played the hurdy-gurdy,
> At sing-song he was the champion of the hour ...

Bhí Naomh Proinsias Assisi ar an g*Camino Francés* le cuid dá bhráithre sa bhliain 1213. Casadh ceoltóirí, scéalaithe agus lucht siamsa taistil ar a dtugtaí *Jongleurs* (*Juglares*, sa Spáinnis) orthu. Bhídís siúd ag iarraidh slí bheatha a bhaint amach áit ar bith a bhíodh na sluaite bailithe agus cá háit ab fhearr le sin a dhéanamh ná ar an mbealach go Compostela. Ní ag caitheamh anuas ar lucht siamsa a bhí an naomh, áfach. Thagair Proinsias do na cosúlachtaí a bhí idir a bhráithre féin agus na *Jongleurs*. *Joculatores Domini* a thug sé ar a lucht leanúna féin. Uaireanta thógadh daoine saibhre a lucht siamsaíochta féin leo ar an aistear. Sa bhliain 1361 thóg Jehan de Chartres agus Pierre Montferrand trí *jongleurs* leo go Santiago.

Sa mheánaois, bhíodh greim docht, daingean ag an gcóras feodach ar lucht na tuaithe san Eoraip. Ina theannta sin bhíodh laincísí na treibhe an-láidir in Éirinn. Achar saoirse i saol cúng, teorantach na meánaoisach ab ea an *peregrinatio*. Dúirt Goethe gurbh iad na hoilithreachtaí an chéad chéim ar aghaidh i dtreo na hidirnáisiúntachta. Chuireadh dreamanna as cúlraí cultúrtha éagsúla aithne ar a chéile ar na haistir fhada trasna na hEorpa. Bhíodh na deasghnátha eaglasta sa Laidin agus cuspóirí na n-oilithreach mar nasc eatarthu. Cruthaíodh aontacht san ilíocht.

Mar a tharlaíonn sa lá atá inniu ann, mheall na sluaite saonta, neamhamhrasacha gadaithe agus piocairí póca na meánaoise. Ní hamháin go mbíodh coirpigh dhúchasacha ar feadh an *Camino* ach bhíodh gadaithe ag taisteal i mbréagriocht oilithreach freisin. Chaill duine de chomrádaithe William Wey (1456) a chuid airgid ar fad nuair a ghearr gadaí an sparán a bhí ar crochadh dá chrios. Ar ámharaí an tsaoil, rugadh ar an mbithiúnach, ar Bhriotánach é, ag iarraidh an cleas céanna a imirt ar dhuine eile tamall ina dhiaidh sin. Tá cuntais na meánaoise lán de scéalta faoi ropairí agus bithiúnaigh ag ionsaí na n-oilithreach.

Tá tarraingt éigin ag oilithreachtaí do dhaoine corrmhéineacha. Misteach Sasanach ab ea Margery Kempe (1373-1440) a rugadh in Lynn. Scríobh sí ceann de na dírbheathaisnéisí is luaithe i litríocht an Bhéarla. Mar aon le ceathrar páiste déag a thógáil, rinne sí oilithreachtaí go dtí Santiago de Compostela, Iarúsailéim, an Róimh agus Köln. Bhuaileadh táimhnéal nó eacstais í ó am go chéile agus uaireanta, i rith an ama sin, dhéanadh sí babhtaí arda goil. Dar ndóigh, níor mhéadaigh an t-iompar barrúil úd an fonn a bhíodh ar na captaein loinge í a thógáil ar bord na long beag plódaithe. Chuireadh sí isteach ar na paisinéirí eile. Rinne captaen i gcalafort Bristol iarracht í a ruaigeadh as an long. Níorbh aon dóithín í Margery, áfach. Bhéic sí os ard, 'A dhuine uasail, má dhíbríonn tú den long mé, cuirfidh mo Thiarna Íosa amach as Neamh thú.'

Tá litríocht an Bhéarla lán de thagairtí, d'íomhánna agus de mheafair oilithreachta suas go dtí tús an 17ú céad. Sa dán 'The Passionate Man's Pilgrimage,' déanann Walter Raleigh tagairt do: '...my Scallop shell of quiet, my staff of faith to walk upon'. Sa dráma *All's Well that Ends Well* le William Shakespeare deir Helena 'I am Saint Jacques' pilgrim, thither gone.' Déanann Shakespeare tagairt d'fheisteas an oilithrigh meánaoisigh sa dráma *Hamlet*. Canann Ophelia 'How should I your true

love know from another one? By his cockle hat and staff, And by his sandal shoon.'
Dar le Chaucer (1342-1400), bhí trí oilithreacht go Iarúsailéim agus ceann amháin
go San Séamus in Galicia déanta ag 'the Wife of Bath'.

Ó bheith ag léamh stair na meánaoise, táim den tuairim gur chabhraigh na
manaigh Éireannacha le coincheap na hoilithreachta a fhorbairt agus a chur chun
cinn san Iarthar. Cé nach bhféadfadh le gach uile dhuine bás a fháil ar son an
chreidimh (mairtíreacht dhearg), d'fhéadfaidís mairtíreacht bhán a thuilleamh trína
dtír dhuchais a fhágáil agus saol a chaitheamh ar fán i bhfad i gcéin, á gcur féin i
gcontúirt agus ag fulaingt cruatain ar son Chríost. Tá scéal sa *Chroinic
Angla-Sacsanach* (c. 890 AD) faoi thriúr Éireannach, Dubhshláine, Macbeathadh
agus Maelinmhain, a tháinig i láthair Alfred (849-99), Rí Wessex in iardheisceart
Shasana. Bhí siad tar éis éalú leo as Éirinn i mbád gan mhaidí rámha déanta as dhá
sheithe go leith. Ba chuma leo cá dtabharfadh an sruth iad mar go raibh fonn láidir
á spreagadh bheith ar oilithreacht ar son grá Dé. Thóg siad dóthain bia leo ar feadh
seacht lá agus ar an seachtú lá tháinig siad i dtír sa Chorn.

Ciallaíonn an focal Laidine *peregrinus* 'eachtrannach' nó 'duine taobh amuigh dá
thír féin'. Thugtaí *peregrini* ar mhanaigh mar sin a bhíodh ar fán ar son Chríost, ar
nós na manach Éireannach a bhí san Íoslainn sular aimsigh na Lochlannaigh í thart
ar an mbliain 870 AD. Tá an spéis a bhí acu cheana féin sa Talamh Naofa le sonrú
sa mhionchuntas, *De locis sanctis,* a scríobh Adamnán (679-704), Ab Í. Cur síos atá
ann ar na háiteanna naofa sa Phalaistín bunaithe ar chuntas a chuala sé díreach ó
fhinné súl darbh ainm Arculf, oilithreach a chaith naoi mí in Iarúsailéim. Tá
fianaise ann freisin go raibh baill de chléir na hÉireann ag gabháil trí Liège ar
oilithreacht chun na Róimhe i mbuíonta sách líonmhar sa luath-mheánaois. Is
dócha gur orthu-san a bhí Sedulius Scotus (Siadhal Mac Fearadaigh), file agus
scoláire Éireannach a bhí ina chomhairleoir ag Séarlus Mór (742-814), ag
cuimhneamh nuair a scríobh sé an véarsa seo a leanas ar imeall leathnaigh de
lámhscríbhinn a bhí á cóipeáil aige.

Dul don Róimh	*Téich do Róim*
iarracht mhór, beagán tairbhe;	*mór saído, becc torbai;*
an rí atá á lorg agat,	*In rí chon-daigi hi foss*
mura mbeirir leat, ní aimseoir.	*maini mbera latt, ní foghbai.*

D'iarr rí Éireannach, Maél Sechnaill, pas coimirce ar Shéarlus Maol le
hoilithreacht a dhéanamh chun na Róimhe thart ar 848 AD. Ghabh na
Lochlannaigh fear óg d'uaisle Laighean arbh ainm dó Findan agus dhíol siad mar
dhaor é. D'éirigh leis éalú ó Inse Orc, áfach, agus bhain sé an Mhór-Roinn amach.
Rinne sé oilithreacht chun na Róimhe sula ndeachaigh sé isteach i Mainistir

Rheinau, áit a bhfuair sé bás sa bhliain 878 AD. Rinne Sitric, rí Lochlannach Bhaile átha Cliath, an oilithreacht chéanna i 1028 AD. De réir dealraimh, bhí an traidisiún seanbhunaithe faoin am sin mar rinne ríthe Éireannacha eile an turas chun na Róimhe sna blianta 1027, 1028, 1031 agus 1042. Fuair Donnchadh Ó Briain, mac le Brian Ború, bás i gcathair na Róimhe fad a bhí sé ansin ar oilithreacht sa bhliain 1064. Thug Muireadach Mac Robartaigh agus compánach leis aghaidh ar an Róimh trí bliana ina dhiaidh sin ach bhuail siad le manach Éireannach eile ar an mbealach a chuir ina luí orthu gurbh fhearr dóibh socrú síos go seasta i Mainistir Ratisbon. Tar éis do Ruairí Ó Conchúir Ardríocht na hÉireann a chailliúint, chuaigh sé chun na Róimhe sa bhliain 1183. Nuair a d'fhill sé, díbir a chlann féin as a ríocht ar feadh tamaill é. Chuaigh sé isteach i mainistir, áit a bhfuair sé bás sa bhliain 1191. Chuaigh Symon Symeonis, Bráthair Proinsiasach Éireannach, agus a chompánach, Hugh an Maisitheoir, de bhunadh Normannach go Iarúsailéim sa bhliain 1322. Thaistil siad tríd na tíortha seo leanas: Sasana, an Fhrainc, an Eilvéis, an Iodáil agus an Éigipt. Scríobh Symon cuntas ar a bhfaca sé.

Níl tagairtí d'Éireannaigh a bheith ag dul go Santiago de Compostela i luathbhlianta na hoilithreachta. Má chuirimid sán áireamh, áfach, an méid díobh a bhí ag dul go dtí an Róimh agus an Talamh Naofa, tig linn a bheith sách cinnte go raibh siad ag tabhairt cuairte ar scrín San Séamus freisin. Tá tagairt i *Chronicon,* lámhscríbhinn a scríobh Marianus Scotus, manach Éireannach in Mainz na Gearmáine a deir gur ndearna Siegfried I, easpag na cathrach sin, an turas go Santiago de Compostela sa bhliain 1072.

Tá fianaise ann a thaispeánann go raibh oilithrigh ag imeacht as Éirinn go Compostela ón tréimhse luath-Normannach. Creidtear gurbh iad na Normannaigh féin a thug an gnás deabhóideach sin go hÉirinn leo. Tá tagairtí neamhdheimhnithe don oilithreacht mar phionós agus tá crosa a bhfuil íomhánna de Shan Séamus orthu in áiteanna éagsúla ar fud na hÉireann. Ba é an cinncadh a ghlac Henrí de Londres, Easpag Normannach Bhaile Átha Cliath, brú a thógáil d'oilithrigh ar bhruach theas na Life sa bhliain 1210, an chéad chruthú go raibh oilithreachtaí go dtí scrínte thar lear faoi lánseol ag an am. Tógadh an brú sa bhliain 1216 in áit a dtugtaí an Steyn air. Creidtear go raibh sé suite gar don láthair ina bhfuil Stáisiún na nGardaí i Sráid na bPiarsach nó b'fhéidir san áit ina bhfuil Coláiste na Tríonóide sa lá atá inniu ann. Tháinig costas na tógála ó chónascadh deoisí Ghleann Dá Loch agus Bhaile Átha Cliath. Bhí deichniúr séiplíneach a chaith clócaí dubha agus cros bhán ar a mbrollach ag freastal ar na hoilithrigh sa bhrú. Ní foláir nó gur cheann mór a bhí ann.

Ar shroichint Santiago de Compostela don oilithreach agus tar éis coinníollacha na hoilithreachta a comhlíonadh, bhronntaí sliogán an mhuirín, suaitheantas nó siombail na hoilithreachta, air nó uirthi. Luaitear sa *Liber Sancti Jacobi*, lámhscríbhinn ón dara haois déag, go mbíodh na sliogáin á ndíol gar don Ardeaglais. Bhítí an-bhródúil as an suaitheantas úd agus ba mhinic a chrochtaí timpeall ar mhuineál an mhairbh nó go gceanglaítí den taiséadach é nuair a bhítí á adhlacadh. Is léir ó fhianaise na gcamóg go raibh oilithreachtaí ó Éirinn go Santiago faoi lánseol sa 13ú haois.

Bhí dlúthbhaint ag Ord na nAgaistíneach le fógairt agus le cur chun cinn na hoilithreachta go Santiago. Bhí mainistir mhór acu ar an g*Camino Francés* féin in Roncesvalles. Choinnigh siad brú oilithreachta i Londain sa 13ú céad freisin. Bhí mainistir eile acu i nDún Garbháin a thug dídean do lucht taistil agus d'oilithrigh agus tá leideanna le feiceáil san fhothrach go raibh baint ag an mhainistir leis an scrín in Santiago. Le scór bliain anuas tá fianaise seandálaíochta tagtha chun solais go raibh ceangal idir an ord agus na haistir ó Éirinn go Compostela freisin. Sa bhliain 1996, tháinig oibrithe tógála ar reilig ón 13ú céad a bhain le Prióireacht Mhuire na nAgaistíneach sa Mhuileann Cearr. I measc an 30 creatlach daonna a d'aimsigh na seandálaithe sa tochailt, bhí camóg nó sliogán an mhuirín á chaitheamh ag beirt nuair a adhlacadh iad, comhartha go raibh oilithreacht go Compostela déanta acu.

Sna 1990idí freisin, fuarthas camóga nuair a bhí tochailt ar siúl i Mainistir na nAgaistíneach i gCathair na Gaillimhe. Deich mbliana roimhe sin, rinneadh tochailt taobh le hArdeaglais Mhuire i dTuaim, Co. na Gaillimhe. Thángthas ar chreatlach fir mheánaosta a raibh camóg á caitheamh aige mar aon le péire eile sliogán a díláithríodh uair éigin le linn na tochailte ó na huaigheanna inar adhlacadh na mairbh a bhí á gcaitheamh. Bhain reilig Thuama leis an 13ú haois freisin. Thart ar an am céanna tháinig oibrithe ar scéim oibre de chuid FÁS ar earraí (bróistí agus cnaipí) a raibh baint acu leis an oilithreacht go Santiago i reilig Eaglais San Séamus (Eaglais na hÉireann) ar Shráid Shéamuis i mBaile Átha Cliath. Sna 1990idí freisin thángthas ar chamóg phéatair a raibh deilbhín de Shan Séamus greamaithe de, faoi bhalla uaighe ón meánaois dhéanach in Ardeaglais Ard Fhearta i gCo. Chiarraí.

Tá tagairtí stairiúla don oilithreacht i lámhscríbhinní ón tréimhse chéanna. Chuaigh an Normannach Risteárd de Burgo ó Chluain Meala go Santiago sa bhliain 1221 agus d'fhill sé an bhliain ina dhiaidh sin. Insíonn *Annála Loch Cé* dúinn go ndeachaigh Aodh MagUidhir, mac le Pilib MagUidhir Fhear Manach, go Compostela sa bhliain 1428. Fuair sé bás i gCionn tSáile agus é ar a bhealach abhaile. De réir *Annála Uladh* bhí sé tar éis a pheacaí a ghlanadh i gCathair San Séamus. Bhí nia leis, Tomás Óg MagUidhir, ina measc siúd a thaistil ina chuideachta. Fuair Tomás Óg bás sa bhiain 1480 agus scríobh na Ceithre Mháistrí faoi go raibh dhá thuras go Santiago agus ceann amháin chun na Róimhe déanta aige. I measc na sluaite Gael a rinne an oilithreacht sa bhliain 1445, bhí Máiréad Ní Chearúill Éile a bhí pósta le Calbhach Ó Conchubhair Failí. Ar shroichint talamh tirim na Spáinne di, scaoil sí colúir theachtaireachta le cur in iúl dá fear céile go raibh sí slán sábháilte. Thaistil fir a bhí calctha, cruaite ón tsíorchoimhlint in aghaidh na Sasanach le seilbh a choinneáil ar a gcuid tailte ina cuideachta. Luaitear Tomhaltach MacDiarmada, Gearóid Mac Thomáis Mhic Ghearailt, MacEochagáin, Fiachra MacNéill, agus Ó Drisceoil Óg. Bhí bean eile ina measc freisin. Ba í sin Éibhlín, iníon le hÉamonn Mac Thomáis Ó Fearghaíl a bhí pósta le Piaras Daltún. Faraor, níor tháinig ach ceathrar dá bhfuil luaite thuas abhaile slán – Máiréad féin, MacEochagáin, MacDiarmada agus MacNéill. Fuair Éibhlín agus Gearóid bás sa Spáinn agus d'éag Ó Drisceoil Óg ar an aistear farraige abhaile. Thug Calbhach Ó Conchubhair féin aghaidh ar Santiago sa bhliain 1451 agus tháinig sé slán abhaile. An bhliain chéanna rinne baicle Éireannach eile an turas go Compostela. Lean siad orthu go dtí an Róimh agus as sin go dtí an Talamh Naofa. D'fhill siad i 1453. Sa bhliain 1472, fuair Finín Mór Ó Drisceoil, Tiarna Dhún na Séad, bás ar a bhealach abhaile ó Compostela agus d'imigh a mhac, Tadhg, a bhí á thionlacan ar an oilithreacht, ar shlí na fírinne mí tar éis dó filleadh abhaile.

Tá sé deacair a dhéanamh amach cén fáth go bhfuair an oiread sin oilithreach bás. An raibh siad tinn roimh imeacht dóibh agus iad, b'fhéidir, ag lorg leighis nó ar tholg siad galar tógálach éigin ó na heasláin i measc na sluaite ag an scrín? Bhíodh na longa agus na brúnna plódaithe agus caighdéan an tsláinteachais an-íseal. Tá cuntas ar fáil ó dhochtúir Albanach a bhfuair naonúr dá gcomrádaithe bás tar éis dóibh bia agus deoch thruaillithe a chaitheamh ar an oilithreacht sa bhliain 1542.

Níorbh iad na galair thógálacha ná an bia lofa na contúirtí ba mhó a bhí ag bagairt orthu siúd a rinne an turas farraige. Sa bhliain 1473, ghabh foghlaithe mara 400 oilithreach Éireannach agus iad ag druidim le cósta Phort Láirge ar an long, La Mary London. Ligeadh saor iad, áfach, tar éis airgead fuascailte a íoc agus tháinig siad i dtír in Eochaill. Sa 15ú haois bhí an-chuid trádála ar siúl idir an Spáinn, calafoirt na Mumhan agus cósta thiar na hÉireann. Bhí boinn airgid na Spáinne, go háirithe an *real*, fíorchoitianta mar chóras airgeadais sa chuid sin d'Éirinn ag an am. Bhí an oiread sin ceannaithe Spáinneacha ag cur fúthu i nDaingean Uí Chúise gur thóg siad séipéal in onóir San Séamus ann. Théadh oilithrigh go dtí an Spáinn ó chuan an Daingin ar na báid trádála. Uaireanta bhíodh an dá thrá á fhreastal ag na taoisigh Ghaelacha. Bhainidís feidhm as an oilithreacht chun roinnt trádála a dhéanamh. Ar ndóigh, bhuailidís le ceannaithe eile ag Aonach Mór Santiago. Deirtear go raibh báid oilithreachta ag fágáil na gcalafort seo a leanas sa tréimhse úd: Droichead Átha, Áth Cliath, Loch Garman, Ros Mhic Treoin, Port Láirge, Dún Garbháin, Eochaill, Cionn tSáile, Corcaigh, an Daingean, Luimneach agus Gaillimh.

Tá tagairtí i gcáipéisí ón 15ú céad d'oilithrigh Éireannacha, taoisigh ina measc, a cailleadh ar an aistear farraige. Sa bhliain 1507, d'fhág de Barra Rua agus fo-cheannairí na treibhe La Coruña agus iad ag filleadh abhaile ó Compostela go Corcaigh. Tásc ná tuairisc ní bhfuarthas riamh orthu. B'fhéidir gur chuir mórtas farraige an long go tóin poill ach tá seans maith ann freisin gur ionsaigh foghlaithe mara Múracha an long agus gur díoladh i ndaorsmacht iad i gceann de thíortha na nArabach. Ina measc siúd a cailleadh bhí Dónal Mac Thaidhg Mhic Ghiolla Mhíchíl Ó Fiaich a bhí 'cáilithe i ngeall ar a chuid léinn sa Laidin agus san fhilíocht le bheith ina phríomhollamh ar stair na hÉireann agus na hAlban.'

Fear amháin a tháinig slán abhaile ab ea Séamus de Rís, Ardmhéara Phort Láirge a rinne an oilithreacht go Santiago faoi dhó - sa bhliain 1473 agus arís i 1483. Thóg sé fo-shéipéal in onóir San Séamus san ardeaglais i gCathair Phort Láirge. Bhí móid glactha aige an turas a dhéanamh sular ceapadh é don phost. Bhí air féin agus ar na báillí a thaistil in éineacht leis, cead a fháil ó Bhardas na Cathrach chun bheith as láthair óna gcuid dualgas. Timpeall an ama chéanna, rinne Ardmhéara Dhroichead Átha, John Fowling, an oilithreacht le cead ó Bhardas an bhaile sin.

Thóg Ardmhéara na Gaillimhe, Séamus Ó Loinsigh Mac Stiofáin – an fear a chroch a mhac féin ó fhuineog a thí - séipéal in onóir do San Séamus as a phóca féin tar éis dá bhean chéile, Máiréad, filleadh ó Compostela. Dhéanadh iascairí an Chladaigh sa Ghaillimh bailiúchán bliantúil gach Féile San Séamus le hionadaithe a sheoladh go Santiago. Ag tús an dara leath den 16ú haois, luann an Spáinneach Luis de Molina go raibh 'Ybernia' ar cheann de na tíortha ónar tháinig na hoilithrigh go Santiago.

D'éalaigh Margaret Barnewall, bean rialta, as príosún i mBaile Átha Cliath le cabhair cairde ar an taobh amuigh. D'éirigh léi dul ar bord loinge chun na Fraince. De réir dealraimh, ba den mheán nó den uasaicme í mar bhí cailín aimsire ag taisteal léi. Fad a bhí an long ar ancaire in Saint Maló agus oifigigh an bháid imithe i dtír, rinne na fir faire iarracht an bheirt bhan a éigniú. Léim siad thar bord amach agus cé go raibh clócaí troma na nGael á gcaitheamh acu d'éirigh leo talamh tirim a bhaint amach. Bhí tréith na snámhachta ag baint leis na clócaí úd ar feadh achair bhig ar aon nós. Chun an scéal a dhéanamh níos measa, bhí geataí an bhaile dúnta agus thug madraí fúthu. Dealraíonn sé go ndearna Margaret gealltanas do Dhia in am an ghátair go ndéanfadh sí an turas go Santiago mar níorbh fhada go raibh sí féin agus an cailín aimsire ar an mbóthar ó dheas. Bhain siad scrín San Séamus amach, áit ar casadh an tAthair Holing, Íosánach ó Loch Garman, orthu sa bhliain 1580. Bhuail fiabhras an cailín aimsire agus d'éag sí in Santiago, í spíonta ag cruatan an aistir. Lean Margaret ar aghaidh go dtí an Róimh. D'fhill sí ar Éirinn tamall de bhlianta ina dhiaidh sin.

Cheiliúrtaí Féile San Séamus (Iúil 25) i mBaile Átha Cliath sa mheánaois, ní hamháin le deasghnátha eaglasta, ach le haonach mór ar Shráid Shéamuis gar do Gheata San Séamus. Thógtaí bothanna agus pubaill ar fud na háite. Leanadh sé sé lá agus thagadh ceannaithe ó Shasana agus ó mhór-roinn na hEorpa chuige. Ní trádáil amháin a bhíodh ar siúl ach ól, ceol, scléip agus cluichí. Ba mhinic círéibeanna agus clampar ann. Mar gheall ar sin chuireadh Bardas na Cathrach cosc air ó am go chéile ach níor éirigh leo riamh é a chur faoi chois go hiomlán. Bhí aonach de chineál éigin ar siúl go fóill in 1875.

Na Bealaí go Santiago de Compostela

Ar ndóigh, tá níos mó ná bealach amháin go dtí scrín San Séamus in Galicia.

Eascraíonn bealaí i dtíortha éagsúla ar fud na hEorpa, gabhann siad tríd an bhFrainc, agus trasnaíonn siad Sliabhroan na bPiréiní ag trí mhám. Chuir sé ionadh orm teacht gan choinne ar Bhealach San Séamus na hOstaire sa bliain 2005 agus mé ag siúl sa Tirol. Tá an slí marcáilte fós go soiléir le siombail na scríne. Fuair mé amach níos déanaí go leanann an bealach sin ar aghaidh tríd an Eilvéis.

El Camino de la Costa (*La Ruta del Mar*)**:** Leanann an bealach seo cósta thuaidh na Spáinne. Casann sé ó dheas agus buaileann sé leis an g*Camino Francés* in Melide nó in Arzúa.

El Camino Aragonés: Buaileann sé leis an g*Camino Francés* ag Puente la Reina nó go gairid ina dhiaidh sin.

El Camino Inglés: Sheoladh cuid mhaith de na hoilithrigh ó Éirinn agus ón mBreatain chuig calafort La Coruña agus shiúlaidís ó dheas go Santiago. Théadh cuid mhaith acu, áfach, tríd an bhFrainc i dtreo go mbeidís ábalta cuairt a thabhairt ar scrínte móra ar nós Chartres agus Tours ar an mbealach. I rith an Chogadh Céad Bliain (1339-1453), ní raibh sé sábháilte taisteal tríd an bhFrainc.

Vía de la Plata (nó *El Camino Mozárabe*)**:** Tagann an cosán seo ó dheisceart na Spáinne trí chathracha Sevilla, Cáceres agus Salamanca. Buaileann sé leis an g*Camino Francés* in Astorga.

Is é an **Camino Francés**, áfach, an bealach is iomráití sa lá atá inniu ann. Is é is fearr a chloíonn leis na traidisiúin, an ceann is mó a ndéantar tagairtí dó i litríocht na hoilithreachta agus a sholáthraíonn brúnna beagnach saor in aisce don oilithreach a bhfuil an t-aistear á dhéanamh aige de shiúl na gcos. Ba é an *Camino Francés* a lean mé ar m'aistear féin.

An oilithreacht go Santiago: a bunús

Le breis is míle bliain, tá na sluaite oilithreach, idir uasal agus íseal, ó gach uile chearn den Eoraip ag déanamh a mbealach go Cathair San Séamus in Galicia. Ba bheag cathair nó baile a raibh múrtha cosanta thart orthu nach raibh ceann dá ngeataí ainmnithe as San Séamus. Ag an ngeata úd a chuir na hoilithrigh tús lena dturas go Santiago de Compostela. I mBaile Átha Cliath, bhí Geata San Séamus san áit ina bhfuil Grúdlann Mhuintir Guinness anois, gar don áit inar tháinig an bealach ársa, an tSlí Mhór, isteach sa chathair. Thagadh dreamanna éagsúla go dtí Geata San Séamus chun slán a fhágáil leo agus bronntanais airgid a thabhairt dóibh. Léiríonn an riail seo leanas a bhí ag Ceardchuallacht na nÚcairí in Lincoln Shasana (1374) gnás a bhí á chleachtadh go forleathan:

> Mas mian le bráthair nó deirfiúr ar bith oilithreacht a dhéanamh chuig an Róimh, chuig San Séamus in Galicia nó go dtí an Talamh Naofa, ní mór dó é sin a fhógairt don Chuallacht roimh ré, ansin rachaidh na bráithre agus na deirfiúracha uilig leis go geata na cathrach agus tabharfaidh gach aon duine acu leathphingin ar a laghad dó.

Ar ndóigh is ag triall ar thuama San Séamus (Santiago), mac Shebidé agus Shalomé a bhí siad. Thug Íosa 'clann na tóirní' mar leasainm ar Shéamus agus ar a dhearthair óg, Eoin, toisc go raibh siad beagán teasaí (Marcas 3:17). Níor cheart an Séamus seo a mheascadh le haspal eile a raibh an t-ainm céanna air ach gur mhac le hAlfaéus a bhí ann. Bhí Séamus, mac Shebidé, ar dhuine de dhlúthchairde Íosa. Is é an t-aon aspal é a bhfuil tuairisc ar a bhás mar mhairtíreach sa Tiomna Nua (Gníomhartha 12:2). D'ordaigh Íosa dá dheisceabail an soiscéal a scaipeadh go náisiúin uile an domhain. De réir an traidisiúin, thaistil Séamus go dtí an Leithinis Ibéarach. Ní fheadar ar thóg Séamus brí liteartha as caint a Mháistir agus mar gheall ar sin go ndeachaigh sé go Finis Terrae (Finisterre) ar chósta Galicia? Déanann Aldhelm, Ab Mhainistir Malmesbury in Wiltshire Shasana tagairt do Shéamus ag craobhscaoileadh an tSoiscéil sa Leithinis Íbéarach i ndán Laidine a scríobh sé sa bhliain 709 AD. Dála an scéil, fuair Aldhelm oiliúint sa léann Ceilteach ó Mhaoldubh, an tÉireannach a bhunaigh an mhainistir úd. Luaitear freisin i Martarlaig San Germain des Prés (c. 865) gur adhlacadh San Séamus *'in ultimis finibus'* na Spáinne.

D'fhill Séamus ar Iarúsailéim, áit ar dícheannadh é ar orduithe Iorua Agripa I, Rí Iúdaea sa bhliain 44 AD. De réir an fhinscéil, thug a dheisceabail a chorp ar muir ó Jaffa ar ais go hIria Flavia ar chosta Galicia. An Bhanríon Lupa a bhí ag rialú Iria Flavia ag an am agus tháinig sise i gcabhair orthu. Adhlacadh corp Shéamuis sa cheantar agus le himeacht na mblianta rinneadh dearmad ar láthair na huaighe. Sa bhliain 829, tharla go raibh fís ag díthreabhach darbh ainm Pelayo ina bhfaca sé réaltaí lonracha os cionn suímh áirithe. Thug sé cuntas ar a bhfaca sé do Theodomiro, Easpag Iria Flavia, agus rinne seisean iniúchadh ar an láthair. Fuarthas uaigh ina raibh trí chreatlach. Mheas na húdaráis eaglasta ag an am gurbh iad taisí San Séamus agus a dheisceabal – Atanasio agus Teodoro – a bhí aimsithe acu. Baisteadh *campus stellae* (páirc na réaltaí) ar láthair na huaighe agus b'as sin a d'fhás an logainm *Compostela*. Táthar ann a deir, áfach, gurbh ón bhfocal Laidine *compositum* nó *compostum* a chiallaíonn 'ionad adhlactha' a shíolraíonn sé agus go mb'fhéidir go raibh reilig Rómhánach san áit cheana féin.

Thart ar 830 AD, thóg Alfonso II (El Casto), Rí Asturias, eaglais os cionn an fhearta. agus rinneadh Éarlamh na Spáinne de San Séamus (Santiago). Níorbh fhada go raibh an eaglais róbheag do na sluaite a bhí ag teacht ar oilithreacht agus b'éigean d'Alfonso III ceann níos mó a thógáil ar an súiomh céanna sa bhliain 872. Rinne na Lochlannaigh agus na Normannaigh ionsaithe rialta ar chósta Galicia. Tháinig na Múraigh aneas faoi cheannas Almanzor sa bhliain 997. Ar shroichint na cathrach doibh, ní raibh duine ná daonnaí le feiceáil. Bhí an daonra uilig tar éis teitheadh. Cé go ndearna Almanzor scrios forleathan, níor chuir sé isteach ná amach ar thuama an naoimh. D'fhill sé abhaile le hualach creiche. Chuir sé iachall ar phríosúnaigh Chríostaí a bhí gafa aige cloig Eaglais Santiago de Compostela a iompar ar ais go Córdoba. Crochadh bun os cionn iad i mosc na cathrach agus úsáideadh mar lampaí iad. Ba bhotún síceolaíoch é sin. Spreag sé lucht na hathghabhála chun gnímh. Cé gur ghabh níos mó ná trí chéad bliain thart sular éirigh leis na Críostaithe díoltas a bhaint amach, faoi dheireadh sa bhliain 1326, rinne príosúnaigh Mhúracha an t-aistear ó thuaidh ag iompar na gclog céanna ar ais go Santiago de Compostela. Atógadh an eaglais faoi threoir an Easpag Diego de Mezonzo.

Ardeaglais San Séamus

Ba sa bhliain 1075, i réimeas Alfonso VI (1040-1109), a cuireadh tús le tógáil na hardeaglaise atá ann faoi láthair. An tEaspag Diego Peláez a bhí i gceannas na deoise ag an am. Leanadh leis an obair thógála faoi stiúir Diego Gelmírez (Xelmírez), Ardeaspag na deoise (1100-40), fear a raibh ardintleacht agus cumas ceannasaíochta ann. Rinne sé éacht chun cáil na scríne a chur chun cinn. Bhí Ardeaglais Santiago ar an gcéad cheann d'ardeaglaisí cáiliúla na Spáinne. Ag deireadh 12ú céad, chruthaigh Maestro Mateo, ailtire agus dealbhóir clúiteach, an **Pórtico de la Gloria**, sárshaothar dealbhóireachta. Cé gur foirgneamh Rómhánúil é go bunúsach, tá gnéithe Gothacha agus Barócacha le sonrú san ardeaglais freisin. Inniu, is Ionad Oidhreachta Domhanda í cathair Santiago de Compostela.

El *Camino Francés*

Leagadh amach an *Camino Francés* (an Bealach Francach) ag deireadh an 11ú haois. Ba iad ríthe Navarra, Aragón, Castilla, León agus Galicia ar nós Sancho El Grande (992-1035), Sancho Ramírez (1045-1094) agus Alfonso VI (1040-1109) a rinne na hiarrachtaí ba mhó ó thaobh bolscaireachta agus tógála de. Ón bhFrainc a tháinig tromlach na n-oilithreach ar dtús agus is mar gheall ar sin a baisteadh an Bealach Francach ar an gcosán a lean siad. Bhí baint ag Mainistir na mBeinidicteach in Cluny le roinnt sluaíochtaí míleata nó crosáidí in aghaidh na Múrach sa Spáinn a chur chun cinn idir 1017 agus 1120. As na sluaíochtaí sin d'fhás comhaontais idir ridirí agus barúin na Fraince agus ríochtaí thuaisceart na Spáinne. Tugadh cuireadh do Bheinidictigh Chluny mainistreacha a bhunú sna ríochtaí úd agus go háirithe i mbailte an an g*Camino Francés*. Oileadh manaigh Spáinneacha in Cluny freisin. Níorbh fhada go raibh mainistir Bheinidicteach in Sahagún a bhí beagnach chomh tábhachtach agus chomh cumhachtach le Cluny féin. Thug na ríthe Spáinneacha cuireadh do dhaoine ón bhFrainc teacht agus coilíneachtaí a bhunú i dtuaisceart na Spáinne. As sin d'fhás pobail Fhrancacha sách líonmhar ar feadh an *Camino Francés* agus ba bheag baile nach raibh ceantar Francach ann. D'fhoilsigh an Pápa Alastar III an bula *Regis Aeterna* sa bhliain 1179 inar thug sé beannacht oifigiúil na hEaglaise do cheiliúradh na Bliana Naofa (nuair a thitfeadh Féile San Séamus ar an Domhnach) a thosaigh beagnach dhá scór bliain roimhe sin faoin bPápa Calixtus dó. Seachas na Beinidictigh, bhunaigh roinnt mhaith de na hoird rialta eile – Ridirí an Teampaill, na Spidiléirí, Ridirí Santiago, na Cistéirsigh - mainistreacha ar feadh an bhealaigh chun freastal ar riachtanais na n-oilithreach agus chun iad a chosaint.

Bhí trí mhór-ionad oilithreachta ann sna Meánaoiseanna – an Róimh, Iarúsailéim agus Santiago de Compostela. Sa bhliain 638 AD, ghabh fórsaí ioslamacha an Chailif Umar I Iarúsailéim ach lean sé polasaí a bhí liobrálach go leor i dtaca le Críostaithe agus le Giúdaigh. D'ordaigh an Cailif al-Hakim na scrínte Críostaí a scrios sa bhliain 1010. Ar an ábhar sin bhí sé thar a bheith dainséarach tabhairt faoi thuras go dtí an Talamh Naofa. Taobh amuigh de na háiteanna a raibh baint ag Íosa féin leo, thugtaí ómós speisialta do thaisí na n-aspal a raibh dlúthcheangal acu Leis. Creideadh go raibh tuamaí Pheadair agus Phóil sa Róimh agus gur adhlacadh Eoin sa Eiféis. Luigh sé le réasún go dtiocfadh méadú suntasach ar líon na n-oilithreach go Santiago, áit a raibh taisí Shéamuis, nuair nach bhféadfaí dul go dtí an Talamh Naofa. Bhí siad ag dul i líonmhaire go raibh Aymeric Piacud ábalta an méid seo leanas a scríobh faoin ardeaglais sa 12ú haois:

Níl teanga ná canúint nach bhfuil le cloisteáil inti. Fágtar doirse na baislice ar oscailt de ló is d'oiche, agus éalaíonn scáileanna ón áit urramach sin a lonraíonn faoi sholas a cuid lampaí agus a cuid coinnle, amhail is dá mbeadh grian lár an lae dá soilsiú...

An bhfuil cnámha San Séamus ina luí faoin Ardeaglais in Compostela?

Níl fianaise dheimhneach go bhfuil agus dá bhrí sin braitheann sé ar chreideamh an duine aonair. Nach cuma ann nó as iad sa lá atá inniu ann? Nach leor traidisiún fada na hoilithreachta le naofacht na háite a dheimhniú. Déanta na fírinne, d'fhéadfadh an turas a bheith i bhfad níos cianda ná ré na Críostaíochta fiú. Táthar ann a deir go raibh cosán oilithreachta réamh-Chríostaí ann a lean an bealach céanna nach mór. Bhí Bealach na Bó Finne, an réaltbhuíon úd lena mbaineann ár réaltchóras féin, an ribín sin de réaltaí a ghabhann trasna na spéire ón oirthear go dtí an iarthar, deirtear, mar threoir go 'Deireadh an Domhain', áit a d'fhéadfaí an ghrian a fheiceáil ag imeacht ó radharc isteach san aigéan gan teorainn lastall de Chósta an Bháis (la Costa de la Muerte) in Galicia. Bhí an ceangal idir an bóthar go Santiago agus 'bóthar na réaltaí' fós á dhéanamh sa mheánaois. Luann Dante Alighieri (1265-1321), údar *La divina commedia*, go ndearna an chosmhuintir an ceangal idir Bealach na Bó Finne agus Bealach San Séamus mar gheall ar an méid daoine a bhí ag taisteal air. Líonmhaireacht na réaltaí mar mheafar ar iomadúlacht na n-oilithreach.

Aodh Rua Ó Domhnaill: oilithreacht, achainí chabhrach agus bás anabaí

D'fhág Aodh Rua Ó Domhnaill Éire tar éis na Nollag sa bhliain 1602. Tháinig sé i dtír in La Coruña i lár Mí Eanáir. Bhí sé an-bhreoite i rith an aistir agus gach uile sheans nach tinneas farraige a bhí air ach rud éigin níos tromchúisí. Tháinig an Marqués de Caracena, Gobharnóir Galicia, agus daoine mór le rá eile chun fáilte oifigiúil a chur roimhe. Rinne sé an turas as sin go Santiago de Compostela ar muin capaill agus chomhlíon sé coinníollacha na hoilithreachta. Bhí socrú déanta go bhfanfadh Aodh Rua i Mainistir Bheinidicteach San Martín Pinario. Ní shásódh aon ní an t-easpag, áfach, ach é a thabhairt go dtí a theach féin agus thug sé féasta mór ina onóir. Go luath ina dhiaidh sin bhuail Aodh Rua bóthar arís chun tuilleadh cabhrach a lorg ón rí nua, Pilib III, fear nach raibh mórán suime aige i gcúrsaí na hÉireann. Ag an am áirithe sin, bhí an chuirt lonnaithe in Valladolid. Thaistil Aodh agus a lucht coimhdeachta an an g*Camino Francés* soir go dtí Astorga. Sa ghrúpa beag bhí beirt Phroinsiasach – an tAthair Flaithrí Ó Maolchonaire, a oide spioradálta, agus an tAthair Muiris Ó Duinshléibhe. Bhí a rúnaí pearsanta, Maitiú Ó Maolthuile, in éineacht leis freisin. Nuair a shroich siad Astorga, chas siad ó dheas i dtreo Valladolid. Sheol Ó Maolthuile litreacha ar aghaidh chuig an rí uair ar bith dá raibh deis aige. Bhain siad feidhm as giollaí miúile áitiúla chun na litreacha a sheachadadh. Is é is dóichí gurbh iad na *Maragatos* ó cheantar Astorga na giollaí miúile atá i gceist.

De réir comhghnás na linne, ní raibh sé ceadaithe teacht níos giorra ná achar áirithe den chúirt ríoga gan cuireadh oifigiúil a fháil. Stop Aodh Rua agus a lucht coimhdeacha in Simancas, baile atá thart ar aon chiliméadar déag ó Valladolid. Bhí dúnfort ann ina raibh an chartlann náisiúnta i dtaisce. D'imigh na seachtainí thart agus chuir sé as go mór d'Aodh Rua bocht nach raibh freagra ar bith ag teacht ón gcúirt. Bhí an t-airgead a bhronn Easpag Santiago agus an Marqués de Caracena air beagnach caite. Faoi dheireadh, ghéill a chorp d'anró agus do chruatan an tsaoil. Agus é ina luí ar leaba a bháis, sheol a rúnaí, Ó Maolthuile, litir ag achainí ar an rí rud éigin a dhéanamh. Chuir an rí a dhochtúir féin chuige ach, faraor, bhí sé ródhéanach. Bhrostaigh dochtúir Éireannach a raibh Ó Núnáin mar shloinne air agus a bhí lonnaithe sa Spáinn le fada go Simancas freisin. Saothar in aisce a bhí ann. D'éag Aodh Rua ar 9 Meán Fómhair, 1602. Táthar ann a mhaíonn gur mharaigh Séamus de Bláca, ghníomhaire de chuid Bhanríon Shasana, é le nimh ach ní féidir sin a chruthú. Tugadh an corp go Pálás an Rí in Valladolid in eileatram ceithre-rothach, fir ag iompar tóirsí agus lóchrainn ar dheis agus ar chlé. Bhí slua de chomhairleoirí an rí agus d'fheidhmeannaigh na cúirte á thionlacan. Adhlacadh Aodh i Mainistir na bProinsiasach an an bPlaza Mayor. Ball den Tríú hOrd a bhí ann, de réir dealraimh. Dódh an mhainistir na blianta ó shin agus tá láthair na huaighe do-aimsithe dá dheasca. Deirtear gur íoc Pilib III costais na ndochtúirí agus na sochraide.

Deoraithe Éireannacha agus Coláiste na nGael in Santiago de Compostela

Tá dlúthcheangal stairiúil idir Éire agus Santiago de Compostela. Lonnaigh cuid mhaith deoraithe Éireannacha inti ag deireadh an 16ú agus tús an 17ú céad agus bunaíodh ceann de choláistí Éireannacha na Spáinne inti. Cúig cinn díobh a bhí ann ar fad: Salamanca, Alcalá de Henares, Madrid, Sevilla agus Santiago de Compostela.

De dheasca na bPéindlithe, ní raibh oideachas le fáil ag Éireannaigh óga ina dtír féin. Is léir ón méid atá ráite thuas go raibh caidreamh trádála idir thaoisigh Ghaelacha agus muintir iarthuaisceart na Spáinne le blianta fada roimhe sin. Bhí ceannaithe Éireannacha i mbun gnó i mbailte an chósta ar nós Bilbao, La Corúna féin agus Baiona atá tamall ó dheas ó Vigo. Tá fianaise ann go mbíodh longa Éireannacha le feiceáil go minic i gcalafort La Coruña. D'éirigh le cuid de na taoisigh sin a gclann mhac a sheoladh go scoileanna thar lear. Bunaíodh Coláiste na nGael in Salamanca faoi choimirce Pilib II na Spáinne, fear a bhí chun tosaigh i bhfeachtas an Fhrith-Reifirméisin. Oideachas agus oiliúint ábhar sagairt a bhí le fáil in Salamanca. Bhí ar na mic léinn móid a ghlacadh go bhfillfidís ar Éirinn tar éis oirnithe dóibh. I mbliain a bháis (1598), cheadaigh Pilib coláiste eile a bhunú do na Gaeil in Santiago de Compostela. Níor cuireadh an plean i gcrích, áfach, go dtí go raibh Pilib III i réim. Sular bunaíodh an coláiste i 1605, bhí Éireannaigh ag staidéar cheana féin in Ollscoil Santiago agus i gcoláiste eile a bhí díreach bunaithe an na hIosánaigh, el Colegio Real. Ní fios go beacht cérbh é bunaitheoir Choláiste na nGael féin. Tugtar an chreidiúint uaireanta don Phroinsiasach Mateo de Oviedo, Spáinneach a bhí seal ina ardeaspag ar Bhaile Átha Cliath. Bhronn Pilib III deontas bliantúil ar an gcoláiste nua agus d'fhág sé faoi na Gaeil, go háirithe Dónal Cam Ó Súilleabháin agus a lucht leanúna, an coláiste a reáchtáil.

Nuair a buadh ar na Gaeil ag Cionn tSáile (1601), theith roinnt mhaith d'uaisle na hÉireann thar lear. Bhain chuid acu cúinne thiar thuaidh den Spáinn amach agus chuir siad fúthu thart ar La Coruña. Orthusan bhí Dónal Cam Ó Súilleabháin, an fear a bhfuil cáil air mar gheall ar an máirseáil fhada a rinne sé féin agus a mhuintir ó Bhéarra go Breifní Uí Ruairc. Bhronn Rí na Spáinne an teideal Conde de Biraven air agus níos déanaí rinneadh Ridire San Séamus (Caballero de Santiago) de. Faraor, sádh é agus fuair sé bás nuair a rinne sé iarracht stop a chur le comhrac aonair idir a nia féin, Pilib Ó Súilleabháin agus John Bathe, Gall-Ghael a bhí tar éis Dónal Cam a mhaslú. Rugadh Bathe i nDroim Conrach, san áit ina bhfuil Teach an Ardeaspaig anois. Fuair sé luach saothair ó rialtas Shasana roinnt blianta ina dhiaidh sin.

Tamall de bhlianta roimh Chath Chionn tSáile, bhí easpa dóchais ar Dhónal maidir le todhchaí na n-uaisle in Éirinn. Bhí sé cairdiúil le Luis Carrillo de Toledo, Marqués de Caracena, Gobharnóir Galicia (1596-1606), a bhí báúil le cás na nÉireannach. Chuir sé a mhac Dónal, nach raibh aige ach cúig bliana ag an am, agus a nia, Pilib (1590-1660), mac le Diarmuid Ó Súilleabháin, faoi choimirce an Marqués. Chónaigh siad ina theach agus bhí an t-oide príobháideach céanna acu agus a bhí ag a pháistí féin. Deir Pilib i gcuntas a scríobh sé gur fhoghlaim sé *gramatica*, Laidin agus ábhair eile ó Phádraig Sinnott agus níos déanaí go ndearna sé staidéar ar an bhfealsúnacht faoi threoir Rodrigo Vendanna, Spáinneach a raibh intleacht ghéar aige. D'éirigh le Pilib coimisiún a fháil i gcabhlach na Spáinne. Scríobh sé *Historia Catholicae Iberniae Compendium*.

Bhí Dónal Cam den tuairim gur coláiste dá chlann mhac féin agus do mhic a lucht leanúna a bhí ann. Dá bhrí sin, ba iadsan an chéad dream a d'fhreastail ar Choláiste na nGael in Santiago. Ina measc bhí Tomás Gearaltach MacGearailt (mac le Ridire an Ghleanna), Tadhg Óg Ó Drisceoil, Dónal Ó Drisceoil, mar aon le Pilib, Dónal Óg agus Diarmuid Ó Suilleabháin Béara agus beirt mhac le hOilibhéir Ó hEoghasa ó Chó. Chiarraí.

Bhí an coláiste suite ar dtús i gceantar Las Huertas, an áit ba mhíchlúití *(el lugar mas infame)* sa chathair ar fad. Ón seoladh sin a scríobh mac léinn, a raibh Ó Cáinte mar shloinne aige, chuig an rí sa bhliain 1607 ag lorg cúnaimh dá chomhghleacaithe a bhí beo bocht agus gan lóistín oiriúnach acu. An tAthair Eoghan Mac Carthaigh, sagart paróiste Mhainistir Fhear Maí, a bhí ina chéad uachtarán ar an gcoláiste. Theith sé go Santiago thart ar 1602. Murb ionann is Salamanca, cheadaigh sé do mhic léinn thuata staidéar a dhéanamh ann. Níor éiligh sé orthu an mhóid a ghlacadh. Ní róshásta a bhí an cliarlathas faoi sin, áfach. Rinneadh gearán leis an rí agus tar éis cúig nó sé de bhlianta cuireadh na hÍosánaigh i gceannas. Chuir an tAthair Mac Carthaigh agus Dónal Cam go mór ina gcoinne. Dúirt siad go raibh gá le sagairt le Gaeilge chun an oiliúint chuí a thabhairt do na mic léinn. Gall-Ghaeil ab ea na hÍosánaigh nach raibh meas rómhór acu ar an seanteanga ná ar an seanchóras Gaelach. Go deimhin, bhí an ceart acu sa mhéid sin. Thaobhaigh an Proinsiasach, Flaithrí Ó Maolchonaire, Ardeaspag Thuama le Dónal Cam agus a lucht leanúna.

Bhí teach ag na Íosánaigh in Santiago ó 1598. D'fhéadfadh go raibh raibh siad lonnaithe sa chathair le tamall de bhlianta roimhe sin ach is deacair é sin a chinntiú. Tá a fhios againn gur bhuail Máiréad Barnewall leis an Athair Howling ansin sa bhliain 1580. Bhí Doiminic Ó Coileáin, bráthair in Ord na nÍosánach ina chónaí in Santiago ar feadh trí bliana ar a laghad sular sheol sé go hÉirinn le cabhlach Don Juan del Águila i 1601. Fear fíorshuimiúil ab ea an Coileánach céanna. Bhí seirbhís tugtha faoi ghradam aige in airm na Fraince agus na Spáinne. Nuair a bheartaigh sé dul isteach sna hÍosánaigh bhí sé ina Chaptaen ar Chalafort La Coruña. Gabhadh, céasadh agus crochadh é tar éis Chath Chionn tSáile.

Fuair na hÍosánaigh an lámh in uachtar, áfach, agus sa bhliain 1613 bhí deichniúr mac léinn agus triúr sagart sa choláiste. Ainmníodh an tAthair Risteard Ó Conbhuí ó Ros Mhic Treoin ina uachtarán agus bhí Tomás de Faoite agus Uilliam de Faoite mar chúntóirí aige. D'imigh an tAthair Mac Carthaigh leis go Bordeaux, áit a bhfuair sé bás roinnt blianta ina dhiaidh sin. Dhiúltaigh cuid de na mic léinn an mhóid a ghlacadh agus dhíbir Ó Conbhuí, an t-uachtarán nua, as an gcoláiste iad. Trí bliana ina dhiaidh sin, d'aistrigh Ó Conbhuí an coláiste go dtí 44 Rúa Nova os comhair Eaglais Santa María Salomé. Tharla go raibh gairdín taobh thiar trína bhféadfaí dul amach ar Rúa do Vilar. Bhí an teach ar cíos acu ón ollscoil ar feadh roinnt blianta ach cheannaigh an tAthair Tomás de Faoite é sa bhliain 1620.

Rugadh Tomás de Faoite, fear a raibh gaol aige leis an bProinsiasach cáiliúil Luke Wadding, i gCluain Meala sa bhliain 1556 do chlann rachmasach agus fuair sé a chuid oideachais i bPort Láirge. Bhí sé ina uachtarán ar an gcoláiste in Santiago ó 1619 go 1622. I rith a thréimhse sa Spáinn, bhí ógánaigh ó Éirinn ag lorg tearmainn sa tír sin an t-am fad, iad ag teacht i dtír in La Coruña agus in El Ferrol i mbáid iascaigh fhabhtacha, neamhhiontaofa. Bhí cuid mhaith acu ag dul isteach in arm na Spáinne ach bhí dream ann freisin ar theastaigh oideachas uathu. Chuaigh scata acu sin go Sevilla, áit a bhfuair siad bás den phlá. Bhí siad bocht, dearóil, ocrach agus tholg siad gach uile ghalar a bhí thart orthu. Thóg an tAthair de Faoite cuid acu faoina chúram, agus chaith sé blianta ag obair ar a son. Rinne sé achainí ar Philib II coláiste a bhunú dóibh. B'as sin a tháinig an coláiste in Salamanca sa bhliain 1592. Cuireadh de Faoite ina bhun. Bhí beirt Íosánach eile mar chúntóirí aige, Risteárd Ó Conbhuí agus Séamus Archer ó Chill Chainnigh. Chuaigh an fear deireanach seo go Cionn tSáile le Don Juan del Águila agus tháinig sé slán murb ionann is a chomhráda, Doiminic Ó Coileáin, cé go raibh Carew a thóir. Bhíodh de Faoite de shíor ag taisteal go La Coruña agus go dtí El Ferrol chun bualadh leis na fir óga a bhíodh ag teacht i dtír gan de mhaoin an tsaoil acu ach na héadaí ar a ndroim. Nuair a aistríodh é go Santiago thóg sé cinneadh go ndéanfadh na mic léinn trí bliana fealsúnachta in Santiago agus ansin go rachaidís go Salamanca leis an achar ama céanna a chaitheamh le diagacht. Fuair sé bás in Santiago sa bhliain 1622 agus é fós ina uachtarán.

Sa bhliain 1695, tháinig an tAthair Barnaby Bathe ó Salamanca mar uachtarán agus d'fhan seisean go dtí 1710. De réir dealraimh, riarthóir den scoth ab ea é. Bhailigh sé an-chuid airgid i measc na nGael sa Spáinn. Cuireann a chuid litreacha síos ar na báid leochaileacha ina mbíodh na mic léinn bhochta ag déanamh a mbealaigh trasna na farraige. I ndiaidh a bháis, tháinig beirt Íosánach Spáinneach i gcomharbacht air – Antonio de Cangas agus Juan de Mondragón. Ghearáin na mic léinn an duine deireanach seo leis na harduachtaráin. Dar leo, ní raibh bá aige leo ná tuiscint aige dá gcuid riachtanas. Ainmníodh an tAthair Séamus Ó Conchubhair Harrison ina áit. Sa bhliain 1728, d'fhág Peadar Ó Neachtain, mac leis an bhfile Tadhg Ó Neachtain, Éire. Bhí sé chun dul isteach sna hÍosánaigh agus Santiago de Compostela mar cheann scríbe aige. Chum Tadhg dán uaigneach a raibh 'Ochlán

Thaidhg Uí Neachtain ar Dhul don Spáinn dá Mhac Peadar (21/5/1728)' mar theideal air. Déanann sé tagairt sa dán do 'San Iago na n-órd n-ionmhuin'.

Sa bhliain 1767, chuir Ardeaspag Santiago duine den ghnáthchléir, Pedro Rodríguez, a bhí ina shagart paróiste sa pharóiste ina raibh an coláiste (Santa María Salomé) i gceannas. Bhí sé féin agus na Gaeil óga in adharca a chéile gan mhoill. Leis an rí féin a rinne siad casaoid an uair seo. Dúirt siad go raibh sé ag caitheamh go dona leo agus go raibh sé ag íoc múinteoirí dá gcuid nianna as ciste an choláiste. Tugadh bata agus bóthar dó agus ceapadh an tAthair Pádraig Ó Cionnaith, Athair faoistine san ardeaglais a raibh teangacha éagsúla aige, ina áit. Tháinig deireadh leis an gcoláiste sa bhliain 1769. Aistríodh na hábhair sagairt go Salamanca. I measc na mac léinn a tháinig tríd an gcoláiste bhí seisear mairtíreach, beirt phríomháid, naoi n-ardeaspag, seacht n-easpag déag agus ceithre chéad sagart.

Fuair ar a laghad beirt easpag Éireannacha bás ar deoraíocht in Santiago de Compostela agus tá siad curtha san ardeaglais. Duine acu ab ea Tomás Strong, Easpag Osraí. Ní fios go beacht cá bhfuil a uaigh anois. Tá uaigh Ardeaspag Chaisil, Tomás Breatnach, a fuair bás sa bhliain 1654, faoi cheann de na boscaí faoistine. B'as Port Láirge don bheirt úd. Fuair Conchúr Ó Riain, Easpag Chill Dá Lua, bás in Santiago sa bhliain 1616. Bhí triúr easpag ó dheoise Fhearna, Peadar de la Poer, Nioclás French agus Nioclás Sweetman, ar deoraíocht sa chathair sin ag deireadh an 17ú céad. Ainmníodh cuid acu ina n-easpaig chúnta i ndeoise Santiago.

Shroich Anraí Ó Néill, mac le hAodh Mór, Iarla Thír Eoghain, an Spáinn sa bhliain 1600. Chuir Ardeaspag Santiago de Compostela fáilte roimhe. Níorbh fhada go raibh sé i gceannas ar reisimint Spáinneach san Ísiltír. Maraíodh é i gCath Aranda deich mbliana ina dhiaidh sin. Ag an am áirithe sin, bhí suas le ceithre scór d'uaisle Gael i gcúirt na Spáinne. Maraíodh seachtar Éireannach i gcath mara in aghaidh na dTurcach ar 2 Iúil 1618.

Bhain Patrick Sinnott agus a thuismitheoirí an Spáinn amach go gairid tar éis 1580. Is cosúil gur ag éalú ón ngéarleanúint a bhí ar siúl in Éirinn ag an am a bhí siad. Is léir go raibh oideachas den scoth faighte aige mar bhí sé ina oide príobháideach ag clann mhac an Marqués de Caracena agus ag na Súilleabhánaigh óga. Mar sin féin thaobhaigh sé leis na hÍosánaigh sa chonspóid faoi Choláiste na nGael. Chuir sé isteach ar ollúnacht in Ollscoil Santiago sa bhliain 1602 ach theip air. Tá an chuma air go raibh graiméar agus Laidin á múineadh ansin cheana féin aige. Ceapadh ina ollamh é sa bhliain 1611 agus chaith sé tréimhse san ollscoil inar bhain sé clú agus a mhalairt amach dó féin. Ag cruinniú de Sheanad na hOllscoile i Mí Mheán Fómhair 1615, tugadh le fios dó go raibh údaráis an choláiste míshásta leis. Bhí sé failíoch i gcomhlíonadh a chuid dualgas agus bhí sé in easnamh go minic. Tugadh rabhadh dó. Dealraíonn sé go raibh toradh fónta ar an rabhadh mar fuair Sinnott ardú céime go gairid ina dhiaidh sin. Bhí an mí-ádh ag siúl leis, áfach. Gabhadh é agus tugadh é os comhair na Cúistiúnachta sa bhliain 1622. Cuireadh ina leith go raibh astralaíocht de chineál nach raibh ceadaithe ag an Eaglais á cleachtadh aige. Fuarthas ciontach é. Rinneadh iomardú crua air agus díbríodh as an gcathair é ar feadh dhá bhliain. Chaill sé an Ollúnacht.

Sa bhliain 1959 scríobh Luis Seoane ealaíontóir, file agus drámadóir a rugadh san Airgintín, dráma *(O Irlandés Astrólogo)* bunaithe ar chás Patrick Sinnott. Rugadh Seoane in Buenos Aires sa bhliain 1910. Imircigh ó Galicia ab ea a thuismitheoirí. Rinne sé staidéar in Santiago de Compostela agus ghníomhaigh sé mar dhlíodóir in La Coruña go dtí gur theith sé ón Spáinn i 1936. Fuair sé bás in La Coruña sa bhliain 1979.

Aguisín a Ceathair

Suímh gréasáin úsáideacha

Léarscáileanna: Tá léarscáileanna de na haistir lae ar an g*Camino Francés* le feiceáil ar na suímh seo a leanas.

http://groups.msn.com/ElCaminoSantiago/caminomaps3.msnw

http://groups.msn.com/ElCaminoSantiago/caminomaps4.msnw

http://caminodesantiago.consumer.es/

http://www.infocamino.com/etapa.php?provincia=mapanavarra.php&etapa=0

http://caminodesantiago.consumer.es/etapa-de-saint-jean-pied-de-port-a-roncesvalles

http://www.caminosantiago.com/web_ingles/rutapasoapaso.htm

http://www.lavozdegalicia.com/especiales/2004/xacobeo04/camino_frances/etapa.jsp?ETAPA=23

Albergues/Refugios: Faightear liosta suas chun dáta de na brúnna deonacha agus príobháideacha ar na suímh seo leanas.

http://caminodesantiago.consumer.es/albergues/

http://www.turismogalicia.info/camino_santiago/albergues/esp/home_albergues.html

http://www.jacobeo.net/etapas/index.htm

http://www.caminosantiago.com/web_ingles/rutapasoapaso.htm

http://redalberguessantiago.com/

Ginearálta: Don té a dteastaíonn uaidh taighde breise a dhéanamh ar an g*Camino*, tig leis cuairt a thabhairt ar na suímh seo a leanas agus ar na naisc atá la fáil iontu.

http://www.jacobeo.net/etapas/index.htm

http://groups.msn.com/ElCaminoSantiago/camino32etapas.msnw

http://www.misionesafricanas.org/CAMINO%20SANTIAGO/Etapa_11.htm

http://www.fercaminosantiago.tk/

http://www.galinor.es/c-santiago/index.html

http://dspace.dial.pipex.com/telegraph/04camino/040001d1.htm

http://www.caminodesantiago.me.uk/albergues.html

http://www.caminosantiagoburgos.com/Distancias.htm

Leabharliosta

Baldwin, D. 2001. *Santiago de Compostela: the Way of Saint James.* London: Catholic Truth Society.

Bisset, W. ed. 2005. *The Camino Francés: Saint-Jean-Pied-de-Port to Santiago de Compostela.* London: Confraternity of Saint James.

Borrow, G.1985, *The Bible in Spain.* London: Century.

Conrad, R, 2004. *Pilgrimage to the end of the world: the road to Compostela.* Chicago,III.: University of Chicago Press,.

Gasquet, X. 1927. *The Eve of the Reformation.* London: G. Bell & Sons,.

Hall, J. 1997. Translation of Laffi, D. *A Journey to the West: The Diary of a Seventeenth Century Pilgrim from Bologna to Santiago de Compostela* Leiden and Santiago de Compostela: Primavera Pers / Santiago Xunta de Galicia.

Hayes, R.1848. 'Ireland's Links with Compostela'. *Studies xxxvii, September.*

Hitchcock, R.1852-3. *'Dingle in the Sixteenth Century' in Royal Society of the Antiquarians of Ireland.* Jn., ii.

Hogarth, J. trans. 1992. *The Pilgrims Guide, A 12th Century Guide for Pilgrims to St. James of Compostela* London: Confraternity of Saint James.

Jacobs, M. 2001. *The Road to Santiago.* London: Pallas, Athene.

King, G. 1920. *The way of Saint James,* New; London: G.P. Putnam's Sons,.

Layton, T. 1976. *The way of Saint James,* London: Allen & Unwin.

Lozano, M. 1998. *A Practical Guide for Pilgrims: The Road to Santiago* León: Editorial Everest.

López A., Alvarez, F., Serafin, M. 1993. eag. *Santiago, Camino de Europa: culto y cultura en la peregrinación a Compostela.* Santiago: Xunta de Galicia.

Mhic Mhurchú, D. 1994. *Bealach na Bó Finne.* Baile Átha Cliath: Coiscéim.

O'Connell, P. 2006. *The Irish College at Santiago de Compostela 1605-1769.* Dublin: Four Courts Press.

Ó Riain-Raendel, D.1998. 'The Irish Medieval Pilgrimage to Santiago de Compostela' in *History Ireland,* Vol. 6, No. 3. Autumn.

Stanley, R. 1988. 'Sailing to Santiago: Medieval Pilgrimage to Santiago de Compostela and its Artistic Influence in Ireland' in *Settlement and society in medieval Ireland : studies presented to F. X Martin,* o.s.a. (Bradley, J. ed.). Kilkenny: Boethius.

Starkie, W. 1957. *The road to Santiago: Pilgrims of St. James.* London: Murray.

Thomson, G. 1962. *Medieval pilgrimages / illustrated from contemporary sources,* London: Longmans.

Tate, B. 1990. *Pilgrimages to St. James of Compostela from the British Isles during the Middle Ages.* Liverpool University Press.

Gluais

Agua	uisce
Agua potable	uisce inólta
Albergue	brú
Alcalde	méara an bhaile
Bocadillo	ceapaire / rollóg
Bodega	siléar fíona
Bordón	bachall / bata siúil an oilithrigh – tríú cos an oilithrigh
Buen camino	go n-éirí an Camino leat
Café con leche	caife bán
Camino	bealach, slí, cosán, bóthar
Castro	dún Ceilteach
Comunidad Autónoma	pobal neamhspleách
Chorizo	ispín téagartha, spíosraithe
Concha de peregrino	sliogán mara, sliogán an mhuirín, camóg (Spáinnis)
Coquille Saint Jacques	sliogán mara, sliogán an mhuirín, camóg (Fraincis)
Credencial	pas oilithreachta
Cruz	cros
Cruzeiro	cros ard a fheictear go hiondúil in Galicia (Galego)
Crucero	cros ard a fheictear go hiondúil in Galicia (Spáinnis)
Donativo	deonachán
Embalse	taiscumar
Encierro	sciuird na dtarbh tríd na sráideanna a bhíonn dúnta isteach
Ermita	séipéal in áit iargúlta de ghnáth
Farmacia	siopa poitigéara
Flechas amarillas	saigheada buí (a threoraíonn an t-oilithreach)
Frontón	cúirt liathróid láimhe
Fuente	foinse, fuarán, tobar
Hórreo	foirgneamh beag ina gcoimeádtar an t-arbhar
Hospital	brú nó ospidéal d'oilithrigh sna meánaoiseanna
Hospitalero	fear i bhfeighil an bhrú

Hospitalera	bean i bhfeighil an bhrú
Iglesia	eaglais
Mariscos	sliogéisc, bia na mara
Mazorca	dias an arbhair indiaigh
Mudéjar	Múrach ina chónaí faoi rí Spáinneach Críostaí agus an stíl ailtireachta a chruthaigh na Múraigh úd
Paella	stobhach ina bhfuil sicín, bia na mara, glasraí agus rís le blaisiú den chróch
Palloza	teach cruinn nó ubhchruthach de bhunadh na gCeilteach
Pantano	taiscumar, loch beag, corcach
Pazo	teach mór tuaithe in Galicia
Peregrino	oilithreach
Plaza	cearnóg (Spáinnis)
Praza	cearnóg (Galego)
Postre	milseog
Primer plato	an chéad chúrsa (béile)
Puente	droichead
Pulpería	bialann ina mbíonn ochtapas mar speisialtacht an tí
Pulpo	ochtapas
Refugio	brú, albergue
Retablo	clabhar altóra
Río	abhainn
Romería	oilithreacht áitiúil, lá an phátrúin
Segundo plato	an dara cúrsa (béile)
Sello	stampa ar phas an oilithrigh, stampa poist
Sopa de ajo	anraith gairleoige
Tapas	goblaigh bhlasta bia
Tortilla de patatas	uibheagán prátaí, uibheagán Spáinneach
Ultreia	beannacht ársa chun uchtach a thabhairt don oilithreach
Vieira	sliogán mara, sliogán an mhuirín, camóg (Galego)